Uwe Greunke

Erfolgreiches Projektmanagement für Neue Medien

HORIZONT**BOOKS**

Uwe Greunke

Erfolgreiches Projektmanagement für Neue Medien

Ein Praxisleitfaden

Deutscher Fachverlag

Die Deutsche Bibliothek – CIP-Einheitsaufnahme

Greunke, Uwe:
Erfolgreiches Projektmanagement für Neue Medien :
ein Praxisleitfaden / Uwe Greunke. – Frankfurt am Main :
Dt. Fachverl., 2000
 (HORIZONT BOOKS)
 ISBN 3-87150-659-1

Reihe HORIZONT BOOKS
ISSN 1437-8744
ISBN 3-87150-659-1
© 2000 by Deutscher Fachverlag GmbH, Frankfurt am Main
Alle Rechte vorbehalten.
Nachdruck, auch auszugsweise, nur mit Genehmigung des Verlages.
Umschlag und Layout: Bea Bug, Wiesbaden
Satz: TypoForum GmbH, Nassau
Druck und Bindung: Lengericher Handelsdruckerei, Lengerich

INHALT

VORWORT

Bevor Sie weiterlesen ...

... möchte ich noch ein paar Zeilen zur Einleitung verlieren. Sie alle werden sicherlich ganz unterschiedliche Erwartungen an dieses Buch stellen. Einige von Ihnen werden schon eine ganze Reihe von Erfahrungen hinter sich haben, andere gerade erst in den Bereich Projektmanagement einsteigen oder sich noch im Studium befinden – dann haben Sie Ihre Erfahrungen noch vor sich.

Wenn Sie von den Erfahrungen, die in diesem Buch geschildert sind, profitieren möchten, werden Sie zwangsläufig einige Ihrer gewohnten Verhaltensweisen ändern bzw. überdenken müssen. Die Änderung von gewohnten Abläufen gehört aber bekanntlich zu den schwierigsten Dingen. Dazu braucht es Geduld und Disziplin. Ich sage Ihnen lieber gleich, daß das mitunter nicht viel Spaß machen wird. Ich garantiere Ihnen jedoch, daß die Teammitglieder, die externen Mitarbeiter und Ihre Kunden mehr Spaß haben werden, mit Ihnen zu arbeiten. Weil Sie sich durch das auszeichnen, was man durch Erfahrung, kritisches Hinterfragen auch der eigenen Handlungsweise, überlegtes Handeln und Disziplin erlangt: Professionalität und Souveränität.

Dieses Buch berücksichtigt insbesondere das Genre Neue Medien. Die beschriebenen Verfahrensweisen und Werkzeuge sind aber auch auf andere Branchen übertragbar. Die einzelnen Themen bilden einen Überblick des Projektmanagements. Sie sind das Handwerkszeug für die tägliche Praxis. Ein Leitfaden aus der Praxis für die Praxis – eine sicherlich wünschenswerte Ausrichtung, die leider in vielen Werken der deutschsprachigen Fachliteratur zu kurz kommt. Sie werden deshalb in der Literaturliste auch einige englischsprachige Autoren finden. Trotzdem wird natürlich immer der eine oder andere Aspekt fehlen oder etwas zu kurz gekommen sein. Für Ihre Anregungen wäre ich dankbar.

Da ich nicht für eine anonyme Masse schreibe, spreche ich Sie direkt an. Verstehen Sie die aufgeführten Punkte als Coaching, als Empfehlung. Ich wünsche mir, daß Sie von den Erfahrungen anderer bestmöglich profitieren, damit Sie um die kritischen und beachtenswerten Faktoren rund um das Projektgeschäft wissen. Ich möchte Ihnen helfen, die Voraussetzungen und Werkzeuge für das Management von Projekten zu erlernen. Dazu zähle ich insbesondere, Menschen zu motivieren, Dinge und Prozesse zu organisieren und gemeinsam mit Ihrem Team und Ihren Kunden um die beste Gestaltung sowie die Umsetzung von Visionen und Zielsetzung zu ringen.

In diesem Sinne wünsche ich Ihnen viel Spaß bei der Lektüre dieses Buches. Ganz besonders möchte ich mich bei Marco Bombach für die (wie immer) erstklassigen Illustrationen sowie Oliver Süme für die fachlich kompetente Unterstützung bei den Aspekten „Vertragsgestaltung" und „Urheberrecht" bedanken.

Uwe Greunke

1 GRUNDLAGEN

1.1 EINFÜHRUNG

Die Zielsetzung dieses Buches ist es, Ihnen Wege und Möglichkeiten aufzuzeigen, die Sie in die Lage versetzen, Projekte effizienter zu managen als bisher. Ich möchte Ihnen praktische und alltagstaugliche Werkzeuge und Methoden für das Projektmanagement vorstellen und erläutern, mit deren Hilfe Sie Projekte erfolgreich abschließen können, ohne daß Ihre sozialen Kontakte versanden oder Sie eine vierwöchige Erholungskur im schönen Oberbayern nach Projektabschluß benötigen.

Sie können dieses Buch von vorn bis hinten durchlesen, es als Nachschlagewerk für einzelne Aspekte benutzen, sich von einzelnen Erkenntnissen konstruktiv inspirieren lassen – oder es dazu verwenden, einen Beamer auf die richtige Höhe zu justieren.

„Richtig angewendetes Know-how ist oftmals eine unverzichtbare Stütze."

Ich hoffe, daß es mir durch das eine oder andere Thema gelingt, Ihre Aufmerksamkeit zu gewinnen und Sie zu veranlassen, einige Ihrer bisher gewohnten und vielleicht eingefahrenen Arbeitsprozesse kritisch zu überdenken. Damit hätten Sie dann den zweiten Schritt getan – der erste war bereits die Anschaffung dieses Buches. Um es gleich vorwegzunehmen: Es gibt leider keine einfache Antwort auf die Frage nach den perfekten Lösungen für alle Probleme des Projektmanagements. Denn Projekte stellen sich im allgemeinen und täglichen Leben als mitunter äußerst „komplexe Wesen" dar. Aber es gibt noch Hoffnung! Ich bin der festen Überzeugung, daß es mir gelingen wird, Sie für das Management von Projekten zu begeistern und Ihr alltägliches Projektgeschäft mit neuen Impulsen und Denkanstößen zu bereichern.

Der Inhalt dieses Buches gliedert sich in fünf große Bereiche: Grundlagen, Planung, Realisation, Kommunikation und Vertiefung. Hier finden sich eine ganze Reihe von interessanten und wichtigen Punkten, mit denen ich im Laufe meiner Berufs- und Lehrtätigkeit in Berührung gekommen bin. Den Abschluß bilden einige Fallbeispiele, welche die Theorie vertiefen und die Anwendung von Werkzeugen und Methoden des Projektmanagements in den jeweiligen Situationen verdeutlichen. Obwohl das Buch eine klare thematische Gliederung aufweist, bedingen und beeinflussen sich die einzelnen Themengebiete und Aspekte gegenseitig.

„Zwischen allen Bereichen von New-Media-Projekten besteht eine erhebliche Vernetzung."

Das erste Kapitel bringt Ihnen die Grundlagen des Projektmanagements näher. Diejenigen unter Ihnen, die bereits einige Zeit in der Branche bzw. im Projektmanagement tätig sind, werden sicher das eine oder andere schon kennen. Dennoch ist es sinnvoll, sich die Grundlagen noch einmal zu verdeutlichen.

1.2 WAS IST EIN PROJEKT?

Der Begriff „Projekt" wird heute schon fast ebenso inflationär eingesetzt, wie es vor noch nicht allzu langer Zeit dem Begriff bzw. dem Genre „Multimedia" widerfuhr. Alles wird zum Projekt deklariert und bekommt damit einen interessanten und modernen Anstrich. Wenn es dann noch mit dem Label *New Media* und *interaktiv* versehen ist, ist es für das nächste Jahrtausend oder zumindest für eine staatliche Subvention prädestiniert. Ohne zynisch zu sein: Man sollte nicht alles in einen Topf werfen. Der Umbau einer Schokoriegel-Regalecke im Supermarkt nebenan ist einfach eine andere Herausforderung, als beispielsweise einen historischen Tempel am oberen Nil zu versetzen, um ihn vor den aufgestauten Wassermassen zu retten.

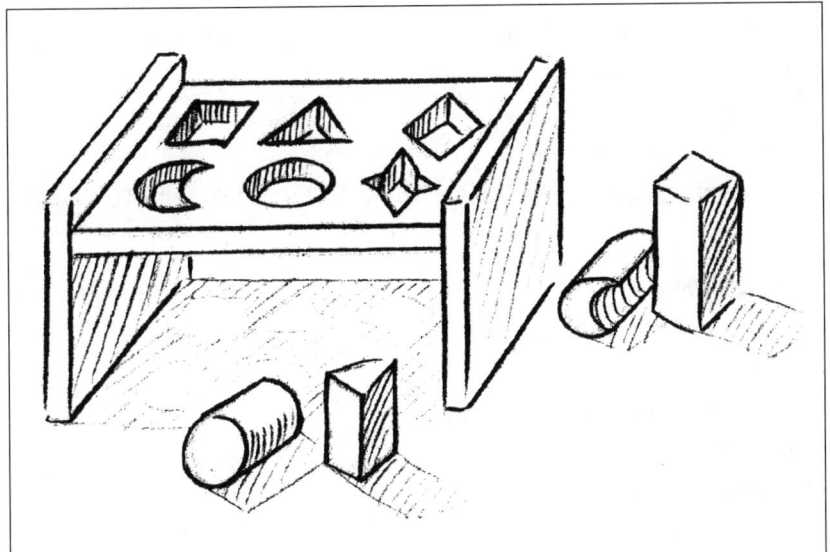

„Jetzt müssen die vorhandenen Funktionsmodule nur noch in das vorgegebene Projektraster eingefügt werden . . ."

Was macht ein Vorhaben zu einem Projekt? Ein Projekt zeichnet sich zunächst durch eine gewisse Einmaligkeit und Komplexität aus, d. h., es ist keine einfache Aufgabenstellung, die als laufender und routinierter Prozeß bezeichnet werden könnte. Weiterhin verfügt ein Projekt immer über einen fixierten und kommunizierten Abschlußtermin. Ein Projekt wird zwischen dem Startzeitpunkt und dem Abschlußtermin in einzelne Abschnitte unterteilt. Den zeitlichen Endpunkt eines solchen Abschnitts markiert ein Meilenstein. Das hier erbrachte Teilergebnis ist meistens die Voraussetzung zum Einstieg in den nächsten Projektabschnitt.

Ein weiterer wichtiger Aspekt ist das Budget. Für die Durchführung eines Projektes steht in der Regel ein fixer Betrag zur Verfügung. Diesem Betrag stehen Aufwendungen für Hard- und Software, Miete, Reisekosten, Materialien und natürlich die eingesetzten personellen Ressourcen gegenüber. Die Einhaltung des kalkulierten Budgets ist die Voraussetzung für den wirtschaftlichen Erfolg eines Unternehmens. Nur auf dieser Grundlage werden die Arbeitsplätze des Projektteams in Ihrer Abteilung langfristig gesichert. Die Einhaltung des Budgets hat damit oberste Priorität für einen Projektmanager.

Zur Bewältigung der Aufgabenstellung eines Projektes wird ein Team gebildet. Dieses Team wird oftmals nur für die Ausführung eines Projektes benötigt und in der Regel nach Abschluß der Arbeiten wieder aufgelöst. Die einzelnen Teammitglieder arbeiten dann in einer anderen Konstellation an neuen Projekten.

Zusammenfassend ist ein Projekt zumeist durch folgende Punkte bestimmt:

- Einmaligkeit
- Komplexe Aufgabenstellung
- Fester Endtermin
- Begrenzte Ressourcen
- Fixes Budget
- Temporäres Team

1.3 WARUM PROJEKTMANAGEMENT?

Im letzten Absatz haben wir uns die Eckwerte einer Projektdefinition vor Augen geführt. Immer mehr Firmen gehen dazu über, ihre Mitarbeiter aus einer klassischen Linienorganisation herauszunehmen und sie in Profit-Centern, kleineren Unternehmenseinheiten, Arbeitsgruppen oder Projektteams zu organisieren. Diese kleineren Organisationseinheiten können sich flexibler den hohen Anforderungen und schnellen Entwicklungszyklen des Marktes anpassen und verfügen über ein höheres Innovationspotential.

Eine Vielzahl der Aufgaben erfordert die Zusammenarbeit von Spezialisten aus ganz unterschiedlichen Fachrichtungen, die nicht durch mehrere Gruppen- oder Abteilungsleiter bzw. Abteilungsgräben getrennt sind. Man bringt die Menschen direkt zusammen und profitiert so von den unterschiedlichen Erfahrungen des einzelnen. Im Idealfall entsteht daraus ein hochmotiviertes Team. Dieses Team arbeitet zielgerichtet an Aufgabenstellungen, die wir als Projekte definieren können, d.h., in einem festen Zeitrahmen mit fixierten Ressourcen sind bestimmte, vorher in gemeinsamer Abstimmung (mit dem Kunden) festgelegte und definierte Ergebnisse zu erbringen.

Zur Steuerung und Koordination dieser kleinen, interdisziplinär zusammengesetzten Gruppen und zur Erreichung der geforderten Ergebnisse In Time, In Budget und In Quality wird ein spezielles Know-how benötigt, das wir zusammenfassend als Projektmanagement bezeichnen.

Der Projektmanager ist verantwortlich für die Abwicklung eines Projektes. Er leitet das Team und koordiniert alle Aktivitäten rund um das Projekt. Ihm obliegt die Pflicht, alles Erdenkliche zu tun, damit sich das von ihm betreute Team optimal der Umsetzung dieser herausfordernden Aufgaben widmen kann. Zu den zentralen Aufgaben eines Managers zählen die Planung, Überwachung, Koordination und Steuerung. Dabei hat er stets die markanten Größen In Time, In Budget und In Quality im

AUFGABEN-BESCHREIBUNG EINES PROJEKT-MANAGERS

Auge zu behalten. Sein stetes Bemühen muß es sein, ein Projekt im Gleichgewicht zwischen diesen drei Spannungspolen zu halten. Sie können sicher auch aus eigener Erfahrung bestätigen, daß dies ein äußerst dynamischer Prozeß ist, da sich ein Projekt ständig zwischen diesen Polen „bewegt" und sich je nach Status einmal außerhalb des Timings, der Qualität oder der eingeplanten Kosten befindet. Hier hat der Projektmanager seine Mühe und Not, das Projekt wieder auf den Pfad zu bringen. Gemeinsam muß er mit dem Team überlegen, wie ein Zeitverzug wieder aufgeholt bzw. ein überschrittenes Budget eines Teilabschnitts des Projekts durch die effizientere Abwicklung eines anderen Teilabschnitts kompensiert werden kann.

„Das klassische Spannungsdreieck des Projektmanagements."

Bringt der Projektmanager ein Projekt unter Einhaltung aller drei Kriterien durchs Ziel, sind ihm Ruhm und Ehre sicher. Alle nachfolgenden Ausführungen dienen im wesentlichen dazu, dem Projektmanager die Voraussetzungen hierfür an die Hand zu geben.

LEITLINIEN DES PROJEKT- MANAGERS

Bei der täglichen Abwicklung von Administrationsaufgaben gelten als übergreifende Maximen bzw. Leitlinien eines Projektmanagers zielorientiertes Handeln und ganzheitliches Denken. Alle Aktivitäten des Tages müssen indirekt oder direkt dem zuvor definierten Ziel dienen, da sie sonst nur Selbstzweck darstellen und damit für eine effiziente Projektarbeit nutzlos sind. Durch die Koordinations- und Kommunikationsaufgaben eines Projektmanagers zwischen Team und Kunden ist er dafür prädestiniert, „ganzheitlich zu denken" und das Team zu unkonventionellen, vernetzten Lösungen zum Nutzen des Kunden zu motivieren. Dabei sind Kenntnisse über die unterschiedlichen Bereiche, die bei einer New-Media-Produktion berührt werden – von Textarbeit über 3D-Animation bis zur C++-Programmierung –, natürlich für ihn von Vorteil.

Neben dem zielorientierten Handeln und der ganzheitlichen Vorgehensweise sind das schnelle Erfassen von Beziehungen und Abhängigkeiten sowie das sichere Strukturieren von Aufgabenstellungen wichtige Aspekte im Projektmanagement. Dies gilt insbesondere unter den Gesichtspunkten der zumeist hohen Anforderungen und knappen Zeiträume.

Ein weiterer Punkt, auf den wir im Kapitel 4 „Kommunikation" noch ausführlich eingehen werden, ist die Gewährleistung einer Transparenz des Projektes für alle Beteiligten. Dazu gehört, den jeweiligen Status eines Projektes allen Beteiligten in einem kontinuierlichen Kommunikations- und Informationsfluß mitzuteilen. Geschieht dies nicht, wird sich die erfolgreiche Umsetzung als überaus schwierig erweisen.

Neben den oben angesprochenen Punkten sollte der Projektmanager darüber hinaus die Wirtschaftlichkeit, also das Ergebnis aus Ertrag geteilt durch den Aufwand (interne und externe Ressourcen, Investitionen für das Projekt, Mieten von Geräten, Reisekosten usw.), stets im Auge haben. Damit die Wirtschaftlichkeit überhaupt überprüft werden kann, ist beispielsweise der Ressourcenaufwand vor der Projektaufnahme sorgfältig zu kalkulieren und im Projekt mittels Stundenerfassung zu dokumentieren. Auf der Basis einer Stundenerfassung kann und sollte dann während des laufenden Projektes ein Soll-Ist-Abgleich durchgeführt werden. Da bekanntlich der Faktor „Ressourcenaufwand" im Hinblick auf die Kosten am meisten zu Buche schlägt, liegen hier auch die größten Risiken bzw. Optimierungsmöglichkeiten. Es gilt zwischen einer Ertragsmaximierung (hoher Ertrag für bestimmten Aufwand) und einer Kostenminimierung (geringer Aufwand für bestimmte Leistung) unter den Aspekten Kunden- und Teamzufriedenheit und Qualität des Produktes die richtige Mischung zu finden. Auf diese Aspekte werden wir in den folgenden Kapiteln noch näher eingehen.

ANFORDE- RUNGEN IM BEREICH NEUE MEDIEN

Die Aufgabengebiete in einer New-Media-Agentur lassen sich zunächst einmal in interne und externe Bereiche gliedern. Die im folgenden beschriebenen Punkte variieren natürlich je nach Größe und strategischer Ausrichtung der jeweiligen Agentur. Die Tatsache aber, daß Spezialbereiche zunehmend von externen Dienstleistern übernommen werden und die Agentur sich auf ihr eigentliches Kerngeschäft konzentriert, kann bei vielen Unternehmen (auch in größeren Strukturen) beobachtet werden.

Kerngeschäft/interner Bereich

- Beratung
- Projektmanagement
- Grafik Design
- Programmierung mit Standardtechnologien
- Text/Konzeption
- Qualitätssicherung

Peripheriegeschäft/externer Bereich

- Programmierung spezieller Technologien
- Redaktion
- 3D/2D-Animation
- Video/Audio
- Online-Advertising
- ...

Erfahrungsgemäß gibt es im Bereich New Media einen hohen Beratungsbedarf auf seiten des Kunden. Der Nutzen durch den Einsatz neuer Medien und deren Refinanzierung muß sich oftmals, insbesondere aus Sicht des Kunden, erst noch unter Beweis stellen. Daraus ergibt sich nicht nur eine hohe Anforderung an die Stichhaltigkeit des Konzeptes – gerade aus Marketing-Gesichtspunkten –, sondern auch eine hohe Verantwortung, das vom Kunden zur Verfügung gestellte, fixierte Budget keinesfalls zu überschreiten.

New-Media-Projekte zeigen ihre Schwierigkeiten häufig erst bei der eigentlichen Realisierung. Die Gründe dafür sind der Einsatz innovativer

Technologien, sehr knappe Zeitvorgaben (oftmals durch den Auftraggeber), eine hohe Fluktuation der Mitarbeiter, die Einbindung vieler Fachbereiche auf Kundenseite (beispielsweise IT, Marketing, Produkt-Fachberei-
che, Presse und Vertrieb), begrenzte Ressourcen für Spezialaufgaben und
komplexe, bisher noch nicht durchgeführte Aufgabenstellungen.

Da sich diese Faktoren, bedingt durch die rasante Entwicklung des
Mediums, nicht vermeiden lassen, gewinnt die Anwendung von profes-
sionellem Projektmanagement entscheidend an Bedeutung.

Ein Projektmanager ist ein „Unternehmer auf Zeit". Dies bedeutet, daß   **VORAUS-**
er im Projektverlauf organisatorische, konzeptionelle, kaufmännische   **SETZUNGEN**
sowie personelle Entscheidungen treffen muß. In der Regel hat nur der
Projektleiter den vollen Einblick in das Projektgeschehen, und somit
obliegt ihm auch die volle Verantwortung für die erfolgreiche Durchführung eines Projektes. Ein Geschäftsführer kann ihn dabei nur bedingt
unterstützen. Sinnvoll und angebracht wäre eine solche Unterstützung
beispielsweise in einer Krisensituation oder bei Rahmen- bzw. Vertrags-
verhandlungen mit dem Kunden.

Das Zusammenspiel von Geschäftsführer, New-Business-Manager und
Projektleiter sowie den einzelnen Teammitgliedern gegenüber dem Kunden sollte vor Beginn der Zusammenarbeit abgestimmt werden. So kann
ein Geschäftsführer, wenn er den Abstand zum operativen Geschäft
wahrt, bei Mißverständnissen oder schwierigen Situationen mit dem
Kunden vermittelnd und korrigierend eingreifen. Der Schwerpunkt des
New-Business-Managers liegt, unabhängig vom „normalen" Projektgeschäft, in der langfristigen Entwicklung des Kunden durch eine stetige,
übergreifende Kommunikation mit den Entscheidern auf Kundenseite.
Auf der Basis eines guten Zusammenspiels aller Beteiligten können
erfolgreich Krisensituationen gemeistert und die Grundlage für eine
langfristige Zusammenarbeit mit dem Kunden geschaffen werden.

Ein Projektleiter sollte über ein hohes Engagement sowie Entschei-
dungs- und Kommunikationsfreudigkeit verfügen und bereit sein, Ver-

antwortung zu übernehmen. Das setzt natürlich eine gewisse Freiheit und das Vertrauen der Geschäftsführung in die unternehmerische und selbständige Tätigkeit eines Projektleiters voraus. Dieses Vertrauen schafft ein konstruktives Umfeld, das die Basis für flexible Lösungsstrategien und verantwortungsbewußte Entscheidungsfähigkeit darstellt – eine Voraussetzung für die Umsetzung von New-Media-Projekten mit ihrer hohen Komplexität und ihrem engen Zeitrahmen unter dem Einsatz von innovativer Technologie.

1.4 INFRASTRUKTUR

„Ordnung ist das halbe Leben..."
Anni Rinkel

Mit der Infrastruktur ist das gesamte Umfeld umschrieben, welches das Fundament für die Arbeitsfähigkeit eines Teams bzw. Unternehmens legt und damit die Chance eröffnet, erfolgreich Projekte zu realisieren.

Zu den wichtigsten Komponenten einer funktionierenden Infrastruktur gehören eine offene analoge Kommunikation (siehe auch Kapitel 4 „Kommunikation"), die Hard- und Software-Ausstattung, die Vernetzung, ein Backup-System, das Dokumentenmanagement sowie die Werkzeuge und deren richtiger Einsatz. Ohne eine funktionierende Infrastruktur ist eine effiziente Abwicklung von Projekten nicht möglich.

Dabei ist vor allem eines zu beachten: Konzentrieren Sie sich auf Ihr Kerngeschäft! Sollte beispielsweise ein Computer oder Drucker nicht funktionieren, ist die Behebung des Problems die Aufgabe eines Technikers und nicht Ihre. Sie werden *am* und nicht *unter* Ihrem Schreibtisch gebraucht. Ein technisches System, ein Werkzeug oder ein Arbeitsprozeß sollte in erster Linie funktionieren und Sie bei Ihrer Arbeit unterstützen, nicht mehr und nicht weniger.

Ich möchte an dieser Stelle keine langen Ausführungen über Konfigurationen oder geeignete Computer- bzw. Software-Ausstattungen folgen lassen. Allerdings sind einige Aspekte bei der täglichen Arbeit im Team beachtenswert. Am besten einigt man sich auf ein gemeinsames Betriebssystem, beispielsweise Windows NT® oder Windows® 98 von Microsoft. So können unnötige Zeitaufwendungen durch Konvertierungen, beispielsweise durch die unterschiedlich zulässige Anzahl von Dokumentenbezeichnungen, von einer Plattform auf eine andere vermieden werden.

HARD- UND SOFTWARE- AUS- STATTUNG

Entschließt man sich für eine bestimmte Software, muß sichergestellt werden, daß eine ausreichende Anzahl von Lizenzen zur Verfügung steht und diese bei allen Projektbeteiligten korrekt auf dem jeweiligen System installiert und einsatzfähig sind. Ein Test der Komponenten muß dabei immer vor Projektbeginn erfolgen. Sollte es Probleme bei einzelnen Arbeitsplätzen geben, sind diese sofort an den Projektleiter bzw. direkt an den Systemadministrator weiterzuleiten. Es gehört zu den Aufgaben des Projektmanagers, die Arbeitsfähigkeit eines Teams sicherzustellen und bei Mängeln diese umgehend beheben zu lassen. Bitte unterschätzen Sie diese Probleme nicht, und bieten Sie allen Projektbeteiligten professionelle technische Unterstützung an. Auf diese Weise ist sichergestellt, daß alle Systeme einwandfrei funktionieren, wenn das Projekt in die „heiße Phase" geht und nicht wertvolle Produktionszeit durch schlecht konfigurierte oder begrenzt einsatzfähige Systeme verlorengeht.

Die Vernetzung von Arbeitsplätzen ist die Voraussetzung für die effiziente und schnelle Arbeit im Team. Auf das „Turnschuhnetzwerk" – die Übertragung von Daten via Diskette von einem Rechner zum anderen – sollten Sie verzichten. Ein gut ausgelegtes Netzwerk bildet das Rückgrat Ihrer Produktion, denn ein in der Kapazität zu niedrig ausgelegtes oder schlecht eingerichtetes Netzwerk kann die Arbeitsgeschwindigkeit eines jeden an das Netzwerk angeschlossenen Arbeitsplatzrechners ganz erheblich verlangsamen. Wenn Sie zur Abspeicherung eines 100 Kilobyte großen Dokumentes auf dem zentralen Server mehr als einige Sekunden benötigen oder die eingetippten Buchstaben mit einer Verzögerung auf

VERNETZUNG

dem Bildschirm Ihres lokalen Computers angezeigt werden, ist es höchste Zeit zu handeln – es sei denn, Sie legen Wert auf eine Arbeitsumgebung mit „angezogener Handbremse". Wenn Sie sich nicht wirklich auskennen oder keine Netzwerkspezialisten in Ihrem Hause haben, sollten Sie damit Profis beauftragen, die neben einer qualitativ hochwertigen Arbeit auch eine verständliche und umfangreiche Dokumentation, beispielsweise des Netzwerkschrankes, an Sie aushändigen, um spätere Fehler leicht lokalisieren oder die Anlage problemlos erweitern zu können.

„Das sportliche Turnschuhnetzwerk."

BACKUP Den Wert eines Backups lernen die meisten Beteiligten erst dann schätzen, wenn es schon zu spät ist. Die Festplatte eines lokalen Computers oder die eines Servers, die Ihnen eines schönen Morgens oder Abends den Dienst versagt und Ihre kostbaren Daten für immer in die unergründlichen Tiefen eines katastrophalen Totalabsturzes mitnimmt, wird an Ihnen und Ihrem Unternehmen nicht spurlos vorbeigehen. Wenn es Ihnen nicht gelingt, diese Daten wiederherzustellen, erleiden Sie einen herben Rückschlag, da wichtige Dokumente, Programm-Codes, Dokumentationen, Grafiken etc., kurzum der Teil Ihres Know-hows, der sich nicht auf Papier oder in den Köpfen befindet, meistens unwiederbringlich verlorengegangen ist.

Es gibt Firmen, die durch „pfadfinderische Akribie" Datenfragmente aufspüren und die Überreste einer Festplatte wieder zusammensetzen.

Diese Vorgehensweise wird allerdings „mit Gold aufgewogen" und ist in der Regel sehr langwierig. Deshalb ist es weitaus intelligenter, ein tägliches Backup Ihrer elektronischen Daten durchzuführen, so daß bei einem Systemabsturz maximal die Arbeit von nur einem Tag verloren ist. Ein Backup sollte immer in der arbeitsfreien Zeit durchgeführt werden, beispielsweise nachts, da es die Zugriffsgeschwindigkeit eines Servers und der vernetzten Arbeitsstationen erheblich herabsetzt.

„Ohne Backup wird es jetzt bitter."

Eine Vernetzung ermöglicht es, die zum jeweiligen Projekt gehörigen Dokumente an einer zentralen und für alle Projektbeteiligten zugänglichen Stelle abzulegen. Das hat den unschlagbaren Vorteil, daß sich ein Projekt auch für Außenstehende viel einfacher verfolgen läßt bzw. die Übernahme oder Stellvertretung eines Projektes erst ermöglicht. Sind Dokumente zu einem Projekt auf vielen lokalen Rechnern verteilt, wird es Ihnen und anderen Beteiligten schwerfallen, den Überblick zu behalten.

DOKUMENTEN-MANAGEMENT

Aufgrund der zum Teil umfangreichen Informationen und Materialien, die für die Durchführung eines Projektes benötigt und von unterschiedlichen Personen bzw. Institutionen angeliefert werden, kann ein Projekt ohne zentrale Dokumentenablage innerhalb kürzester Zeit an Übersichtlichkeit verlieren. Niemand kann dann mehr mit Sicherheit sagen, wo sich welche Informationen bzw. welches Material befindet. Die klare und disziplinierte Struktur und Archivierung von Informationen und Material ist daher eine wesentliche Bedingung für eine kosten- und ressourcenschonende Arbeitsweise.

Nun hat gewöhnlich jeder Mensch seine eigene Ansicht darüber, wie eine Ordnung und adäquate Archivierung von Dateien und Informationen aussieht. Deshalb sind die Festlegung, die disziplinierte Einführung und die Einhaltung von Konventionen bei der Struktur des zentralen Ablagesystems sowie eine einheitliche Benennung der Ordner und Dokumente eine unbedingte Voraussetzung, um das perfekte Chaos zu vermeiden.

Unterschätzen Sie dabei nicht die kreativen Potentiale Ihrer Kollegen. Spätestens wenn Sie sich durch einen Dateien-Dschungel aus *xyx-Ordner*, *neuer Ordner* oder Bezeichnungen wie *Kopie Button*, *Re-Briefing2*, *Brief 2*, *ReBriefing1* eines erkrankten oder ausgeschiedenen Kollegen, dessen Projekt Sie übernehmen sollen, in endlosen Stunden durchschlagen, wird Ihnen die Bedeutung von Standardisierung sicherlich einleuchten.

Alles, was durch Sie oder das Projektteam erarbeitet wird, sollte nur ein einziges Mal vorliegen. Oft entsteht Verwirrung durch die Vielzahl von Dokumenten, die letztendlich nur unterschiedliche Varianten oder Versionen der gleichen Thematik darstellen. Speichern Sie diese temporären Varianten zugunsten einer besseren Übersichtlichkeit auf Ihrem lokalen Computer. Wenn Sie allerdings abends nach Hause gehen, dann hat die Arbeit an einem Dokument einen endgültigen Stand erreicht. Und dieser gehört natürlich auf den Server, er stellt die aktuellste Fassung eines Arbeitsabschnittes dar. Arbeiten mehrere Personen an einem Dokument, ist darauf zu achten, daß wirklich nur eine Version des Dokumentes auf dem Server liegt. Von dem aktuellen Status der auf den Server überspielten Dokumente sollte dann über Nacht automatisch ein Backup angefertigt werden.

Für ein Projekt sollte immer, neben der weiter unten beschriebenen elektronischen Ablageform, auch eine klassische, analoge Mappe angelegt werden, in der alle wichtigen Informationen sowie wichtige technische Spezifikationen für ein Projekt enthalten sind. Diese analoge Mappe steht beim Projektmanager und ist für alle Projektbeteiligten zugänglich. Die Projektmappe wird vom Projektmanager angelegt und gepflegt.

ANALOGE PROJEKT- MAPPE

Der Aufbau einer Projektmappe sollte im Kern immer nach dem gleichen Muster erfolgen, unabhängig davon, für welchen Kunden und für welches Projekt sie angelegt wird. Eine Gliederung könnte sich wie folgt darstellen:

1. Briefing, Memos
2. Angebote, Aufträge, Rechnungen
3. Verträge
4. Konzeption, CI-Richtlinien
5. Pflichtenheft, Timing, technische Spezifikationen
6. Schriftverkehr Eingang
7. Schriftverkehr Ausgang
8. Allgemeine Informationen zum Kunden, Thematik oder Projekt

Sie sparen sich und Ihren Kollegen aus dem Administrationsbereich viel Zeit, wenn sich ein nahezu gleicher Aufbau der Projektmappen durch alle Projekte, die Ihre Firma bearbeitet, zieht. So ist selbst der Chef während Ihres Urlaub in der Lage, auf spontane Anfragen des Kunden zum Projekt schnell im Projektordner zu recherchieren und die gewünschte Auskunft zu erteilen.

Es gibt vermutlich so viele Benennungs- und Strukturierungssysteme, wie es Projektteams bzw. Agenturen gibt. Doch eines haben sie sicherlich gemeinsam: Alle versuchen des Chaos Herr zu werden und es so einfach, überschaubar und praktikabel wie möglich zu halten. Das nachstehende System ist als ein Vorschlag zu verstehen. Selbst wenn Sie der Detailreichtum verwirren mag, basiert dieses System auf langjährigen und oftmals schmerzhaften Erfahrungen. Bitte bedenken Sie, daß die

STRUKTU- RIERUNG FÜR FILE- UND PROJEKT- SERVER

Einführung und tägliche Durchführung einer gewissenhaften Archivierung Ihrer Dokumente und Dateien Sie etwas mehr Zeit kostet. Diese steht jedoch in keinem Verhältnis zu der Herkulesarbeit, ein unstrukturiert geführtes Projekt aufräumen zu müssen.

Die Vorteile eines vernetzten und zentralen Servers sind nur so lange nutzbar, wie ein schnelles Ablegen und Auffinden von Dokumenten und Dateien gewährleistet ist. Auf der ersten Ebene des Servers sind die Bereiche Allgemeines und Projekte zu finden. Die weitere Gliederung sähe dann wie unten dargestellt aus. Es sollte alles in kleinen Buchstaben und ohne Leerzeichen geschrieben werden, um Kompatibilitätsprobleme zwischen PC bzw. Mac und Unix-Systemen zu vermeiden.

Allgemeines

- vorlagen
  Hier finden sich alle Vorlagen einer Agentur. Dazu gehören die Musterdokumente *Brief, Fax, Memos, Timinigs, Flowcharts,* aber auch eine leere Ordnerstruktur zum Kopieren für das Anlegen von neuen Kundenordnern.

- ci_richtlinien
  In diesem Bereich finden sich neben den CI-Richtlinien (z.B. als Style Guide) ein Schriftenordner und Logos der Agentur.

- team
  Jeder Mitarbeiter hat hier seinen eigenen Ordner auf dem Server.

- kundenstammdaten
  Hier finden sich alle allgemeinen Informationen zu einem Kunden wieder (Markentelegramm, Telefonlisten, Ansprechpartner, Geburtstagslisten etc.). Diese Daten werden oftmals auch in einem Buchhaltungssystem bereitgehalten, dann ist natürlich auf diesen Ordner zu verzichten. Eine doppelte Datenhaltung sollte generell vermieden werden.

- freie_mitarbeiter
  Eine Liste von freien Mitarbeitern, die fortlaufend gepflegt wird. In dieser Liste finden sich Angaben zu Kenntnissen, Schwerpunkten, Referenzen, Tagessätzen und Adressen von freien Mitarbeitern sowie externen Dienstleistern.

Projekte

- kundenordner
  Für jeden Kunden findet sich hier ein entsprechender Ordner, in dem sich wiederum die Unterordner eines Projektes (siehe unten) befinden.

- new_business
  Bei der Akquisition von Neukunden werden oftmals schon eine Anzahl von Dokumenten erstellt. Sie sollten an einer zentralen Stelle – im Ordner New Business – abgelegt werden. In diesem Ordner findet sich dann jeweils ein Ordner für den potentiellen neuen Kunden.

- projektuebersicht
  Dieser Ordner enthält einen zentralen Übersichtsplan über die momentan durchgeführten oder in der Planung befindlichen Projekte aller Projektmanager. Diese Übersicht ist besonders wichtig, wenn neue Projekte in die Bearbeitung gehen, um die internen Ressourcen optimal einzusetzen. Ein kurzer Blick auf die Übersichtsliste bringt dann schon Klarheit, ob freie Mitarbeiter eingekauft werden müssen oder nicht.

Öffnen wir dann beispielsweise einen Kundenordner, sind die jeweiligen Projekte in einzelnen Ordnern zusammengefaßt. Die Bezeichnung erfolgt dabei sinnvollerweise mit dem Kunden(kürzel), dem Datum (JJ/MM), der Auftragsnummer und dem Auftragsinhalt.

- kundenag_9710_7023423_intranet
- kundenag_9712_7023424_cdrom
- kundenag_9802_7023429_internet

Ein Kundenordner gliedert sich in vier Unterordner:

- admin
- creation
- development
- praesentation

Bei aufwendigen Projekten hat sich eine Differenzierung des Ordners „admin" in die nachfolgende Untergliederung bewährt (eine genaue Erläuterung zu den einzelnen Punkten und ihren Funktionen folgt im Kapitel 3 „Realisierung"):

- agenda_protokolle
- dokumentation_fuer_kunden
- konzeption
- korrespondenz_freie_mitarbeiter
- korrespondenz_kunde
- memos_notizen
- pflichtenheft
- pressearbeit
- projektstatus
- vertraege_letterofintent
- zeitplanung

Der Ordner „creation" gliedert sich dabei wie folgt:

- ci_daten
  Die Corporate Identity enthält kundenspezifische Designvorgaben, die zu verwendenden Schriften des Kunden oder Kundenlogos. Weitere Ordner werden hier so eindeutig benannt, daß der Inhalt leicht erkennbar wird.

- style_guide
  Die Dokumentation der Erstellung des von der Agentur entwickelten Designs wird in einem Style Guide zusammengefaßt, welcher in diesem Ordner abgelegt wird.

- text
  Hier werden Texte für die Produktion hinterlegt.

- konzeption
  In diesem Ordner befinden sich die Konzepte für die Erstellung der Produktion.

- layouts
  Dieser Ordner enthält die einzelnen Layouts. Sind mehrere Entwick-

lungsschritte vorhanden, ist eine Ordnerbezeichnung mit Datum, z.B. 980215_Variante_blau_a01_c05, sinnvoll. Die Bezeichnungen aus dem Flowchart sind dabei zu übernehmen.

- material
  Hier finden sich die Dokumente und Dateien von externen Dienstleistern und dem Kunden.

Der Ordner „development" enthält die nachstehende Unterteilung:

- bugreports
  In diesem Ordner befindet sich die Bugliste, die alle vom Kunden, von externen Testfirmen und internem Alphatesting eingehenden Fehler enthält.

- dokumentation_tech_spezifikation
  Die Dokumentation von Programmcodes sowie technische Spezifikationen von Schnittstellen, Datenbanken oder Serversystemen sind hier abgelegt.

- final_programmierung
  Hier sind die fertig programmierten Module der Anwendung hinterlegt. Bei einem Internet-Projekt würde sich hier der komplette HTML-Master befinden.

- vorlagen_programmierung
  Die vom Kunden abgenommenen Layouts, meistens mit einem Grafikprogramm entworfen, müssen für die Programmierung aufbereitet werden. Aus dem Gesamtlayout werden die Einzelteile, beispielsweise Funktionselemente wie Buttons oder interaktive Elemente, herausgeschnitten und in einem leicht zu importierenden Format abgespeichert. Die Einzelelemente lassen sich in zwei Kategorien einteilen:
  1. Allgemeine Vorlagen
     Hier finden sich alle Elemente wieder, die seitenübergreifend sind.
  2. Die seitenbezogenen Elemente
     Sie liegen in einem Ordner, der die Screennummer (aus dem Flowchart) trägt. Zur Programmierung werden alle Objekte von den Pro-

grammierern herausgenommen und verarbeitet. Nach Fertigstellung eines Projektes ist dieser Ordner leer.

Der letzte Aspekt wäre dann der Ordner „praesentation". Hier kann ein gesondert bezeichneter Ordner mit den Bilddaten bzw. zusätzlichen Dateien für eine Präsentation sinnvoll sein. Ansonsten sind alle kundenspezifischen Präsentationen, beispielsweise Microsoft® PowerPoint®-Dokumente, in diesem Ordner abgelegt.

DOKUMENTEN-BEZEICHNUNG

Nachdem wir uns nun sehr detailliert mit Benennungen von Ordnern und deren Strukturierung beschäftigt haben, soll im folgenden auf die Bezeichnung des einzelnen Dokumentes eingegangen werden. Die Art, die Zugehörigkeit zu einem Projekt bzw. Kunden, das Erstellungsdatum sowie der Inhalt einer Datei sollte, ohne die Datei öffnen zu müssen, auch für Außenstehende klar aus der Bezeichnung hervorgehen. Unter diesen Anforderungen hat sich das folgende Modell einer Benennung bewährt:

typ_projektnummer_datum[1]_beschreibung_autorenkürzel.dokumentenart

Beispiele

- me_7023423_990501_changeonlineconnect_mu.doc
  (Memo für das Projekt mit der Nr. 7023423 über die Änderung bezüglich eines Online Connects, geschrieben von Herr Müller)

- ko_7023423_990420_basiskonzept_v10_zem.doc
  (Basiskonzept in der Version 1.0 für das Projekt mit der Nr. 7023423, geschrieben von Frau Zemlin)

Es sollte eine bindende Liste von Dokumentenarten mit deren Bezeichnungskürzeln in der Agentur aufgestellt werden.

ab	Abschlußbericht	att	Attachment/Anhang
ag	Agenda	bf	Brief
ang	Angebot	bri	Briefing

---

[1] *Aufgrund einer besseren Sortierung ist das Datum in umgekehrter Reihenfolge notiert.*

kon	Konzept	pfl	Pflichtenheft
che	Checklist	pro	Protokoll
dok	Dokumentation	pp	Präsentation
fax	Fax	rep	Report
gra	Grafik	rev	Review
fl	Flowchart / Strukturgramm	scr	Screen
lay	Layout	tex	Text
me	Memo	tim	Timing
not	Notiz	ver	Vertrag

Zu Beginn mag das alles etwas engstirnig erscheinen. Dennoch haben Sie nur mit einer disziplinierenden Struktur eine reelle Chance, dem Chaos Einhalt zu gebieten und selbst Dokumente, die sich auf einen lokalen Rechner außerhalb des entsprechenden Kundenordners befinden, schnell zuordnen zu können, ohne dieses Dokument erst öffnen zu müssen.

„Dank Archiv ist alles im schnellen Zugriff."

Sie sollten die obengenannten Empfehlungen pragmatisch in Ihr Projektmanagement integrieren. Probieren Sie es einfach an einem Pilotprojekt aus. Sie werden überrascht sein, wie bereitwillig das Team, nach einer anfänglichen Gewöhnungsphase, dieses System akzeptieren wird.

Ein gutes System hilft allen, Zeit zu sparen und die Nerven zu schonen!

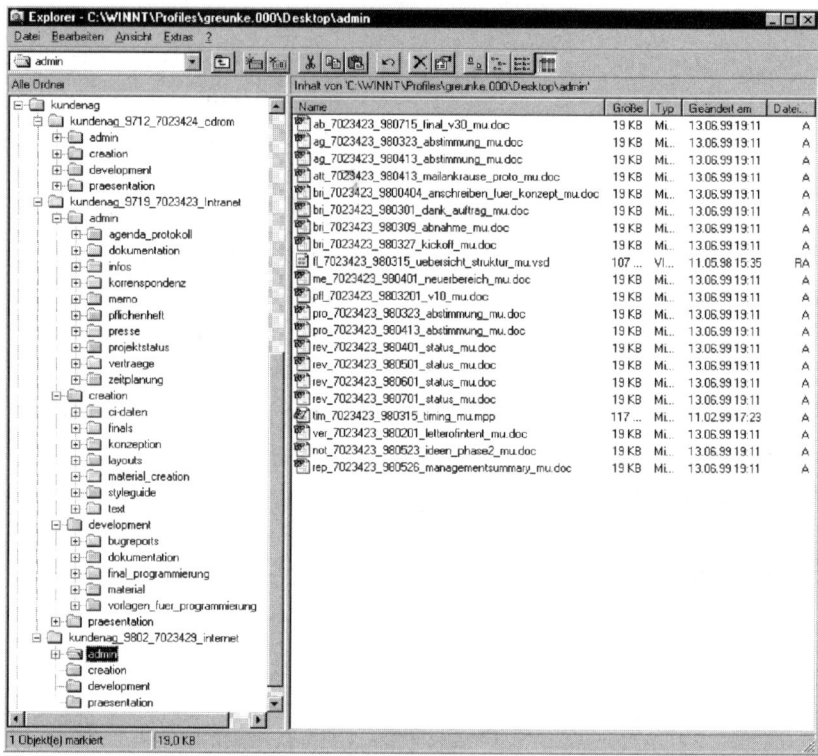

Abbildung 1: Ablagesystem

1.5 PROJEKTZYKLUS

The six stages of New Media production

1. *wild enthusiasm*
2. *total confusion*
3. *utter despair*

4. *search for the guilty*
5. *prosecution of the innocent*
6. *promotion of the incompetence*

Diese Stationen eines Projektverlaufes sah ich vor einiger Zeit an der Bürotür eines Freundes hängen. Mir kam diese Abfolge spontan so bekannt vor, daß ich die Liste sofort kopiert habe. Jetzt hängt sie auch in meinem Büro. Es ist immer wieder erstaunlich, wie viele Analogien sich in einem „realen" Projekt zu den oben beschriebenen Stationen einstellen.

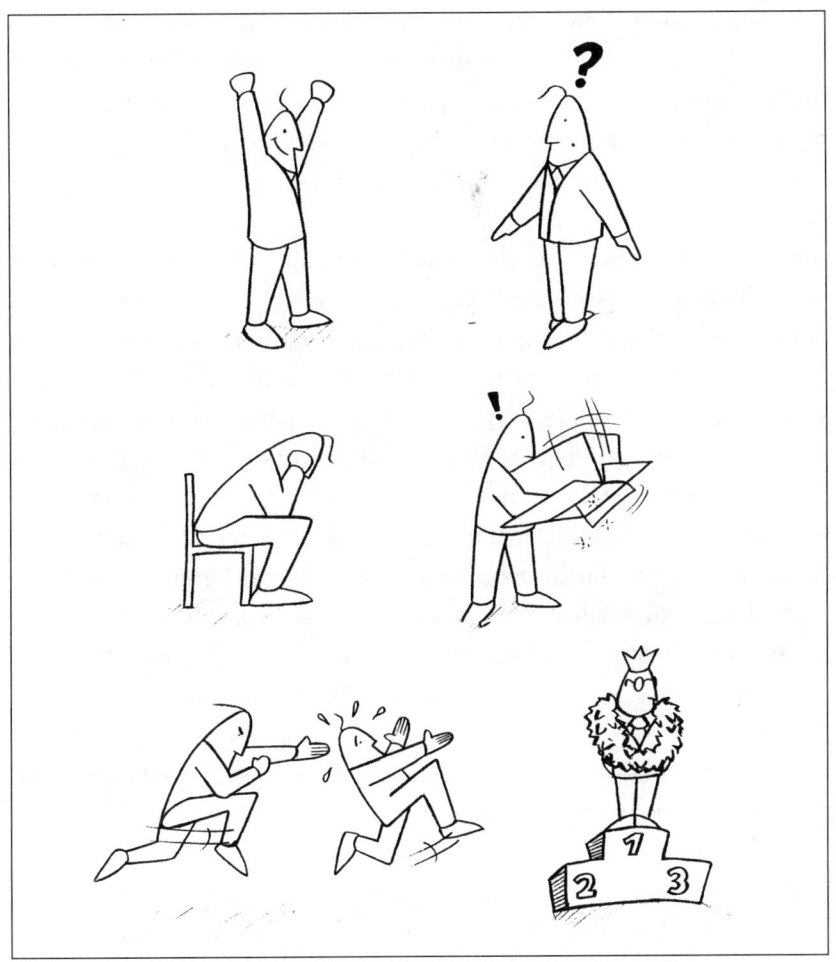

*„The six stages
of new media
production."*

Selbstverständlich soll jedem die Freude über einen gewonnenen Etat, den sogenannten Pitch, gegönnt sein. Leider wird aber in der ersten Euphorie häufig die konsequente Einleitung aller erforderlichen Analyse-, Planungs-, Durchführungs- und Controllingmaßnahmen vergessen. Dabei kann ein schlechter Start bereits das schnelle Ende für ein Projekt bedeuten. Schon nach dem ersten Fünftel des Projektes läßt sich eine verläßliche Prognose über den Erfolg oder Mißerfolg des Vorhabens treffen. Hier wird offensichtlich, ob aufgrund guter Analyse und Planung eine fundierte Umsetzung der Projektziele möglich ist oder in Ermangelung dessen sich die Durchführung als sehr problematisch erweisen wird.

Die untenstehenden Stationen kennzeichnen den Verlauf eines „normalen" Projektes. Auf die einzelnen Positionen und ihre Bedeutung wird in den folgenden Kapiteln noch genauer eingegangen. Diese Übersicht der einzelnen Stationen soll eine bessere Orientierung geben.

AKQUISITION Bevor das umfangreiche Instrumentarium des Projektmanagements greift, muß zunächst natürlich erst einmal ein Auftrag akquiriert werden. Dem Bereich Vertrieb oder New Business kommt dabei die Schlüsselrolle zu, stets einen ausreichenden „Nachschub" an Aufträgen für die Produktion zu akquirieren. Dabei ist grundsätzlich zwischen der Gewinnung von Neukunden und der Pflege bzw. der Weiterentwicklung von bestehenden Kunden zu unterscheiden. Im zweiten Fall kommt neben dem New Business Manager dem Projektmanager ebenfalls eine tragende Rolle zu. Er kennt den Kunden durch die intensive Projektarbeit oftmals am besten und ist deshalb prädestiniert, neue Aufgaben und potentielles Neugeschäft beim Kunden zu lokalisieren. Dabei haben „Full Service"-Agenturen natürlich den Vorteil, nicht auf wenige Dienstleistungen und Produkte beschränkt zu sein. Sie können beispielsweise auch die Vermarktung einer Website oder CD-ROM übernehmen. Für kleinere Agenturen bieten sich Kooperationen mit Dienstleistern aus anderen Bereichen an.

Die Akquisition eines Neukunden ist generell um ein Vielfaches teurer als die Generierung von Neugeschäft bei bestehenden Kunden. Somit kommt der Pflege von bestehenden Kunden eine zentrale Bedeutung zu. Ist der Kunde mit Ihren bisherigen Arbeiten zufrieden, wird er Sie in der Regel auch für den Folgeauftrag buchen.

Ein Zeitraum von gut einem Jahr und länger, vom ersten Telefonkontakt bis zum Abschluß eines Auftrages, ist nicht ungewöhnlich. Pflegen Sie deshalb Ihre Kontakte nachhaltig und langfristig. Selbst wenn Sie einen Pitch verloren haben. Vielleicht erfüllt der Mitbewerber die Erwartungen des Kunden nicht, und Sie bekommen eine zweite Chance.

Zu Beginn einer Zusammenarbeit mit einem neuen Kunden bzw. in der Akquisitionsphase werden Sie gewöhnlich erst einmal Ihre Firma vorstellen, bevor über konkrete Projekte gesprochen wird. Sie sollten die Philosophie Ihrer Agentur, die Referenzen, Ihre Arbeitsweise sowie Ihren Mehrwert gegenüber Ihren Mitbewerbern leichtverständlich darstellen. Steht dann ein Etat zur Vergabe an, wird normalerweise ein Pitch durchgeführt. Hier sind kreative und konstruktive Ansätze zur Problemlösung bzw. Umsetzung der Anforderungen des Kunden gefragt. Damit ist nicht die Erstellung eines umfangreichen, funktionierenden Prototypen gemeint. Vielmehr müssen Ihre Kompetenz und das Verständnis für die Aufgabenstellungen des Kunden in den gezeigten Entwürfen deutlich werden. Bei größeren Etats kann die Auswahl einer Agentur durchaus auch über mehrere Runden gehen.

Die Positionierung der Agentur, die Fähigkeit, auf die Bedürfnisse des Kunden einzugehen, sowie das Aufzeigen von Lösungsalternativen legen den Grundstein für die weitere Zusammenarbeit. Werden hier schon elementare Fehler gemacht, steht die weitere Projektarbeit zwangsläufig unter einem ungünstigen Stern.

Kommt es zu einer positiven Entscheidung des Kunden für Ihre Agentur, ist der nächste Schritt die Klärung der vertraglichen Grundlage der Zusammenarbeit. Ein Vertrag ist Ihre Absicherung und regelt die Rechte und Pflichten der Vertragsparteien. Es hat sich in der Regel ein dreistufiges Konzept bewährt. Da die rechtlichen Vereinbarungen einige Zeit in Anspruch nehmen – es vergehen schon einmal mehrere Wochen, ehe sich die Anwälte auf einen gemeinsamen Paragraphentext geeinigt haben –, ist der Abschluß eines sogenannten „Letter of Intent" empfehlenswert. Dieser Vertrag enthält eine Absichtserklärung zur gemeinsamen Zusammenarbeit und die Verpflichtung des Auftraggebers, falls es nicht zum Vertragsabschluß kommt, die angefallenen Aufwendungen zu erstatten.

VERTRAG UND BRIEFING

Bei Großkunden wird häufig ein Rahmenvertrag geschlossen, der die wesentlichen Aspekte der Zusammenarbeit, beispielsweise Nutzungsrechte, Hinterlegung von Programmcodes, Rabatte bei exklusiver Auftragsvergabe usw. regelt. Für das jeweilige Projekt wird dann ein Einzelvertrag erstellt. Die einzelnen Aufgaben des Auftragnehmers werden im Anhang, beispielsweise dem Pflichtenheft, festgelegt.

PROJEKT-ENTWICKLUNG

Bevor Sie in die Planung eines Projektes einsteigen, ist dem Kunden eine Kalkulation der zu erwartenden Kosten und benötigten Ressourcen vorzulegen. Die meisten Agenturen bieten ein Projekt zum Festpreis an. Dies hat den Vorteil einer genauen Kostenplanung für den Auftraggeber bei einer gleichzeitigen Unsicherheit für den Auftragnehmer, ob er wirklich mit den kalkulierten Aufwänden das Projekt bewältigen kann.

In der eigentlichen Entwicklungsphase, auf die wir im nächsten Kapitel detailliert eingehen, werden die Vision, Zielsetzung sowie die einzelnen Arbeitsschritte für das Projekt definiert. Hierzu wird ein KickOff-Meeting initiiert, das den offiziellen Startschuß für das Projekt markiert.

Im Rahmen der Grob- bzw. Feinkonzeption werden Lösungsalternativen für die Problemstellung entwickelt. Für die Strukturierung der Inhalte werden sogenannte Flowcharts erstellt. Diese können auch zur Verdeutlichung von Prozeßabläufen dienen.

Es ist bei komplexen Projekten durchaus nicht ungewöhnlich, daß nach Abschluß der Projektentwicklung nicht direkt in die Produktion übergeleitet wird, sondern am Ende der Konzeptionsphase die Erstellung eines Prototypen steht. In der „klassischen" Software-Entwicklung unterscheidet Microsoft beispielsweise die Phasen Planung, Prototyping, Spezifikation und Pilotphase, an die sich die eigentliche Inbetriebnahme des Systems anschließt. Im Bereich der Planung ist die technische Machbarkeitsprüfung in Verbindung mit einer Risikoanalyse ein wichtiger Aspekt. Ein Prototyp hat die Aufgabe, Prozeßabläufe funktional zu veranschaulichen und eine Realisierung zu prüfen.

PROJEKT-REALISATION

In der Praxis zeigt sich immer wieder, daß leichtfertig die Phasen Analyse, Planung und Risikoprüfung übersprungen oder marginal ausgeführt werden. Man steigt lieber gleich in die Umsetzung eines Projektes ein. Das hat zunächst den unbestreitbaren Vorteil, schnell greifbare Ergebnisse statt „theoretischer Überlegungen" vorweisen zu können. Das mag bei einfachen Projekten noch gutgehen. Bei der Entwicklung von komplexen Projekten mit hohen Anforderungen, beispielsweise der Integration von bestehenden Datenbanken oder Warenwirtschaftssystemen, ist eine fundierte Planung und Analyse unumgänglich.

Die Umsetzung in den einzelnen Arbeitsgebieten erfolgt grundsätzlich sukzessive, wobei zwischen den Teilarbeiten eine starke gegenseitige Abhängigkeit besteht. Ohne den Abschluß eines bestimmten Teilsegmentes kann oftmals die Entwicklung einer Komponente, die auf der ersten basiert, nicht in Angriff genommen werden. Dem Projektmanager obliegt hier die optimale Ausnutzung der zur Verfügung stehenden Ressourcen. Dabei ist es empfehlenswert, die Teilergebnisse durch den Auftraggeber abnehmen zu lassen, um den Aufwand bei Korrekturwünschen so gering wie möglich zu halten.

Dem Aspekt der Qualitätssicherung wird weiter unten ein gesonderter Abschnitt gewidmet, da er meiner Ansicht nach insbesondere in der jungen Branche New Media noch viel zu kurz kommt. Eine klassische Testphase unterteilt sich in das interne Alpha-Testing in der Agentur und das Beta-Testing mit externen Testern sowie Qualitätssicherungs-Dienstleistern. *QUALITÄTS-SICHERUNG*

Mit der Auslieferung des Golden Masters bei einer CD-ROM-Produktion oder der Übergabe einer Internet-Website erfolgt die Abnahme durch den Auftragnehmer. Der Abnahme schließt sich die Produktion des Golden Masters im Kopierwerk oder die laufende Betreuung sowie Weiterentwicklung einer Online-Präsenz an.

Mit dem Abschluß eines Projektes bzw. einer bestimmten Projektphase wird in der Regel eine Dokumentation erstellt. Für den Bereich Grafik-Design wäre dies beispielsweise ein sogenannter Style Guide. Für den Bereich der Entwicklung werden Dokumentationen über den Serveraufbau und die Code-Architektur angefertigt. Am Schluß eines Projektes *DOKUMEN-TATION, PROJEKT-ABSCHLUSS* sollte immer ein Review stehen, bei dem alle Projektbeteiligten die Tops und Flops eines Projektes reflektieren. Die Qualität einer Organisation zeigt sich nicht zuletzt auch darin, inwieweit sie aus Fehlern lernt und sich veränderten Markt- und Rahmenbedingungen anpassen kann.

PFLEGE UND FOLGE- AKQUISITION

Insbesondere die Online-Medien erfordern nach dem Start eine intensive Betreuung und Weiterentwicklung. Ein Medium gewinnt ganz entscheidend durch Aktualität. Die Ausrichtung der Inhalte einer Internet-Website an die Erwartungen und Bedürfnisse seiner Zielgruppe steht dabei an oberster Stelle. Wie schon im Punkt Akquisition angesprochen, hat die Agentur aus Kostengründen ein hohes Interesse daran, den Kunden und die für ihn erstellten Medien weiterzuentwickeln und sich damit Folgeaufträge zu sichern.

2 PLANUNG

2.1 WERT EINER PLANUNG

Sie kommen mit dem Auto in eine fremde Stadt. Sie wissen, daß Ihr Ziel am entgegengesetzten Ende dieser Stadt liegt. Nichts einfacher als das, werden Sie jetzt denken. Sie öffnen das Handschuhfach und ziehen den Stadtplan heraus oder Sie halten an einer Informationstafel am Stadtrand. Dabei führen Sie den gleichen Prozeß durch: Sie ermitteln Ihren derzeitigen Standpunkt und den des Zielortes. Dann legen Sie sich einen Plan zurecht, wie Sie am besten Ihr Ziel erreichen werden. Sie ermitteln wichtige Kreuzungen, an denen Sie abbiegen müssen, oder welche leicht erkennbaren Orientierungspunkte Sie auf Ihrem Weg passieren müßten.

Sie können natürlich auch ohne Plan einfach drauflosfahren und ihre Kommunikationsfähigkeiten trainieren, indem Sie Passanten nach dem Weg fragen. Sie werden allerdings auch nach einer freundlichen Auskunft wahrscheinlich unsicher sein, weil Ihnen Ihr derzeitiger Standort und die Position zum Ziel nicht ganz klar sind. Sicherlich kein erstrebenswerter Zustand, weder bei einer Autofahrt noch im Projektgeschäft.

Ein Projekt ohne fundierte Planung überlebt – wenn überhaupt – nur durch Improvisation und glückliche Zufälle. Bitte ersparen Sie sich, dem Team und Ihren Kunden diese nervenaufreibende Erfahrung. Die Planung eines Projektes „zwingt" Sie von Beginn an, sich mit dem Umfang, den Anforderungen, der Zeitplanung, dem Ressourcenbedarf sowie den zu kalkulierenden Kosten und möglichen Risiken zu beschäftigen. Sie verschafft Ihnen einen Überblick und gibt Ihnen ein Gefühl dafür, wo Sie derzeit stehen und wohin Sie wollen. Möglicherweise zeigt Ihnen die Planung auch, worauf Sie sich „eingelassen" haben und welche Entscheidungen und Maßnahmen unverzüglich einzuleiten sind.

Allerdings benötigt die Erstellung einer fundierten Planung auch einen nicht unerheblichen Arbeitsaufwand und Ressourceneinsatz. Der

Aufwand hängt natürlich vom zu planenden Vorhaben ab. Doch wird das Ergebnis eines Planungsprozesses das Risiko eines Mißlingens erheblich mindern und die Produktivität des Projektteams deutlich steigern.

Planung ist ein dynamischer Prozeß. Bei der Planung sollten Sie immer bedenken, daß Veränderungen jeglicher Art permanent sind. Nichts steht für immer fest. Eine Planung, die zu Beginn des Projektes, basierend auf bestimmten Vorgaben und Annahmen, erstellt wird, kann sich im Fortgang der Arbeiten als revisionsbedürftig erweisen, weil sich ebendiese Bedingungen oder Anforderungen geändert haben. Deswegen sind die Rahmenbedingungen sowie der Ist- und Soll-Zustand eines Projektes in regelmäßigen Abständen zu überprüfen.

„Bleiben Sie in der Beurteilung des Machbaren realistisch."

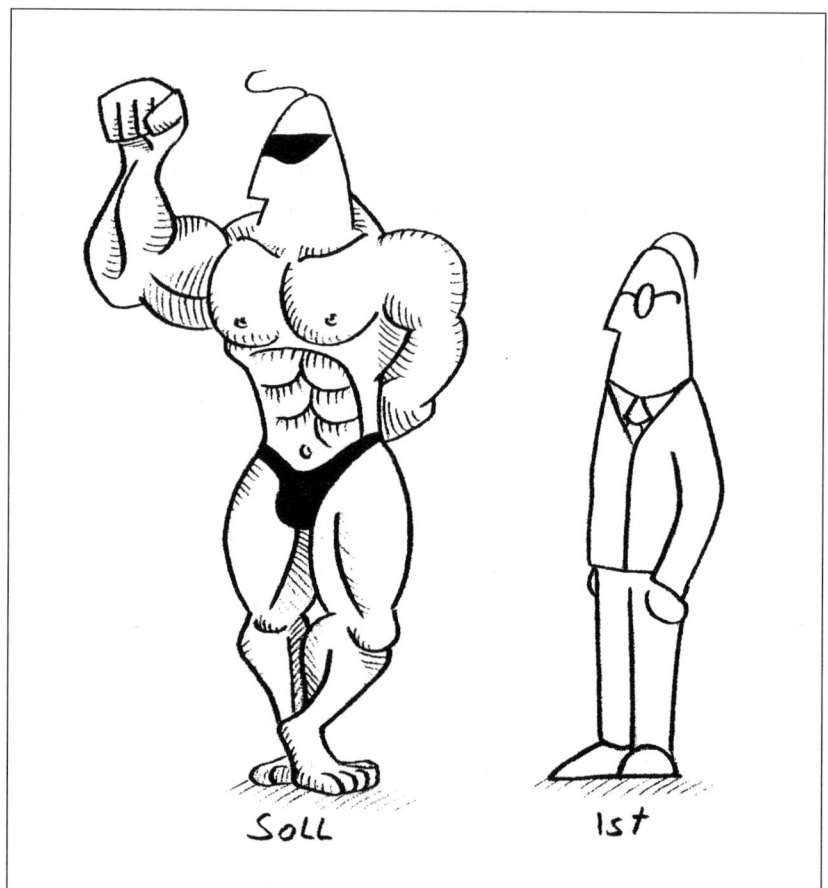

Soll   Ist

2.2 PROJEKTENTWICKLUNG

Die gute Vor- und Aufbereitung der zur Verfügung stehenden Informationen ist Aufgabe des Projektmanagers. Doch spätestens wenn es um den
Aspekt der Realisierung geht, benötigen Sie von Ihren Teammitgliedern
die Einschätzung für Anforderungen, Ressourceneinsatz und Risiken.
Ein Plan sollte daher immer in Teamarbeit entstehen.

*„Planung ist die
entscheidende
Aufbauphase eines
Projektes."*

Beugen Sie vor und holen Sie die Umsetzenden mit an den Tisch. Mit-
verantwortung für die Projektplanung und damit auch für das Gelingen
des Projektes erzeugt mehr Engagement und Motivation im gesamten
Team. Die Einschätzung einer Aufgabe wird gewissenhafter gehandhabt,
wenn die verantwortliche Einbeziehung aller Beteiligten schon in der
Planungsphase erfolgt. Wurden ähnliche Aufgabenstellungen schon einmal bearbeitet, sollten die Erfahrungen aus diesen Projekten selbstverständlich einfließen.

Die an der Planung verantwortlich beteiligten Teammitglieder sollten
sich möglichst verbindlich auf die kommunizierten Termine und die bis

dahin zu erarbeitenden bzw. abzuliefernden Ergebnisse festlegen. Dabei kann immer wieder der Effekt beobachtet werden, daß ein Grafiker oder Programmierer lieber „richtig arbeiten" und gleich loslegen will, anstatt sich in für ihn endlose Diskussionen zu verlieren und mit etwas so „Unproduktivem" wie Pläne erstellen seine Zeit zu vertun. Erstaunlich, daß Projektteams nie die Zeit zum Planen haben, aber mit märtyrerhafter Ausdauer die Nächte vor dem Abgabetermin durcharbeiten können, weil dann doch alles anders gekommen ist, als es eigentlich einmal gedacht war. Offensichtlich war es aber nicht wirklich durchdacht und schon gar nicht geplant, sonst hätte man bereits im Vorfeld und nicht erst in den letzten Tagen und Stunden Abhilfe schaffen können.

Natürlich ist auch mit einer guten Planung nicht alles vorhersehbar. Es wird auch trotz guter Planung möglicherweise zu Problemen und Krisen kommen. Wenn diese eintreten, sind Sie jedoch beispielsweise dank einer vorher durchgeführten technischen Machbarkeitsanalyse oder einer fundierten Risikoanalyse in der Lage, schnell effektive Gegenmaßnahmen einzuleiten. Bedenken Sie, daß Irrtümer und Fehlentscheidungen, die „auf Papier" im Planungsprozeß durchgeführt und entdeckt werden, Sie weitaus weniger Geld, Zeit und Nerven kosten, als wenn diese gegen Projektende in der fast fertigen Anwendung auftreten. Deshalb nutzen Sie die kostbare Zeit am Beginn eines Projektes, die anstehenden Aufgaben zu strukturieren und ausreichend zu planen. Haben Sie sich schon einmal gefragt, warum vor dem Durchbruch einer Wand der Architekt zunächst einen Plan erstellt bzw. diesen prüft, bevor er dem Bautrupp das „OK" gibt? Besser, Sie wissen vorher, ob die Mauer eine tragende Wand ist oder nicht!

Zunächst einmal muß natürlich der Projektleiter von dem Sinn und Nutzen einer fundierten und gewissenhaften Planung überzeugt sein. Sollte das an dieser Stelle noch nicht der Fall sein, legen Sie einfach dieses Buch aus den Händen, und improvisieren Sie so lange weiter aus dem Bauch heraus, bis der erste mehrwöchige Verzug oder die dreistellige Liste von abnahmeverhindernden Fehlern Ihren Arbeitsplatz, Ihren Ruf und Ihre Agentur ernsthaft in Gefahr bringt.

Wenn Sie jetzt aber weiterlesen und von dem Wert einer Planung überzeugt sind, ist es Ihre erste Aufgabe, auch das Team von der Notwendigkeit zu überzeugen. Eine Planungsrunde mit unmotivierten und mürrischen Teammitgliedern bringt das Projekt nicht auf eine erfolgreiche Bahn. Der Wille, einen intelligenten „Schlachtplan" zu schmieden, eine Verschwörung gegen die Unwägbarkeiten des „Projektozeans" und echtes Interesse für das Projekt zu wecken, ist die Grundlage zu einem guten Start. Begeistern Sie also Ihr Team! Es wird Ihre ausgearbeiteten Pläne dankbar entgegennehmen und sie konstruktiv einsetzen.

Sind Sie und Ihr Team motiviert, dann sollten Sie sich einen ruhigen Raum mit genügend Pin- und Schreibfläche suchen, um an die Ausarbeitung einer genauen Planung zu gehen. Sorgen Sie dafür, daß die Telefone umgestellt werden und eine angenehme Atmosphäre herrscht. Sollten einige Teammitglieder nur mal auf einen Sprung vorbeikommen können, weil sie bis über beide Ohren in anderen Projekten stecken und die ganze Zeit ihrer kostbaren Anwesenheit auf dem Stuhl herumrutschen, weil sie einen wichtigen Anruf erwarten, verlegen Sie im Interesse aller besser den Termin. Mit Projektstreß im Nacken plant es sich einfach schlecht.

Gehen Sie bei der Planungsentwicklung Schritt für Schritt vor, und verlieren Sie sich nicht im Detail. Notieren Sie sich zu den einzelnen Aspekten die Anmerkungen, Ideen, Einwände und Vorschläge. Sind zu einzelnen Punkten keine befriedigenden Anworten zu finden, so ist eine gesonderte Analyse- bzw. Recherchephase (siehe auch nächster Punkt) vorzusehen.

Die nachfolgenden Schritte sind als Empfehlung zu verstehen, die Anpassung an den Einzelfall ist natürlich sinnvoll.

1. Aufgabenstellung vom Kunden

Bei der Auftragserteilung hat der Kunde eventuell schon ein erstes Briefing bzw. eine Anforderungsliste vorgelegt. Sollte dies nicht der Fall sein, versuchen Sie die Aufgabenstellung exakt zu recherchieren und für das

Projektteam aufzubereiten. Diese Aufgabenstellung ist den Teammitgliedern im Vorfeld der Planungsrunde auszuhändigen.

2. Zielsetzung des Kunden

Ebenfalls sollten Sie die Zielsetzung des Kunden recherchieren. Welche Ziele verfolgt der Kunde? Wie möchte er diese erreichen? Welche Rolle im Marketing Mix spielt das von Ihnen zu entwickelnde Medium? Was ist seine grundlegende Aussage und Kernbotschaft? Wo positioniert sich der Kunde?

3. Zielsetzung der Agentur

Machen Sie sich gerade zu Beginn eines Projektes auch klar, was die Ziele der Agentur, des Teams und jedes einzelnen Teammitglieds sind.

4. Ist-Zustand

An welchem Punkt beginnen Sie? Welche Materialien stehen zur Verfügung, wie sieht das Umfeld aus? Bringen Sie in Erfahrung, was der Kunde vielleicht schon mit anderen Medien unternommen hat, um seine Ziele zu verwirklichen.

5. Soll-Zustand

Welchen Stand soll das Projekt nach Ablauf des gesetzten Zeitrahmens haben?

6. Einteilung der großen Arbeitsschritte

Welche großen Arbeitsbereiche fallen bei der Bewältigung der Aufgabe an? Neben den klassischen Bereichen Analyse und Konzeption, Grafik Design, Programmierung, Qualitätssicherung, Mastering oder laufende Pflege einer Website können je nach Projekt andere wichtige Bereiche hinzukommen.

7. Herunterbrechen der großen Arbeitsschritte – Lösungsmodelle

Welche wesentlichen Schritte sind in den einzelnen großen Arbeitsschritten enthalten? Im Bereich Grafik Design könnten das beispielsweise die Abschnitte Layoutentwicklung, Navigationskonzept, Steuerungselemente, 3D-Grafiken, animierte Grafiken, Streckenproduktion usw. sein.

Können einzelne Aspekte nicht mit Routineverfahren abgedeckt werden, so sollten Flowcharts der geforderten Funktionalität angefertigt und mögliche Lösungsalternativen entwickelt werden. Hier kann es sinnvoll sein, eine gesonderte Runde nur im Kreise der Entwickler einzuberufen. Diese Runde sollte in Zusammenarbeit mit dem Projektmanager vom Entwicklungsleiter vorbereitet und durchgeführt werden.

8. Zuordnung der Ressourcen

Dieser Schritt erfordert die volle Aufmerksamkeit des ganzen Teams. In welchem Umfang werden Grafiker, Texter, Konzepter, Programmierer in welchen Abschnitten voraussichtlich benötigt? Sind diese in der Agentur vorhanden, oder müssen für Engpässe und Spezialaufgaben externe Kräfte hinzugezogen werden? Sind die vorgesehenen Personen den geplanten Aufgaben gewachsen?

9. Voraussichtliche Zeitplanung

Natürlich werden Sie in dieser frühen Phase keine genauen Angaben zu Manntagen für die einzelnen Arbeitsabschnitte bekommen, aber eine grobe Vorstellung der Schwerpunkte im Ressourcenaufwand und die voraussichtlichen Zeitaufwendungen sollten aus diesem Planungsschritt hervorgehen. Aufgrund dieser Aussagen können Sie anschließend einen voraussichtlichen Projektzeitplan erstellen, der allen Beteiligten mehr Klarheit und Übersichtlichkeit in der Zeiteinteilung verschafft.

10. Definition der Abhängigkeiten

Wenn Sie die einzelnen Arbeitsschritte festgelegt haben, sind ihre wechselseitigen Beziehungen zueinander zu untersuchen. Welcher Abschnitt ist Voraussetzung für den Beginn eines anderen? Welche Prozesse können unabhängig bzw. parallel zueinander laufen? Wie können hier Ressourcen geschickt eingesetzt werden?

11. Arbeitsprozesse

Zu diesem Punkt zählen die Festlegung der Ansprechpartner und deren jeweilige Verantwortlichkeiten. Weiterhin ist der Kommunikations- und Informationsprozeß für das Projektteam und gegenüber dem Kunden zu verabreden. Die Termine und Häufigkeit der Abstimmungsmeetings müssen festgelegt werden. Die Form des Datenaustausches, die Struktur sowie der Zugang zum zentralen Projektordner ist allen Beteiligten mitzuteilen.

12. Technische Machbarkeitsprüfung und Risikoanalyse

Auf diesen Punkt werden wir noch gesondert eingehen. Sie sollten aber schon in der Planungsphase des Projektes ganz bewußt auf mögliche Risikofaktoren bzw. Komplikationen bei der technischen Umsetzung achten. Welche Punkte sind kritisch im Projektablauf? Wenn ein Arbeitsabschnitt, beispielsweise die Installation eines Index-Servers, die Voraussetzung für eine ganze Reihe von anderen Abschnitten ist und Ihre Agentur eine Serverversion einsetzt, über die noch keine Implementations- und Erfahrungsberichte vorliegen, sollte bei Ihnen die Alarmglocke schrillen. Läßt sich auf keine bewährte Technologie zurückgreifen, sind umfangreiche Tests oder die Entwicklung eines Prototypen im Vorfeld empfehlenswert, um das Projekt nicht zu gefährden. Wer sich auf sein Glück verläßt und hofft, daß der Server genauso funktionieren werde, wie es in der Hochglanz-Beschreibung steht, handelt grob fahrlässig.

13. Konsens

Zugegebenermaßen ein fast unerreichbarer Zustand. Sind jedoch im Team gegen die besprochenen Pläne und Vorgehensweise ernsthafte Widerstände zu spüren, sollte unbedingt darauf eingegangen werden.

Lieber überdenken und ändern Sie im Vorfeld Arbeitsprozesse, Aufgabenumfang, technische Prozeßmodelle, Ressourceneinsatz und Zeitplanung als unter widrigsten Bedingungen in der heißen Projektphase. Das gesamte Team sollte der Meinung sein, eine spannende, herausfordernde, aber auch lösbare Aufgabe vor sich zu haben, die auf einer sorgfältigen Planung aufbaut und einem kreativen sowie konstruktiven Schaffen den nötigen Handlungsraum läßt.

Wie Sie sehen, sind eine ganze Reihe von Punkten im Vorfeld zu klären. Wahrscheinlich wird dazu ein einziger Planungstag nicht ausreichen. Bei komplexen Projekten mit für Sie neuen Aufgabenstellungen kann es darüber hinaus schwierig sein – selbst nach einem mündlichen Briefing durch den Kunden –, die ersten fünf Punkte befriedigend zu klären. Ist dies nicht möglich und fühlen Sie sich unsicher, gehen Sie nicht einfach zu den folgenden Punkten über, denn die Informationen zu Ausgangslage und Zielsetzung sind eine Basis für die folgenden Schritte. Sind die vorliegenden Informationen unzureichend, sollten sie in einer Analysephase erarbeitet werden.

Machen Sie es sich zum Grundsatz, nichts ohne eine sorgfältige Planung zu beginnen.

2.3 ANALYSE

Die Analyse ist ein ganz wesentlicher Aspekt bei der Planung und Durchführung von komplexen Projekten. Wenn Sie keine genauen Vorstellungen davon haben, wie sich die Ausgangssituation darstellt und welche Rahmenbedingungen vorliegen, steht das gesamte weitere Vorgehen auf einem sehr wackligen Fundament.

Nur das genaue Wissen über das Projektumfeld und die Rahmenbedingungen schafft Planungssicherheit. Wichtig ist zunächst die Klarheit darüber, wieso überhaupt ein Projekt initiiert wurde. Welche Entwicklungen, Rahmenbedingungen oder Zwänge führten dazu? Wo liegt der „Leidensdruck" des Kunden, der ihn veranlaßt, seine gewohnten Ar-

beitsweisen, Informationsdistribution, Vertriebskanäle usw. zu überdenken?

*„Analysieren
Sie Ihr Objekt
vor Projektstart
eingehend.“*

Soll ein neues Kommunikationsmittel auf Basis von Neuen Medien entwickelt oder überarbeitet werden, sind auch die klassischen oder bisherigen Kommunikationsmittel zu untersuchen. Wie wurde mit der Zielgruppe bisher kommuniziert, und welche Rückmeldungen gab es? Vielleicht gab es eine Neupositionierung in der jüngeren Vergangenheit des
Unternehmens, die u. a. Anlaß für das anstehende Medienprojekt ist.

Wie stellt sich das Unternehmen, das Sie beauftragt hat, dar? Untersuchen Sie die Entwicklungen im Marktumfeld, die Ihr Projekt direkt
oder indirekt beeinflussen. Hilfreich ist es auch zu wissen, ob für das
Unternehmen demnächst größere Umstrukturierungen anstehen oder
es diese vor noch nicht allzu langer Zeit gegeben hat.

Ein weiterer ernstzunehmender Aspekt ist die „interne Politik“ im
Unternehmen. Wer sind die „Player und Macher“, wer ist die „graue
Eminenz“ im Hintergrund? Wer möchte sich möglicherweise mit diesem
Projekt profilieren, und aus welchem Bereich könnte es Widerstände
geben? Man sollte sich darüber klar werden, wer die Auftraggeber und

wie deren Position sowie Interessen im gesamtpolitischen Zusammenspiel eines Unternehmens sind. Ist Ihr Ansprechpartner überhaupt befugt, Entscheidungen zu treffen?

Neben diesen menschlichen und „politischen" Hintergründen sind
weitere Punkte von Bedeutung. Wie oben schon angesprochen, geht es
zunächst um die genaue Definition der Aufgabenstellung. Machen Sie
sich immer wieder klar, daß ein Projekt im Bereich Neue Medien erheblichen Einfluß auf die bisherigen Kommunikations- und Geschäftsprozesse des Kunden haben kann. Durch den Einsatz eines Intranets werden möglicherweise erheblich bisherige Informations- und Arbeitswei-
sen beeinflußt und verändert. Es ist dabei durchaus eine Eigenart von
komplexen Systemen, beispielsweise die interne Kommunikation und
der Informationsfluß im Unternehmen, daß diese auf Veränderungen
nicht wie geplant reagieren. Um so wichtiger ist eine sorgfältige Analyse
der bisherigen bzw. der geplanten Prozesse. Wie stellen sie sich dar?
Warum finden diese so statt? Was würde eine Veränderung dieser Prozesse bedeuten?

Diese Fragen lassen sich nicht vom grünen Tisch aus beantworten.
Gehen Sie in die einzelnen Abteilungen, und sprechen Sie mit den Mitarbeitern. Sie werden erstaunliche Dinge erleben, denn es ergeben sich
schon einmal bemerkenswerte Unterschiede zwischen der Praxis und
dem Unternehmenshandbuch. Hinterfragen und revidieren Sie lieber
einmal mehr, als auf Grundlage vager Einschätzungen zu arbeiten. Die
Wahrheit holt Sie ansonsten bestenfalls bei der Präsentation des Konzeptes vor einem Gremium ein und schlimmstenfalls erst bei der Abnahme des zur Integration fertigen Projektes.

Hinterfragen Sie also, was der Auftraggeber mit diesem zu entwickelnden Kommunikationsmedium konkret beabsichtigt. Wo liegen die Prioritäten für ihn? Sollen Sie beispielsweise einen Stellenmarkt für das Internet entwickeln, dann spielen Sie mit dem Auftraggeber einmal genau
den Ablauf und seine „Soll-Vorstellung" anhand einer virtuellen Stellen-
markt-Anwendung durch. So erfahren Sie am besten, was er von dem zu
entwickelnden System erwartet, was es leisten muß und worauf der Auf-

traggeber besonderen Wert legt. Es sollte ermittelt werden, was Mitbewerber machen und welche bereits existierenden Anwendungen dem Auftraggeber besonders gefallen. Gerade beim ersten gemeinsamen Projekt sollten Sie ein Gefühl für den Kunden entwickeln. Was gefällt ihm, wie offen ist er für Neues, wo besteht Beratungsbedarf, und wo fühlt er sich unsicher?

Wenn der Auftraggeber nicht gerade die IT-Abteilung ist, sollten Sie sich mit „Fachchinesisch" zurückhalten. Der Kunde beantwortet Ihnen sicherlich gern Ihre konkret ausgearbeiteten Fragen, da dies dem Projekt und der Zusammenarbeit nur dienlich sein kann. Sollte der Kunde hiervon nicht überzeugt sein, dann sollten Sie schnellstens Ihre Fragen und Vorgehensweise überdenken, sonst dürfte das Ihr letzter Auftrag gewesen sein. Der Kunde ist bestimmt kein Fachmann für Neue Medien – als solchen hat er ja auch Ihre Agentur eingekauft – und wird in der Regel auch nicht mit der Sprache und dem Umfeld dieses Genres allzu vertraut sein. Hier sind Sie als Berater gefragt. Machen Sie kein Mysterium aus den Neuen Medien, brechen Sie es auf den Sinn und Nutzen im Sinne der Lösung einer Kommunikationsintention herunter. Der Kunde möchte sich nicht in Detailfragen verlieren und sich durch ihm unverständliche Termini und Abkürzungen kämpfen. Er möchte einfach sein Problem gelöst haben, um sich effizienter auf sein Kerngeschäft konzentrieren zu können, und das sind mit größter Wahrscheinlichkeit nicht die Neuen Medien.

Es kann durchaus Sinn machen, die Analyse als Teilaufgabe einer Projektentwicklung separat in Auftrag zu geben. Erst auf Grundlage der dann vorgelegten und präsentierten Analyse, meist in Verbindung mit einer Grobkonzeption, wird über das weitere Vorgehen entschieden.

All diese Informationen sollten Sie sich vor der Ausarbeitung der Planung und der eigentlichen Projektarbeit einholen. Hierzu bieten Gespräche mit dem Auftraggeber ebenso Gelegenheit wie das Durcharbeiten von Unternehmensdarstellungen bzw. Brancheninformationen. Auch während der laufenden Projektarbeit sollten Sie ein offenes Ohr für Informationen zu aktuellen Entwicklungen oder Veränderungen im Umfeld der Branche oder bei Ihrem Auftraggeber haben. Agieren ist besser als Reagieren. Auf diese Weise lassen sich eventuell notwendige Änderungen schon frühzeitig absehen und negative Auswirkungen auf das Projekt in Grenzen halten. Natürlich ist auch die Analyse ein dynamischer Prozeß. Die Annahmen und Ergebnisse, auf denen die Planung und die Realisation des Projektes basiert, sind daher bei längerer Projektlaufzeit von Zeit zu Zeit zu überprüfen.

Planen Sie nur auf Grundlage einer fundierten Analyse!

2.4 ZIELFINDUNG

Jeder Mensch verfolgt bestimmte Ziele. Sei es der Entschluß, einen Berg zu ersteigen, neue Dinge zu erlernen, beruflich eine bessere Position zu erreichen oder sich in Zukunft gesünder zu ernähren. Auch eine Organisation bzw. ein Unternehmen verfolgt bestimmte Ziele.

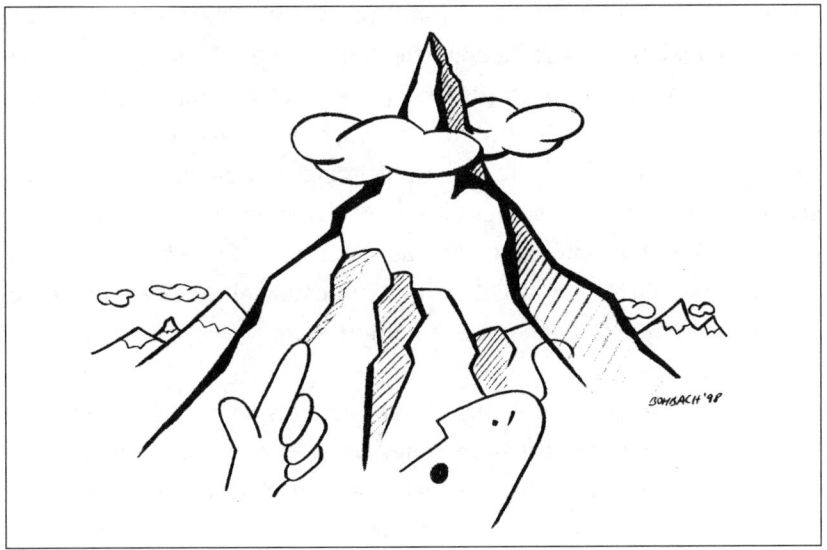

„Das zu Beginn definierte Ziel sollten Sie niemals aus den Augen verlieren."

Staehle bezeichnet ein Ziel als einen erwünschten zukünftigen Zustand, den die Organisation zu erreichen versucht[2]. Jemand, der sein Ziel allerdings nicht definiert und klar umrissen hat, steuert zwangsläufig ziellos

---

[2] *Vgl. Staehle, Management, S. 414*

umher. Dies hindert ihn nicht nur, sein Ziel überhaupt zu erkennen, sondern auch jene erfolgversprechenden Maßnahmen einzuleiten, die zur Erreichung des Zieles führen. In den Ausführungen von J. Boy, C. Dudek und S. Kuschel heißt es: „Jeder hat seine eigene Vorstellung von dem Ziel, solange es nicht kommuniziert und visualisiert wurde."[3]

Stellen Sie sich vor, ein Kunde beauftragt Sie mit dem Ziel: „Ich möchte eine tolle Website im Internet!" Eine „tolle Website" ist wahrscheinlich für jeden etwas anderes. Alle Beteiligten machen sich ihre eigenen Vorstellungen über diese Internet-Website im Laufe des Erstellungsprozesses. Die Gefahr aber, daß einige der Beteiligten enttäuscht sind vom Ergebnis, weil es nicht ihrer Erwartung und persönlichen Zielsetzung entspricht, ist natürlich bei einer fehlenden gemeinsamen Zieldefinition relativ hoch.

Je ungenauer eine Aussage bleibt, die als Ziel erklärt wird, um so größer ist der Interpretationsspielraum. Das erzeugt Unsicherheit, sowohl im Team als auch beim Kunden. Viel Freiraum führt zu vielen verschiedenen Ansätzen, und je allgemeiner und „globaler" ein Ziel definiert wird, desto weniger erzeugt es persönliche Betroffenheit. Ebenso wie für das Unternehmen muß es auch für ein Projekt klar definierte Ziele geben. Oftmals existieren eine Vielzahl von diffusen Wünschen, unrealistischen Forderungen oder schlicht technisch nicht machbaren Vorstellungen auf seiten des Auftraggebers oder einzelner Teammitglieder, die erst strukturiert werden müssen, bevor daraus realistische Projektziele werden, die eine klare Richtlinie vorgeben. Die Erreichung eines Zieles in mehreren zeitlichen Stufen kann dabei eine Hilfe sein.

Legen Sie die Ziele am Beginn einer Projektes schriftlich nieder. Das kann in Form einer Absichtserklärung, eines Pflichtenheftes oder eines Vertrages erfolgen. Entscheidend ist, daß eine Kontrolle der vereinbarten Ziele während und nach Abschluß des Projektes möglich ist. Zu Beginn eines Projektes werden Details noch nicht feststehen. Beschränken Sie sich daher bei der Zieldefinition auf die wesentlichen Punkte. Die schriftlich festgelegte Zieldefinition sollte die folgenden Parameter umfassen:

---

[3] Vgl. J. Boy, C. Dudek und S. Kuschel, Projektmanagement, S. 41

- Zielinhalt
Was möchten Sie erreichen? Was ist der Inhalt Ihrer Projektarbeit?

- Zeitraum
Definieren Sie einen festen Zeitkorridor, innerhalb dessen die Ziele erreicht werden sollen. Dabei ist die Unterteilung der Strecke vom Start- bis zum Abgabetermin in markante Milestones, beispielsweise Ende Konzeption, Abschluß Grafik oder Abschluß Programmierung, sinnvoll.

- Zielqualität
Schreiben Sie den Qualitätsanspruch, das angestrebte Niveau für das fertige Produkt bzw. das Ergebnis fest.

Eine Zielvorgabe des Auftraggebers könnte beispielsweise sein, daß er die aktuellen Online-Buchungszahlen um 100 % steigern möchte. Unter Berücksichtigung der genannten Parameter der Zieldefinition ist mit dem Auftraggeber abzustimmen, in welchem Zeitraum er diese Steigerung erwartet und welches Umsatzvolumen erreicht werden soll. Dabei wird deutlich, daß die absolute Steigerungszahl in Prozent als Information zur Zieldefinition kaum genügt. Bevor also die jeweiligen Ziele definiert werden, sind alle benötigen Informationen bzw. Rahmenbedingungen zu recherchieren. Die festgelegten Ziele sind natürlich vom Kunden und Projektteam zu überprüfen. Vor der Umsetzungsphase sollten sich alle Beteiligten auf die Erreichung dieser Projektziele verpflichten.

Bei der Planung und Ausführung sämtlicher Einzelaufgaben ist die generelle Zielsetzung stets zu beachten. Das Projektmanagement hat die Aufgabe, die Einhaltung der definierten Ziele im Laufe der Projektarbeit stetig zu kontrollieren und erreichte Ergebnisse im Hinblick auf die Zielsetzung kritisch zu hinterfragen. Vermeiden Sie vor allem, die zu Beginn eines Projektes definierten Ziele anhand der tatsächlich erreichten Ergebnisse am Ende neu zu definieren. In der Regel wird dies Ihr Kunde kaum akzeptieren.

Läßt sich ein Ziel für alle Beteiligten nachvollziehen, scheint es erreichbar, und sind die Gründe für das Ziel plausibel, steigen die Bereitschaft und die Fähigkeit des Teams, das Ziel mit hohem persönlichen Engagement zu erreichen.

2.5 ZEIT- UND RESSOURCENPLANUNG

Nachdem die Ausgangssituation geklärt, eine Analyse durchgeführt und die Vision sowie die Zielsetzung definiert wurden, wird das anstehende Projekt in größere Arbeitsabschnitte eingeteilt. Jetzt, da die Aufgaben definiert und analytisch verstanden worden sind, können die jeweiligen Teammitglieder ihre Einschätzung zu den voraussichtlich benötigten Zeiträumen und Ressourcen abgeben.

Der Fertigstellungstermin wird gewöhnlich schon beim Briefing vom Kunden vorgegeben. Das Ziel der Planungsphase ist die Festlegung dessen, was in welchen Zeiträumen realistisch erarbeitet werden kann. Die einzelnen Arbeitsabschnitte sind dabei in einzelne Aufgabenpakete herunterzubrechen.

Ergeben sich in den Planungsvorgesprächen kritische Arbeitsabschnitte, zu denen das Team keine genaue Einschätzung abgeben kann, ist mit besonderem Augenmerk zu arbeiten. Alternative Lösungsansätze sollten geprüft werden. Falls sich keine Lösung abzeichnet, muß in letzter Konsequenz nach Rücksprache mit dem Kunden auch die Integration eines solchen kritischen Moduls in das Gesamtprojekt zur Diskussion gestellt werden. Bevor das ganze Projekt möglicherweise gefährdet wird, sollte man von unrealistischen Vorgaben Abstand nehmen und auf die Integration einzelner kritischer Module oder Funktionen verzichten.

Wird deutlich, daß die Anforderungen oder der Aufgabenumfang die internen Ressourcen übersteigen, so ist die Hinzuziehung von externen Mitarbeitern oder weiteren Firmen zu erwägen. Hier kann eine von allen Projektmanagern gepflegte Liste, mit Angabe der Know-how-Schwerpunkte und Referenzen, gute Dienste leisten. Bitte unterschätzen Sie nicht den zusätzlichen Koordinationsaufwand mit „neuen" Externen. Diese sind möglicherweise weder mit der Thematik noch mit Ihren internen Arbeitsabläufen vertraut. Scheuen Sie sich auch nicht davor, über Dritte Referenzen der Ihnen noch unbekannten Dienstleister einzuholen. Die Branche ist erstaunlich klein, gute und schlechte Arbeit spricht sich daher schnell herum.

Da Sie in den seltensten Fällen den genauen Stundenbedarf im voraus kalkulieren können, sollten Sie mit externen Dienstleistern möglichst nur auf pauschaler Basis in bezug auf die zu erbringende Leistung arbeiten. Die stundenweise Abrechnung motiviert weniger zur effektiven Arbeitsweise, und Sie können mit keiner festen Budgetgröße für Fremdkosten agieren. Sollte die Anzahl an geleisteten Stunden die „Schmerzgrenze" übersteigen, muß dann allerdings entsprechend nachverhandelt werden.

In kleinen Agenturen werden die Ressourcen meistens direkt von den Projektmanagern gebucht. Da die Teammitglieder in der Regel noch in anderen Projekten mitarbeiten, obliegt ihnen selbst die Koordination ihrer Arbeitskraft. Gerade bei Junioren führt dies oft zu Überlastung und Frustration. Eine vorherige Absprache im Bereich Projektmanagement, welche verschiedenen Ressourcen für die aktuellen und geplanten Projekte benötigt werden, ist unabdingbar. In größeren Agenturen gibt es häufig die Position einer zentralen Ressourcenverwaltung. Dies können zentrale Ansprechpartner innerhalb einer Unit sein, über die die jeweiligen Ressourcen gebucht werden. Die oftmals anstrengende Koordinationsarbeit entfällt damit für die Programmierer, Grafiker, Texter etc., so daß ihnen mehr Zeit für ihre Kernaufgaben bleibt.

2.6 ANGEBOTSERSTELLUNG UND KOSTENKALKULATION

Nachdem ein potentieller Kunde Interesse an einer Zusammenarbeit signalisiert hat, ist von der Agentur in der Regel eine Kalkulation für das geplante Projekt zu erstellen. Dabei treffen zwei grundlegende Sichtweisen aufeinander:

AGENTURSICHT

Besonders bei neuen Kunden und innovativen Projekten ist aufgrund vieler unbekannter Faktoren eine exakte Kalkulation der Kosten im Vorfeld eines Projektes äußerst schwierig. Bei kreativen Prozessen läßt sich zum Teil schwer kalkulieren, wann die „treffende Idee" für den Kunden gefunden wird. Ergeben sich im Projekt bei der technischen Umsetzung Probleme, sind möglicherweise teure Experten einzukaufen, die vorab nicht eingeplant waren. Ist der Kunde schwierig oder dies sein erstes Multimediaprojekt, so ist mit erhöhtem Beratungs- und Abstimmungs- bedarf zu rechnen, der sich vorab kaum ermitteln läßt. Hinzu kommt in den meisten Fällen die anspruchsvolle Aufgabe, dem Kunden, der mit dem Medium nicht vertraut ist, die Wertigkeit und den Umfang der von der Agentur kalkulierten Leistungen verständlich zu machen.

KUNDEN- SICHT

Beim Kunden ist erfahrungsgemäß ein Werbe- oder Marketingleiter für die zu vergebenden Etats verantwortlich. Dieser muß in der Regel sei- nem Vorgesetzten Rede und Antwort stehen, wenn sich die zugesagten Ergebnisse nicht einstellen. Der Kunde kennt sich meist in der Materie nicht aus und ist daher auf die Aussagen sowie die Beratung der Agen- tur angewiesen. Nach der Auftragserteilung und der Freigabe der zum Teil nicht unerheblichen Budgets vergeht üblicherweise eine längere Zeitspanne, bevor erste Ergebnisse zu sehen sind, geschweige denn das fertige Produkt präsentiert werden kann. Gerade diese „Durst- strecke" führt oft zu Mißverständnissen und Spannungen zwischen Kunde und Agentur.

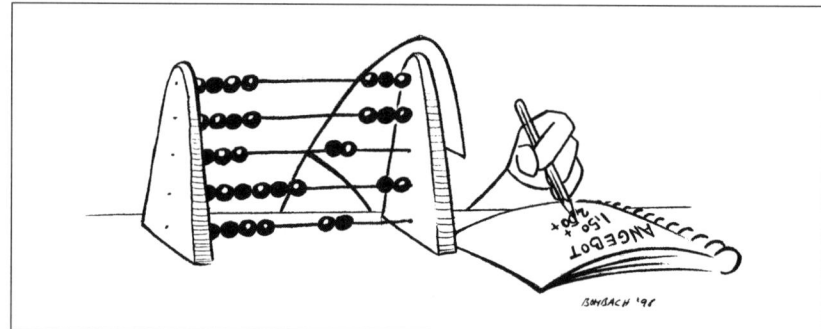

„Die angebotene Leistung sollte aus Sicht des Kun- den seinen Preis wert sein."

TRANSPARENZ

Bei einer Kalkulation ist diesen beiden Standpunkten unbedingt Rech- nung zu tragen. Dies kann allein durch eine größtmögliche Transparenz der kalkulierten Aufwände geschehen. Nur so läßt sich das Vertrauen schaffen, um auch eine „Durststrecke" zu überstehen. Die Agentur sollte sich die Möglichkeit vorbehalten, Aufwände gesondert zu berechnen, die im ursprünglichen Angebot nicht enthalten waren. Je größer das Vertrauen des Kunden in eine exakte und faire Kalkulation der Agentur ist, desto leichter fallen spätere Nachverhandlungen. Die Kalkulation sollte immer einen genügend großen Puffer aufweisen, um begrenzte Risiken und unvorhersehbare Probleme in der Produktion abzufangen.

Mit dem Start eines Projektes sind die Eckdaten der Kalkulation, umgerechnet in Manntage, dem Projektteam mitzuteilen. Ein effizienter Einsatz der Ressourcen beginnt mit dem Wissen der einzelnen Teammitglieder über den zur Verfügung stehenden Zeitrahmen für die einzelnen Tätigkeiten. Ein Grafiker, der in Unwissenheit über die ihm laut Planung zur Verfügung stehende Zeit an die grafische Ausgestaltung einer Idee herangeht, wird zwangsläufig das Kontingent überschreiten und damit zusätzliche Kosten verursachen, die nicht mit dem Auftrag des Kunden abgedeckt sind. Diese zusätzlich produzierten, „fahrlässigen" Kosten sind nur sehr schwer beim Kunden gesondert in Rechnung zu stellen.

Im Rahmen der Produktion sind die von den einzelnen Teammitgliedern erbrachten Stunden für das jeweilige Projekt in einer Stundenerfassung zu protokollieren, so daß für den Projektmanager ein Vergleich zwischen den kalkulierten Aufwänden und den tatsächlich geleisteten Manntagen leicht möglich ist. In vielen Agenturen sind zu diesem Zweck Stundenerfassungssysteme auf Papier oder in elektronischer Form üblich. Neigt sich das beauftragte Kontingent dem Ende zu, ohne daß die Aufgaben weitestgehend erledigt sind, ist umgehend die „Notbremse" zu ziehen. Dem Kunden sollten dann verschiedene Alternativen vorgeschlagen werden. Die einfachste ist, die zusätzlichen Kosten am Ende des Projektes nachzuberechnen. Dazu ist eine gesonderte Aufstellung anzufertigen, was an zusätzlichen Kosten bis zur endgültigen Fertigstellung des Projektes erwartet wird. In jedem Fall ist eine Begründung für diese zusätzlichen Aufwände beizulegen. Eine Alternative wäre auch, die Arbeiten mit dem Erreichen des kalkulierten Manntagekontingentes zu beenden und die Ergebnisse mit einer inhaltlichen und technischen Dokumentation an den Kunden zur weiteren Bearbeitung zu übergeben. Dies kann sich im Bereich Internet als durchaus praktikable

Lösung erweisen, weil der Kunde meistens selbst die Internet-Seiten in Eigenverantwortung weiterpflegt.

Ein Unternehmen kann langfristig nur existieren, wenn die Wirtschaftlichkeit stimmt. Der entscheidende Faktor zur Sicherung der Wirtschaftlichkeit ist der effiziente Einsatz von menschlicher Arbeitskraft, da dieser in der Regel der kostenintensivste Faktor ist. Den effizienten Einsatz der Ressourcen bedingen zum einen die weitestgehend vom Projekt unabhängigen Umgebungsfaktoren, wie sie in den Kapiteln „Grundlagen" und „Kommunikation" beschrieben sind. Zum anderen liegt das Potential in der sorgfältigen Vorbereitung und Planung des Projektes, einer klaren Definition der Rahmenbedingungen und Aufgaben in Form eines Pfichtenheftes. Der optimale Einsatz der Ressourcen wird dann durch die jeweiligen Abteilungsleiter, den Projektmanager oder einen Producer koordiniert. Sie sehen also, damit die Wirtschaftlichkeit stimmt, ist der Aufwand, der dem Ertrag des Projektes entgegensteht, sorgfältig zu kalkulieren.

Auf den folgenden Seiten finden Sie ein Beispiel, wie eine transparente Kalkulation aufgebaut sein kann. Das Dokument besteht aus:

- Anschreiben
- Beschreibung des Umfangs
- Grobe Zeitplanung
- Geplante Teamzusammensetzung
- Geplanter Manntageaufwand
- Kalkulation

Optional könnte dieser Kalkulation noch ein separater Zeitplan – beispielsweise mit Microsoft Project® erstellt – beigefügt werden, wenn die Darstellung der Milestones nicht befriedigend ist.

Agentur GmbH An der Alster 34 D-20087 Hamburg

KUNDEN AG
Frau Sara Matrell
Marketingabteilung
Elbchaussee 278a
D-22587 Hamburg

Multimedia-Projekt – Angebot

Hamburg, den 5. Mai 1999

Sehr geehrte Frau Sara Matrell,

zunächst möchten wir uns für das interessante Meeting am vergangenen Donnerstag, dem 29.04.1999, in Ihrem Hause bedanken. Entsprechend unseres Gespräches übersenden wir Ihnen heute ein Angebot mit den folgenden Dokumenten:

- Übersicht Zeitplanung
- Projektteam
- Angebotsumfang
- Kalkulation des Projektes
- Übersicht der kalkulierten Manntage
- Protokoll vom 04.05.99[1]
- Aktuelle Preisliste unserer Agentur

Die Grundlage der Kalkulation und des weiteren Vorgehens bildet das beiliegende Protokoll vom 04.05.99. Sollten Sie noch Fragen haben, stehen Ihnen selbstverständlich gern die Herren Markus Wittenbach (Geschäftsführer) oder Uwe Greunke (Projektleiter) zur Verfügung.

Mit freundlichen Grüßen

Uwe Greunke

[1] Das Protokoll findet sich nicht in diesem Angebotsbeispiel. Exemplarisches Protokoll siehe Punkt „Werkzeuge" im Kapitel „Realisierung".

Abbildung 2: Kalkulation ▶

I. Übersicht Zeitplanung

Die untenstehende Zeitplanung umfaßt die wichtigsten Termine des geplanten Multimedia-Projektes für die erste Stufe. Sollten sich dabei einzelne Termine verschieben, hat dies auch Auswirkungen auf die nachfolgenden Termine und kann die Fertigstellung des gesamten Projektes zeitlich verzögern.

Termin	Task	Zuständig
04.05.99	Projektstart (KickOff-Meeting)	KUNDEN AG, Agentur
09.05.99	Auftragserteilung	KUNDEN AG
12.05.99	Marktforschungsdaten, Kunden-Logo / CI-Mappe	KUNDEN AG
22./23.05.99	Zwischenpräsentation	Agentur
29./30.05.99	Abschlußpräsentation	Agentur
15.08.99	Feinkonzeption, Grafik, Programmierung, Interfacegestaltung in HTML, Korrekturen	Agentur
bis 30.08.99	Betreuung, Anpassungen und Korrekturen	Agentur

II. Projektteam

Für das geplante Projekt haben wir das untenstehende Projektteam vorgesehen. Dabei können sich natürlich Veränderungen in der Teamkonstellation entsprechend des Projektverlaufes ergeben.

Ressource	Aufgabe	Kontakt
Uwe Greunke	Projektleiter	040/320 25 - 45
	Betreuung des gesamten Projektes sowie Konzeption	ugreunke@agentur.de
Sebastian Brauss	Creative Director	040/320 25 - 23
	Inhaltliches und grafisches Konzept	sbrauss@agentur.de
Thomas Meyer	Media Designer	040/320 25 - 56
	HTML Skripting / ASP-Programmierung	tmeyer@agentur.de
Daniel Reiner	Texter	040/320 25 - 89
	Konzeption und Texterstellung	dreiner@agentur.de
Sandra Mohn	Team-Assistenz	040/320 25 - 12
	Unterstützung des Teams	smohn@agentur.de

Abbildung 2: Kalkulation ▶

III. Angebotsumfang

Die unten aufgeführten Leistungen sind in der nachfolgenden Kalkulation inbegriffen. Die Kalkulation ist auf Grundlage des Briefings und des Protokolls vom 4.05.1999 erstellt worden. Tritt der Fall ein, daß sich während der Entwicklung der Anwendung herausstellt, daß die kalkulierten Kosten überschritten werden oder darüber hinausgehende Leistungen notwendig werden, so werden diese, nach Absprache mit der KUNDEN AG, entsprechend der beiliegenden Agentur-Preisliste gesondert in Rechnung gestellt.

A. Analyse und Konzeption

Der erste Kalkulationspunkt umfaßt die Bereiche:

- Research und Analyse des bisherigen Medienauftritts
- Zusammenstellung von Marktdaten und Wettbewerbsanalysen
- Entwicklung eines Konzeptansatzes im Rahmen der Wettbewerbspräsentation
- Erarbeitung von Kernidee und Zielen für das Projekt
- Entwicklung eines Navigationskonzeptes

B. Design und Text

Der zweite Kalkulationspunkt umfaßt die folgenden Aspekte:

- Anfertigung von Layouts für den Etat-Wettbewerb
- Erstellung eines Designs zur Zwischenabstimmung
- Weiterentwicklung des Designs bis zur Endabstimmung
- Texten der Seiteneinleitungstexte und die generelle Ansprache der Website-Besucher
- Streckenproduktion der Grafiken
- Konvertierungs- und Formatierungsarbeiten

C. Programmierung und HTML Skripting

Die Leistungen des Punktes C beinhalten die folgenden Teile:

- Erstellung von Templates auf Basis des Designs
- Skripting des Navigationsmoduls
- ASP-Programmierung auf dem bestehenden NT Webserver
- Anpassungen und Korrekturen

D. Qualitätssicherung

Unter die Qualitätssicherung fallen folgende Punkte:

- Überprüfung der Inhalte
- Einzelmodul-Check und Gesamtsystemprüfung
- Link-Checking
- Belastungstest des NT Webservers

Abbildung 2: Kalkulation ▶

E. Projektleitung

Für die Betreuung des Projektes werden folgende Leistungen berechnet:

- Beratung
- Koordination und Administration
- Teamzusammenstellung
- Präsentations- und Meetingvorbereitungen

F. Dokumentation

Zur Dokumentation des Projektes zählen folgende Positionen:

- Erstellung eines Design Style Guide
  unter Berücksichtigung der Verwendung von Templates
- Dokumentation der ASP-Programmierung
- Gesamtbeschreibung des Systems und Funktionalitäten

G. Allgemeinkosten

Den letzten Punkt bilden die Allgemeinkosten. Hierzu zählen:

- Technische Infrastruktur (Projektserver, FTP-Exchange Server)
- Telekommunikationskosten
- Reisekosten plus Spesen
- Kurierkosten werden nach Aufwand in Rechnung gestellt.

Abbildung 2: Kalkulation ▶

KUNDEN AG
Frau Sara Matrell
Marketingabteilung
Elbchaussee 278a
D-22587 Hamburg

Datum 05.05.99
Nr. UG 345627

Multimedia-Projekt Angebot

Die einzelnen Leistungen finden Sie unter dem Punkt *Angebotsumfang* erläutert. Zusätzliche Leistungen, die von der Agentur GmbH erbracht werden, sind, nach Rücksprache mit der KUNDEN AG, gesondert entsprechend der gültigen Preisliste abzurechnen. Die Auflistung der Einzelaufwendungen ist der nachfolgenden Tabelle zu entnehmen.

Aufgabe	Beschreibung	Summe
A. Analyse und Konzeption	• Projektleitung (Senior) Analyse der Rahmenbedingungen und Konzeption	33.620,00 DM
	• Technische Konzeption Technische Analyse und Konzeption Technologische Beratung	
	• Inhaltliche Konzeption Gliederung und Aufbereitung Flowchart/Strukturgramm	
B. Design und Text	• Creative Direction Entwicklung der Layouts	17.780,00 DM
	• Grafik Design Umsetzung der Streckenproduktion	
	• Text Erstellung von Texten und Ansprache	
C. Programmierung und HTML Skripting	• Applikationsprogrammierung ASP-Programmierung	20.200,00 DM
	• HTML Skripting Erstellung von Templates	

Abbildung 2: Kalkulation ▶

Aufgabe	Beschreibung	Summe
D. Qualitätssicherung	• Qualitätssicherung Testen der Anwendung inklusive Linkchecking und Belastungstest	5.400,00 DM
E. Projektleitung	• Projektleitung (Senior) Beratung und Koordination	14.000,00 DM
	• Teamassistenz Administration	
F. Dokumentation	• Dokumentation Dokumentation der Anwendung und Systemarchitektur sowie Funktionen	9.280,00 DM
G. Allgemeinkosten	• Pauschal Infrastruktur und Telekommunikation Fahrtkosten sowie Spesen	1.500,00 DM
Total		**101.780,00 DM**
MwSt. (16 %)		16.284,80 DM
Gesamt		**118.064,80 DM**

KUNDEN AG
Frau Sara Matrell

Einverstanden: _____
                    Ort, Datum, Unterschrift

Zahlungsbedingungen
1/2 des Gesamtbetrages nach Auftragserteilung
1/2 des Gesamtbetrages nach Beendigung des Auftrages am 30.08.1999

Abbildung 2: Kalkulation ▶

IV. Auflistung der geleisteten und geplanten Manntage

Alle unten aufgeführten Leistungen sind in der beiliegenden Kalkulation inbegriffen. Die Kalkulation basiert auf einer Einschätzung der zu bearbeiteten Aufgaben mit den dazugehörigen Manntagekontingenten, entsprechend der untenstehenden Liste. Sollte sich in der Produktion zeigen, daß die geplanten Manntage überschritten werden oder darüber hinausgehende Leistungen notwendig werden, so werden diese, nach Absprache mit der KUNDEN AG, entsprechend der beiliegenden Preisliste gesondert in Rechnung gestellt.

Stand: 5. Mai 1999

Nr.	Phase	Beschreibung	Ergebnisse	Zeit	Res	Std. Work	Std. Plan	Aufgaben
1	Vorbereitende Arbeiten	Vorbereitung Präsentation	Präsentation Pitch	KW 20	UG, SB	12		Projektleitung (8), Konzeption Inhalt (4)
2	Vorbereitende Arbeiten	Grafischer Vorschlag	Layout an einem Pfad	KW 21	SB	12		Creative Direction (12)
3	Vorbereitende Arbeiten	Präsentation	Konzeptansatz und Layout Pitch	KW 22	UG, SB, DR	16		Konzeption Inhalt (8), Projektleitung (4), Creative Direction (4)
4	Beratung	Vorbereitung und Präsentation KickOff	Konzeptansatz und Erstellung eines Workbook	KW 23	UB, SB, SM		28	Projektleitung (8), Creative Direction (4), Teamassistenz (16)
5	Konzeption I	Umsetzung des Briefings auf Grundlage des KickOffs vom 4. Juni 99	Strukturgramm, Designvorschlag, Text und Konzeption für die 1.+2. Ebene, Systemarchitektur	KW 24/25	UG, SB, DR, TM		68	Konzeption Inhalt (20), Konzeption Technik (12), Text (24), Creative Direction (12)
6	Zwischenpräsentation	Präsentation und Abnahme der Richtung	Abstimmung der Zwischenergebnisse	23.6.	UG, SB		16	Projektleitung (8), Creative Direction (8)
7	Konzeption II	Korrektur und Ergänzung	Design-Entwurf zur Abnahme, Text und Konzeption 1.+2. Ebene, Systemarchitektur, Programmlayout	KW 26	SB, TM, DR, SM		64	Creative Direction (8), Grafik-Design (24), Konzeption Technik (12), Text (8), Text (8), Teamassistenz (12)
8	Abschlußpräsentation	Präsentation Abnahme der Konzeption	Abschluß der Konzeptionsphase	29.6.	UG, SB		16	Projektleitung (8), Creative Direction (8)

Abbildung 2: Kalkulation ▶

Nr.	Phase	Beschreibung	Ergebnisse	Zeit	Res	Std. Work	Std. Plan	Aufgaben
9	Produktion	Umsetzung des Layouts für alle Bereiche (laut Pflichtenheft), Entwicklung	Strecken-produktion	KW 27	SB, TM, DR, SM		116	Programmierung (40), Grafik Design (24), Text (8), HTML Skripting (32), Teamassistenz (12)
10	Testing	Qualitäts-sicherung	Testen von Einzelmodulen und der Gesamt-abwendung	KW 27 15.8.	n.n.		24	Qualitätssicherung (24)
11	Abnahme	Ausarbeitung Korrekturen, Anpassungen		15.8. – 1.9.	SB, TM, DR		36	Text (4), Grafik Design (12), HTML Skripting (8), Programmierung (12)
12	Dokumentation	Style Guide und technische Dokumentation	Erstellung und Ergänzung	1. – 18.9.	TM, SB		48	Grafik Design (16), Dokumentation (32)
13	Übergabe des Systems	Inbetriebnahme	Angebot, Planung	Okt.	TM		16	Programmierung (16)
14	Projekt-betreuung	Laufende Betreuung des Projektes	Beratung, Betreuung, Transparenz des Projektes		UG, SM		64	Projektleitung (40), Projektassistenz (24)
	Total					40	496	gesamt 67 Manntage

Aktuelle Preisliste

Stand Mai 1999
Gültig bis einschließlich Dezember 1999

Tätigkeit	Tagessatz	Einzelstunde
Technologieberatung und Konzeption	2.240,– DM	280,– DM
Inhaltliche Konzeption	1.800,– DM	200,– DM
Textgestaltung	1.800,– DM	200,– DM
Creative Direction	2.000,– DM	250,– DM
Grafik Design	1.440,– DM	180,– DM
HTML Skripting	1.440,– DM	180,– DM
Applikationsprogrammierung	2.000,– DM	250,– DM
Systemadministration	1.800,– DM	200,– DM
Projektleitung (Senior)	2.000,– DM	250,– DM
Projektleitung (Junior)	1.440,– DM	180,– DM
Teamassistenz	1.000,– DM	125,– DM
Qualitätssicherung	1.800,– DM	225,– DM
Dokumentation	1.600,– DM	200,– DM
Serverauswertungen	Pauschal	360,– DM
Infrastruktur	Pauschal	1 %*
Telekommunikation	Pauschal	1,5 %*

* vom jeweiligen Auftragswert

Weitere Leistungen auf Anfrage.
Änderungen von Stundenpreisen sowie Tagessätzen behält sich die Agentur GmbH vor.
Rabatte werden nur in Zusammenhang mit Agenturverträgen gewährt.

Abbildung 2: Kalkulation

3 REALISATION

Arbeiten Sie intelligenter – nicht härter!

3.1 PFLICHTENHEFT

Im Projekt geht es fast zu wie im richtigen Leben: Es gibt Pflichten und Rechte. Ihre Pflicht als Projektmanager ist es u.a., ein sogenanntes Pflichtenheft zu erstellen. Das Recht des Teams bzw. des Kunden ist es, ein Pflichtenheft zu erhalten, in dem die globale Zielsetzung, das Timing, die Rahmenbedingungen sowie die einzelnen Aufgaben eines Projektes möglichst genau erläutert sind. Ein Pflichtenheft bildet die Grundlage der Produktion. Anhand der detaillierten Beschreibung im Pflichtenheft können die Aufgaben, die den einzelnen Teammitgliedern zugeordnet werden, mit den entsprechenden Hinweisen zu Ablieferungstermin oder Materiallieferung entnommen werden. Nachdem Sie das Pflichtenheft erstellt und an das Team bzw. dem Kunden übergeben haben, ist es die Pflicht des Teams, die Aufgaben adäquat auszuführen. Sie als Projektmanager haben dann wiederum das Recht, die ordnungsgemäße Erfüllung der Aufgaben zu überprüfen.

„Bruder Moses bei der Übergabe diverser Pflichtenhefte an die versammelte Menschheit."

Bevor Sie und Ihr Team so richtig loslegen, ist also eine Arbeitsgrundlage in Form eines Pflichtenheftes zu schaffen. Eine Absprache über technische Detailfragen ist auf jeden Fall mit den jeweils ausführenden Mitarbeitern vor der endgültigen Abstimmung mit dem Auftraggeber durchzuführen.

Die Erstellung eines Pflichtenheftes kann mitunter recht aufwendig sein, sollte aber auch für kleinere Projekte vorgenommen werden. Bei größeren Projekten kann die Erstellung eines Pflichtenheftes einige Tage bis Wochen in Anspruch nehmen. Dabei ist zusätzlich ein Zeitpuffer für Korrekturen und Abstimmung des Pflichtenheftes zwischen Ihnen und dem Team bzw. der Agentur und dem Kunden einzuplanen.

Eine separate Beauftragung eines Pflichtenheftes ist bei komplexen Projekten durchaus nicht ungewöhnlich. Ein Pflichtenheft kann auch als Grundlage für eine Ausschreibung des eigentlichen Projektes dienen.

Offene Punkte sind immer vor Projektbeginn mit dem Projektteam bzw. Kunden zu klären, da es sonst zu unnötigen Mißverständnissen, teuren Nacharbeiten oder zeitlichen Verzögerungen kommen kann. Dies gilt sowohl für den Aufgabenumfang als auch für die Festlegung und Verabschiedung von Rahmenbedingungen. Bei den Rahmenbedingungen sind beispielsweise in bezug auf eine Internet-Anwendung unbedingt die berücksichtigten Plattformen, Browserversionen, das Zulassen von PlugIns oder Java, Auflösungen, berücksichtigte Farbtiefe usw. festzulegen. Ansonsten kann es nach Fertigstellung der Anwendung im Zuge des Testings zu bösen Überraschungen kommen.

Das Pflichtenheft ist oftmals auch Bestandteil bzw. Anhang eines Einzelvertrages, da hier die Leistungen, die der Auftragnehmer zu erbringen hat, genau niedergeschrieben sind. Für die Agentur und den Auftraggeber hat ein Pflichtenheft daher auch eine Art „Versicherungscharakter". Insbesondere die technischen Umsetzungen sollten hier entsprechend sorgfältig, für beide Seiten verständlich, beschrieben werden. Auf mögliche Einschränkungen in der Funktionalität und Risikofaktoren, die sich eventuell im Produktionsprozeß aufgrund von Unwägbarkeiten, unklaren Zuständigkeiten, kritischen Material- bzw. Spezifikationslieferungen oder innovativen Technologien ergeben könnten, ist im Pflichtenheft unbedingt hinzuweisen.

Das Pflichtenheft sollte die folgenden Punkte berücksichtigen:
- Vision
- Zieldefinition
- Zielgruppe
- Zu erreichende Ergebnisse
- Rahmenbedingungen
- Verantwortlichkeiten (Projektteam sowie Ansprechpartner auf Kundenseite)
- Zeitplanung mit Milestones
- Detaillierte Aufgabenstellung und Beschreibung

Das Pflichtenheft wird meistens im Anschluß an die Planungs- und Konzeptionsphase erstellt, wobei der Abschlußbericht über die Konzeptphase als Grundlage dienen kann. Es besteht jedoch auch die Möglichkeit, gleich zu Beginn der Konzeptions- oder Planungsphase die schon bekannten Parameter als Bestandteile des Pflichtenheftes festzulegen. Die Beschreibung der einzelnen Aufgaben entwickelt sich dann im Laufe der Konzeption und wird parallel im Pflichtenheft festgeschrieben. So können alle Beteiligten die Definition und Beschreibung der Projektaufgaben mitverfolgen und verfügen am Ende der Konzeptionsphase über eine Dokumentation. Durch das gleichzeitige Niederschreiben der aus den Abstimmungs- und Konzeptionsmeetings besprochenen Lösungswege werden Aufgaben genauer definiert, und die Planungssicherheit für die Durchführung steigt bei gleichzeitiger Minimierung des Umsetzungsrisikos aufgrund von Mißverständnissen.

Bei der Erstellung sollten Sie die nachfolgenden Aspekte beherzigen:
- Transparente Aufgabenbeschreibung auch für „technische Laien"
- Klare Zuordnung von Verantwortlichkeiten für Termine bzw. Materiallieferungen
- Zurückhaltung bei Zusagen, wo aufgrund von technischen Unwägbarkeiten noch keine Sicherheit besteht

- Definitive Festlegung von Funktionalitäten, die zu entwickeln sind
- Potentielle Risiken und Alternativen aufzeigen
- Kein übertriebener Perfektionismus: Die Entwicklung eines Pflichtenheftes sollte nicht die Produktionsdauer übersteigen ;-) Arbeiten Sie so genau wie möglich und so ungenau wie nötig.

Im folgenden sind zwei Beispiele für ein Pflichtenheft aufgezeigt. Das erste Pflichtenheft (Abbildung 3) behandelt ein kleines, firmeninternes Projekt mit einem Aufwand von circa 20 Tagen für die Entwicklung einer einfachen Stundenerfassung. An diesem Beispiel wird deutlich, daß auch bei kleineren Projekten die Erstellung eines Pflichtenheftes als Arbeitsgrundlage keinen enormen Aufwand bedeutet, aber für eine effiziente Abstimmung überaus sinnvoll ist.

Das zweite Pflichtenheft (Abbildung 4) dokumentiert eine aufwendige Multimedia-Produktion im CD-ROM-Bereich. Neben der Darstellung von Zielsetzung, Zielgruppe, Rahmenbedingungen und Terminen nimmt die Beschreibung und Definition von Aufgaben bzw. Funktionalitäten einen breiten Raum ein. Exemplarisch sind zwei Aufgaben aufgenommen, die eine umfangreiche Navigation erläutern und eine komplexe Online-Schnittstelle, mit der Einschränkung aufgrund von technischen Unwägbarkeiten bzw. Ausführungen von Internetzugangsdiensten, schildern.

Internes Pflichtenheft

Zeiterfassung

Inhaltsverzeichnis   Stand 15.6.1998

Abbildung 3: Pflichtenheft „Zeiterfassung" ▶

Internes Pflichtenheft Zeiterfassung

Dieses Pflichtenheft dient zur schriftlichen Fixierung und Abstimmung für die Entwicklung einer Zeiterfassungskomponente für die Agentur GmbH. Die gesamte Entwicklung soll in verschiedenen Phasen durchgeführt werden. In der vorliegenden Fassung des Pflichtenheftes wird nur die Phase 1 ausführlich behandelt. Nach Abschluß dieser Phase wird das Pflichtenheft hinsichtlich der nachfolgenden Phasen detailliert weiter ausgearbeitet.

1 Vision

Derzeit wird die Stundenerfassung auf den einzelnen Kundenetats sehr unterschiedlich gehandhabt. Für einige Projekte werden Stundenerfassungen durchgeführt. Hier tragen die betroffenen Teammitglieder ihre Stunden auf vorbereitete DIN-A4-Formularblätter ein. Die Durchführung wird allerdings nicht konsequent gehandhabt. Die Möglichkeiten einer Auswertung sind durch die Papierformulare selbstverständlich stark begrenzt.

Mit dem vorliegenden Pflichtenheft soll ein einheitlicher Prozeß für die Stundenerfassung und die Auswertung von Projekten unternehmensweit geschaffen werden. Die Stundeneingabe und der Vergleich von Soll- und Ist-Stand soll mittels einer einfachen Methodik durchführbar sein. Ein webgestütztes Interface mit einer zentralen Datenbank, in der auch die Stammdaten der Kunden und Mitarbeiter gehalten werden, ist zu favorisieren. Der zu entwickelnde Prozeß mit dem dazugehörigen Werkzeug soll die Kalkulation von Kosten und das Controlling von Projekten erleichtern und so zu einer höheren Transparenz mit mehr Effizienz führen. Das zu entwickelnde System soll ebenfalls der kaufmännischen Abteilung als Informationspool über Auslastungsgrad von Mitarbeitern, Projektfertigstellungsstand und Anzahl der in der Bearbeitung befindlichen Projekte dienen.

Mittelfristig soll die zu entwickelnde Anwendung durch die folgenden Funktionalitäten und Einsatzbereiche erweitert werden:
- Projektübergreifende Ressourcen- und projektspezifische Kostenplanungen erstellen,
- Angebote schreiben,
- Rechnungen erstellen,
- Erweiterung der Kundendatenbank und
- Hinterlegung eines Know-how-Kataloges.

2 Zielsetzung

2.1 Minimalistisch

Die erste Phase ist mit möglichst minimalem Aufwand durchzuführen. Dies gilt sowohl für den Entwicklungsaufwand bei der Erstellung eines neuen Werkzeuges (Phase 1) als auch für die Schulung der Mitarbeiter und damit die Inbetriebnahme des neuen Programms bzw. Installation der Applikation auf den einzelnen Arbeitsplätzen. Eine sorgfältige Planung der gesamten Entwicklung sowie ein gewissenhaftes Integrationskonzept in die bestehende EDV-Struktur ist aber selbstverständlich durchzuführen.

Abbildung 3: Pflichtenheft „Zeiterfassung" ▶

I n t e r n e s   P f l i c h t e n h e f t   Z e i t e r f a s s u n g

2.2 Schnell

Die Realisierung sowie der Einsatz des Werkzeuges sind kurzfristig anzugehen, damit der bestehende Mißstand umgehend behoben werden kann. Die Durchführung der Phase 1 sollte innerhalb von zirka sechs Wochen abgeschlossen sein.

2.3 Flexibel

Das eingesetzte Werkzeug soll äußerst flexibel sein, so daß sukzessive Funktionserweiterungen und Anpassungen vorgenommen werden können. Der Einsatz von Standardlösungen, die individuell ange-paßt werden können, ist proprietären Eigenlösungen vorzuziehen. Auf eine einwandfreie Dokumentation ist aufgrund des temporär stark wechselnden Projektteams unbedingt zu achten.

3 Rahmenbedingungen

Da innerhalb der Agentur eine durchaus heterogene Intrastruktur anzutreffen ist und standortübergrei-fende Projekte in Zukunft zunehmen werden, ist eine webbasierte Lösung auf TCP/IP-Protokoll zu ent-wickeln. Als Grundlage sollen die Browser-Clients Netscape und Internet Explorer in der Version 4.0 oder höher zum Einsatz kommen. Auf ein geschwindigkeitsoptimiertes Interface mit möglichst wenigen Grafiken ist zu achten. Die Technologie DHTML kann eingesetzt werden, wenn auf den genannten Platt-formen keine funktionsmindernden Darstellungsunterschiede entstehen. Auf clientseitiges Java ist mög-lichst zu verzichten. Auf Serverseite ist ein unabhängiges performantes System mit Standardkomponen-ten aufzubauen. Für die Entwicklung sollen eigene Ressourcen eingesetzt werden, ohne daß dadurch allerdings laufende Projekte gefährdet werden. Die gesamte Koordination übernimmt Uwe Greunke.
Die Integration der Anwendung in das bereits im Aufbau befindliche unternehmensweite Intranet ist anzustreben.

4 Umsetzung und Phaseneinteilung

Im Vorgehen ist zwischen verschiedenen Phasen zu unterteilen:
- Phase 1 (bis 31.7.98)
  Entwicklung des webgestützten Zeiterfassungsmoduls und Aufbau des Serversystems mit Datenbank
- Phase 2 (bis 31.8.98)
  Testphase des Systems im Betrieb
  Verbesserungen und Anpassungen nach Erfahrungen der User
- Phase 3 (bis 31.12.98)
  Erweiterungen der Funktionalität: Projektübergreifende Ressourcen- und projektspezifische Ko-stenplanungen erstellen, Angebote schreiben, Rechnungen erstellen, Erweiterung der Kundendaten-bank und Hinterlegung eines Know-how-Kataloges.

Abbildung 3: Pflichtenheft „Zeiterfassung" ▶

5 Differenzierung der Anwender

Es sind vier unterschiedliche Sichtweisen in bezug auf das Gesamtsystem bereitzustellen. Die Differenzierung der Anwendung geschieht während des Login-Prozesses in das System.

1. Projektmanager
   Die Projektmanager haben Zugriff auf projektspezifische Eingabe- und Auswertungsmöglichkeiten (Projektmaske, Stundeneingabemaske, Anzeige Ressourcen und Anzeige Kundenstammdaten).
2. Anwender Zeiterfassung
   Die Projektmitglieder haben nur eine Maske mit Sicht und Eingabemöglichkeit der Stundenerfassung und natürlich deren komfortable Druckmöglichkeit.
3. Controlling / Buchhaltung
   Die Buchhaltung erhält als dritte Anwendergruppe schließlich die Sicht auf alle Daten und selbstverständlich die Auswertungsmaske ohne Editiermöglichkeit.
4. Systemadministration und verantwortlicher Projektmanager
   Diese letzte Gruppe hat alle Sicht- und Editiermöglichkeiten. Dazu zählen insbesondere die Hinterlegung von Basisdaten (Ressourcen und Kundenstammdaten). Eine Anbindung an das bestehende System ist dabei zu forcieren.

6 Beschreibung der Interface-Masken und deren Funktionalität

Im Anschluß werden die einzelnen Interface-Masken mit deren Funktionalität beschrieben. Im Zusammenhang mit der eigentlichen Entwicklung sollen sinnvolle Erweiterungen und pragmatische Lösungen unterstützt werden.

6.1 Eingabe des Projektes

Bei dieser Maske sollen die jeweiligen Projektmanager ihre Projekte mit den geplanten Tätigkeiten und Stunden hinterlegen. Dazu gibt der Projektmanager einen Namen, die entsprechende Projektnummer (aus der Buchhaltung), den Kunden (per Listbox aus der Datenbank) und die laut Angebot zu erbringenden Tätigkeiten mit deren Stundenanzahl ein.

Es sollten natürlich auch in der Vorbereitung bzw. im Pitch befindliche Projekte eingepflegt werden können. In diesem Falle ist nur der Name des Projektes mit einer speziellen Nummer bzw. Statuskennzeichnung im System zu hinterlegen. Alle durch die Mitarbeiter eingegebenen Tätigkeiten, die vorher nicht explizit durch den Projektmanager diesem Projekt zugeordnet wurden, werden mit der Bezeichnung „Neue Tätigkeit", welche im Notizfeld erscheint, gekennzeichnet. Dies gilt auch für Tätigkeiten, die im Zusammenhang mit dem Projekt erbracht wurden, aber laut Angebot nicht durch den Projektmanager eingepflegt wurden.

Abbildung 3: Pflichtenheft „Zeiterfassung" ▶

I n t e r n e s   P f l i c h t e n h e f t   Z e i t e r f a s s u n g

Auswahl des Namens des Editierenden (Autor/Verantwortlicher für das Projekt)#[1]

Status des Projektes (Listbox)#

Starttermin des Projektes*			Fertigstellungstermin des Projektes*		
Projektnr.*		Projekt-name*	Kundenname*		
1	Tätigkeit 1 des Projektes # (Listbox)	Notizen*	Kalkulierte Stunden laut Angebot*	Vorgabe Stunden für das Team	Kalkuliertes Budget+
2	Tätigkeit 2 des Projektes # (Listbox)	Notizen*	Kalkulierte Stunden laut Angebot*	Vorgabe Stunden für das Team	Kalkuliertes Budget+
3	...	...	...	...	...
4	Fremdkosten/ Freie Mitarbeiter	Notizen*	Festpreis*	Kalkulierte Stunden laut Angebot*	Kalkuliertes Budget+
	Total	–	Totale Stunden+		Gesamt-budget+

* Durch den Projektmanager frei editierbar. Werden Tätigkeiten mittels des Modules „Zeiterfassung" zu diesem Projekt eingegeben, die vorher (laut Angebot) nicht vom Projektmanager eingepflegt wurden, so wird in dieses Feld automatisch durch das System „Neue Tätigkeit" eingesetzt.

Wird aus hinterlegter Datenbank gefüllt. Dabei werden auch die eingekauften Stunden, beispielsweise von externen Dienstleistern oder freien Mitarbeitern, berücksichtigt. Diese Daten sind nur durch den für das Gesamtsystem verantwortlichen Projektmanager bzw. Systemadministrator editierbar.

+ Berechnet aus den eingegebenen Werten und den in der Datenbank hinterlegten Leistungskatalog.

6.2 Eingabe von Zeiten

Diese Maske dient der Eingabe von Zeiten auf die entsprechenden Projekte. Die einzelnen Zeiten können frei eingegeben werden. Dieser Teil der Gesamtanwendung ist allen Mitarbeitern frei zugänglich.

Auswahl des Mitarbeiters# (Listbox)				Anzeigenzeitraum:	von (Kalenderpopup)		bis (Kalenderpopup)	
Gesamtstunden letzter Monat#				Gesamtstunden bisher im aktuellen Monat#				
Datum (Kalender-popup)	Projekt-nummer # (Listbox)	Projekt-name # (Listbox)	Tätigkeit# (Listbox)	Notizen*	Von*	Bis*	Dauer+*[2]	Ursprüngliche Vorgabe Std. # (in rot)

* Durch den User frei editierbar

Wird aus hinterlegter Datenbank gefüllt. Diese Daten sind nur durch den für das Gesamtsystem verantwortlichen Projektmanager bzw. Systemadministrator editierbar.

Die Stundenliste soll, entsprechend des gewählten Anzeigezeitraums, in einer übersichtlichen Tabelle ausdruckbar sein.

---

[1] Bei bestehenden Projekten können Veränderungen der Daten nur nach Bestätigung mittels Paßwort durch den Projektmanager (Autor) oder den Systemadministrator ausgeführt werden.

[2] Die Dauer kann entweder über die Zeiten, beispielsweise von 15:00 bis 18:00 oder direkt unter der Angabe einer Zahl eingegeben werden.

Abbildung 3: Pflichtenheft „Zeiterfassung" ▶

Internes Pflichtenheft Zeiterfassung

6.3 Anzeige der Ressourcen (Mitarbeiter, Dienstleister)

Diese Maske ist nur in der Projektmanager-Version sichtbar und dient der Anzeige von Mitarbeitern sowie freien Mitarbeitern und externen Dienstleistern. Notizen, Referenzen und Beteiligungen an aktuellen Projekten können hier durch die Projektmanager hinterlegt werden. Es werden die internen und externen Stundensätze angezeigt. Diese können allerdings nur durch den für die gesamte Zeiterfassung verantwortlichen Projektmanager bzw. den Systemadministrator editiert werden.

Firma #	Straße mit Hausnummer und evtl. Zusatz #	ZIP und Ort #	Telefon #	Telefax #	Mobil #	E-Mail #	Notiz*

* Durch den User frei editierbar
# Wird aus hinterlegter Datenbank gefüllt. Diese Daten sind nur durch den für das Gesamtsystem verantwortlichen Projektmanager
  bzw. Systemadministrator editierbar.

6.4 Anzeige der Kundenstammdaten

Diese Maske ist nur in der Projektmanager-Version sichtbar und dient der Anzeige von Kundenstammdaten. Diese können im wesentlichen nur durch den für die gesamte Zeiterfassung verantwortlichen Projektmanager bzw. den Systemadministrator editiert werden.

Auswahl des Kunden # (Listbox)							
Bisherige Projekte*			aktuelle Projekte*				
Ansprechpartner 1*			Ansprechpartner 2*				
Firma #	Straße mit Hausnummer und evtl. Zusatz #	ZIP und Ort #	Telefon #	Telefax #	Mobil #	E-Mail #	Notiz*

* Durch den User frei editierbar
# Wird aus hinterlegter Datenbank gefüllt. Diese Daten sind nur durch den für das Gesamtsystem verantwortlichen Projektmanager
  bzw. Systemadministrator editierbar.

6.5 Auswertung nach Projekt

Die Auswertung eines Projektes ist sicherlich eine der wichtigsten Masken der gesamten Stundenerfassung. Hier ist höchster Komfort und maximale Funktionalität zu gewährleisten. Eine Sortiermöglichkeit mittels Klick auf die grau markierte Tabellenzeile, wie sie der gängigen Praxis im Programm Microsoft Excel® entspricht, ist zu integrieren. Die Ergebnisse sollen selbstverständlich übersichtlich ausdruckbar sein.

Abbildung 3: Pflichtenheft „Zeiterfassung" ▶

Internes Pflichtenheft Zeiterfassung

Auswahl des Projektes # (Listbox)		Projektnummer #			

Kundenname #	Straße mit Hausnummer und evtl. Zusatz #	ZIP und Ort #	Telefon #	E-Mail #

Anzeige und Verknüpfung zu weiteren Projekten, die für diesen Kunden durchgeführt wurden bzw. werden #

Anzeige des Projektstatus #

Projektzeitraum #		Betreuender Projektmanager #

Nr.	Tätigkeit	Res	Soll-Std.	Ist-Std.	Int. Std-Satz	Ext. Std.-Satz	Differenz
1	Tätigkeit 1 des Projektes mit internen, externen Mitarbeitern und Dienstleistern #	Ressource #	Kalkulierte Stunden laut Angebot #	Ist-Stunden #	Interne Kosten entsprechend dem internen Std.-Satz +	Externe Kosten laut Angebot und kalkulierten Kosten +	Differenz von Ist- zu Soll-Kosten (auf Grundlage der kalkulierten Stunden) +
2	...	...	...	...	...	...	...
Total			Gesamt +	Gesamt +	**Gesamt +**	**Gesamt +**	Gesamt +

* Durch den Projektmanager frei editierbar.
\# Wird aus hinterlegter Datenbank gefüllt. Diese Daten sind nur durch den für das Gesamtsystem verantwortlichen Projektmanager bzw. Systemadministrator editierbar.
+ Berechnet aus den eingegebenen Werten und dem in der Datenbank hinterlegten Leistungskatalog.

6.6 Auswertung nach Mitarbeiterbeteiligung an Projekten

Eine Auswertung nach Mitarbeiterbeteiligungen an einem Projekt ist zu gewährleisten. Hier ist ebenfalls eine Sortiermöglichkeit mittels der grau markierten Tabellenzeile, wie sie der gängigen Praxis im Programm Microsoft Excel® entspricht, zu integrieren. Die Ergebnisse sollen selbstverständlich übersichtlich ausdruckbar sein.

Auswahl des Mitarbeiters (intern, extern oder Dienstleister) (Listbox)				

Firma #	Straße mit Hausnummer und evtl. Zusatz #	ZIP und Ort #	Telefon #	E-Mail #

Anzeigezeitraum:	von (Kalenderpopup)	bis (Kalenderpopup)

Auswahl (via Radiobutton):	Anzeige alle Projekte oder	Anzeige nur eines Projektes (Listbox)

Nr.	Datum	Projekt	Tätigkeit	Soll-Std.	Ist-Std.	Int. Std-Satz	Ext. Std.-Satz	Differenz
1	Datum der Tätigkeit	Anzeige Projekt #	Tätigkeit #	Kalkulierte Stunden laut Angebot #	Ist-Stunden #	Interne Kosten entsprechend dem internen Std.-Satz +	Externe Kosten laut Angebot und kalkulierten Kosten +	Differenz von Ist- zu Soll-Kosten (auf Grundlage der kalkulierten Stunden) +
2	...	...	...	...	...	...	...	...
Total				Gesamt +	Gesamt+	**Gesamt +**	**Gesamt +**	Gesamt +

* Durch den Projektmanager frei editierbar.
\# Wird aus hinterlegter Datenbank gefüllt. Diese Daten sind nur durch den für das Gesamtsystem verantwortlichen Projektmanager bzw. Systemadministrator editierbar.
+ Berechnet aus den eingegebenen Werten und dem in der Datenbank hinterlegten Leistungskatalog.

Abbildung 3: Pflichtenheft „Zeiterfassung" ▶

Internes Pflichtenheft Zeiterfassung

7 Milestones

Was	Wer	Res	Bis wann?
Interne Auftragserteilung	Geschäftsführer Agentur GmbH	–	Sofort
Planung und Projektierung	UG, SSch	3 MT	20. 6. 98
Aufbau der Datenbank und Administration	SSch, HK	5 MT	25. 6. 98
Einpflegen der Leistungsdaten (Preisliste, Kundenstamm- und Ressourcendaten)	TK	2 MT	30. 6. 98
Einpflegen der Tätigkeitsliste	SK	1 MT	1. 7. 98
Grafik Design für das Interface	AT	3 MT	1. 7. 98
Programmierung des Anwendungs-Interfaces	SSch, HK	6 MT	5. 7. 98
Qualitätssicherung und Akzeptanzcheck	UG, SSch	2 MT	10. 7. 98
Dokumentation	SSch	2 MT	15. 7. 98
Schulung der Mitarbeiter und Einführung Erstellung einer „Gebrauchsanweisung"	UG	2 MT	18. – 20. 7. 98

Abbildung 3: Pflichtenheft „Zeiterfassung"

KUNDEN

Aktiengesellschaft

Produkt
CD-ROM

Pflichtenheft
Version 0.9

Stand 06/98

Abbildung 4: Pflichtenheft „Produkt-CD-ROM" ▶

Pflichtenheft Produkt - CD - ROM

Inhaltsverzeichnis   Stand 15.6.1998

Inhalt   Seite

Spezifikation der Aufgaben

Anlagen

Strukturgramm der Produkt-CD-ROM

Technische Spezifikation der Microsoft Access-Datenbankarchitektur

Inhaltliche Spezifikation des Produktkataloges

Abbildung 4: Pflichtenheft „Produkt-CD-ROM" ▶

Pflichtenheft Produkt-CD-ROM

I Einleitung

Die KUNDEN AG plant ihr Produktsortiment auf einer CD-ROM herauszugeben. Durch die CD-ROM soll die bestehende halbjährlich erscheinende Druckfassung ergänzt werden. Die CD-ROM soll jährlich herausgegeben werden. Die erste Auslieferung der 98iger Fassung an den Fachhandel ist auf den 3. Dezember 1998 terminiert. Zur Realisierung sollen bereits vorhandene Darstellungsformen und Inhalte anderer Medien der KUNDEN AG (gedruckter Katalog, Broschüren, Internet-Website, Videofilm über das Unternehmen und Präsentationsmappen) berücksichtigt werden.

Um den Ansprüchen und Bedürfnissen der Anwender gerecht zu werden, ist eine Erweiterung und Verbesserung bzw. Überarbeitung der bestehenden Produktdatenbank in Vorbereitung.

II Zielsetzung der CD-ROM

Das Ziel der KUNDEN AG ist u.a., durch einen verbesserten Produktkatalog ihre Wettbewerbsposition gegenüber den Mitbewerbern zu verstärken. Um einen deutlichen Mehrwert zum etablierten gedruckten Medium zu schaffen, ist eine überzeugende Performance und Dialoglogik der CD-ROM notwendig. Langfristig ist geplant, das halbjährliche Erscheinungsintervall des gedruckten Kataloges auf einen ganzjährigen Erscheinungszeitraum zurückzufahren. Bestehende Inhalte des gedruckten Kataloges werden überdacht und gegebenenfalls optimiert sowie erweitert. Der Einsatz von audio-visuellen Elementen auf der CD-ROM ist erwünscht.

Die Funktionalität und Navigation der KUNDEN-AG-CD-ROM soll gegenüber Mitbewerberproduktionen deutliche Vorteile aufweisen. Der Schwerpunkt liegt in der adäquaten und vorteilhaften Darstellung der einzelnen Produkte der KUNDEN AG.

Eine Verbindung zu den bestehenden Internet-Seiten der KUNDEN AG sowie die Möglichkeit zur Vakanzprüfung und Bestellung von Produkten soll durch eine Online-Schnittstelle zum World Wide Web realisiert werden. Langfristig sollen die beiden Medien CD-ROM und Online stärker gekoppelt werden. Für die Webpräsenz ist ein Interface zur Pflege des Produktkataloges geplant.

III USP

Die Alleinstellungsmerkmale der geplanten CD-ROM sind:

- Kompakte Darstellung der umfangreichen Produktsegmente
- Detaillierte Informationen zu den jeweiligen Produkten
- Multimediale Darstellung der Produkte mit Text, Bild, Musik/Atmo, Video und QTVR, soweit diese vorhanden sind
- Ergonomisches Anwendungsinterface
- Anbindung zur Vakanzprüfung sowie Online-Bestellung des KUNDEN-AG-Systems

Abbildung 4: Pflichtenheft „Produkt-CD-ROM" ▸

Pflichtenheft Produkt-CD-ROM

IV Zielgruppe

Zur Zielgruppe der KUNDEN-AG-CD-ROM zählen folgende Gruppen:
- Handelspartner der KUNDEN AG
- Endkunden, die allerdings nur über die Händler die Produkte bestellen können
- Großkunden, die einen direkten Bestellstatus bei der KUNDEN AG besitzen
- Zulieferer sowie
- Mitarbeiter der KUNDEN AG

Die CD-ROM wird im direkten Postverteiler und über das weitverzweigte Händlernetz an die Zielgruppe distribuiert.

V Inhalte der CD-ROM

Den Schwerpunkt der CD-ROM bildet natürlich die Produktdarstellung. Neben den Produkten sind Informationen über die KUNDEN AG, die Produktionsstandorte sowie die Mitarbeiter weitere Kerngebiete.

Die Produktdarstellung soll sich an dem gedruckten Katalog orientieren. Eine Dokumentation der Datenbankarchitektur sowie des Aufbaus der Produktsegmente findet sich in der Anlage des Pflichtenheftes. Das Produktsegment *Alpha* entfällt aus dem Katalog. Das Segment *Beta* wird in die Anwendung aufgenommen. Die technische Realisierbarkeit einer Aktualisierung insbesondere des Produktkataloges und deren inhaltlicher Darstellung wird derzeit noch von der Agentur GmbH geprüft.

VI Produktfindung

Die Produktfindung auf der CD-ROM gliedert sich in zwei Hauptpfade. Der Anwender hat die Möglichkeit, sich über die hierarchische Gliederung des Kataloges ein Produkt herauszusuchen oder über die Freitextsuche das gewünschte Produkt bzw. Produktsegment zu finden. Diese beiden Möglichkeiten werden durch eine dritte – die erweiterte, geführte Suche mit Hilfetexten – ergänzt.

VII Konzeption

Die Agentur GmbH erstellte im Rahmen eines Meetings vom 13. Juni 1998 ein neues Konzept für die Darstellung und Aufbereitung der Produkte. Dieses Konzept basiert auf einem modularen Ansatz und berücksichtigt eine einfachere und flexiblere Navigation. Im Rahmen der Grob- und Feinkonzeptionsphase sind die Vorschläge der Agentur GmbH inklusive eines grafischen Layouts der KUNDEN AG zu präsentieren.

Abbildung 4: Pflichtenheft „Produkt-CD-ROM" ▶

Pflichtenheft Produkt-CD-ROM

VIII Technik

Die geplante CD-ROM-Applikation soll mittels der Microsoft-Technologie Visual Basic programmiert werden. Diese Technologie bietet insbesondere im Hinblick auf die Performance, Funktionalität, das Bugfixing und die Einbindung von Dateien (Bilder oder Texte) entscheidende Vorteile. Hinsichtlich der Schnittstellenthematik ist eine gesonderte Arbeitsgruppe einzusetzen, deren Mitglieder in der kommenden Woche zu bestimmen sind. Das Installieren von Anwendungskomponenten oder Dateien auf dem Desktop des Anwenders sollte möglichst vermieden werden.

Aufgrund der aktuellen Marktsituation empfiehlt die Agentur, nur die Plattform Windows® 95 bzw. Windows NT® 4.0 oder höher zu berücksichtigen.

IX Wording

Das finale Wording von Texten und Bezeichnungen ist in enger Abstimmung mit der Abteilung Neue Medien der KUNDEN AG festzulegen. Textvorschläge zu weitgehend funktionalen Texten erfolgen durch die Agentur GmbH.

X Materialien

Beiden Vertragsparteien ist der Stellenwert einer pünktlichen Materialanlieferung in ausreichender Qualität bewußt. Erfahrungsgemäß führen deutlich verspätete Materiallieferungen sowie unzureichende Qualität fast immer zu einem Verzug in der Produktion und damit zu einer Gefährdung der gesamten Produktion. Beide Parteien verpflichten sich, eine entsprechende Sorgfalt in der Materialfrage walten zu lassen. Sollten Termin- bzw. Qualitätsprobleme offensichtlich werden, so sind diese umgehend zu protokollieren und die andere Partei unverzüglich darüber zu informieren.

Die Agentur stellt für die Produktion folgende Infrastruktur bereit:

- FTP Server
  ftp://194.142.156.67/kuag/procd98
  Dient der Bereitstellung bzw. des Austauschs von Material und Dateien
- Internet-Server mit World Wide Web-Dienst
  http://194.142.156.66/abnahme/agentur_kundenag/
  Dieser Server ist für Abnahmen von Grafiken und zur transparenten Projektverfolgung vorgesehen.

Die Zugänge für beide Server sind:
- User: kundenag
- Paßwort: xyz

Die einzelnen Redaktionsschluß- und Abgabetermine für Materialien und Spezifikationen sind den nachfolgenden Beschreibungen der Aufgaben zu entnehmen.

Abbildung 4: Pflichtenheft „Produkt-CD-ROM" ▶

Pflichtenheft Produkt-CD-ROM

XI Aufbau des Pflichtenheftes

Der Aufbau dieses Pflichtenheftes ist ähnlich einer Loseblatt-Sammlung. Den Beschreibungen im „Aufgabenteil" können – sofern erforderlich – detaillierte Spezifikationen beigefügt werden, auf deren Basis die konkrete Programmierung erfolgen kann. Ergänzungen zu diesem Pflichtenheft werden von dem jeweiligen Projektleiter auf Kunden- oder Agenturseite sowie von der Entwicklungsleitung an die Projektmitglieder weitergegeben.

Die Grundlage bildet das von der Agentur GmbH in Abstimmung mit der KUNDEN AG überarbeitete Strukturgramm der CD-ROM (siehe Anhang Stand: 7/98).

Sollten sich wesentliche Inhalte oder Milestones ändern, so ist dies in einem Change-Management-Formular festzuhalten.

XII Termine / Milestones	Wer	Termin	Status
Kick-Off-Meeting	KUNDEN AG,	8. 07. 98	close
Aufgabenspezifikation	KUNDEN AG	bis 31. 07. 98	close
Aktualisierung des Kataloges	KUNDEN AG	31. 07. 98	
Konzeptionsphase (Grobkonzept)	Agentur GmbH	15. 08. 98	close
Schnittstellen-Spezifikation	KUNDEN AG	31. 08. 98	in process
Programmierung einer Test-Schnittstelle (performance-optimiert)	KUNDEN AG	bis 15. 09. 98	in process
Testserver mit CGI-Programmierung für die Online-Verfügbarkeit und Buchung bereitstellen	KUNDEN AG	30. 09. 98	
Dokumentation für die performance-optimierte Online-Schnittstelle	KUNDEN AG	30. 09. 98	
Dokumentation und Spezifikation für den Zahlungsverkehr bei einer Online-Bestellung	KUNDEN AG	30. 09. 98	
Grafik Design und Navigation	Agentur GmbH, KUNDEN AG	bis 30. 09. 98	
Software-Entwicklung	Agentur GmbH	August – Oktober 98	
Materialanlieferung	KUNDEN AG	15. 10. – 24. 10. 98	
Einbindung der Materialien	Agentur GmbH	15. 10. – 31. 10. 98	
Freischaltung der Online-Schnittstelle	KUNDEN AG	7. 11. 98	
Alpha-Testing	Agentur GmbH	2. 11. – 9. 11. 98	
Beta-Testing	Agentur GmbH, KUNDEN AG, externe Tester	16. 11. – 24. 11. 98	
Golden Master der CD-ROM	Agentur GmbH	24. 11. 98	

Abbildung 4: Pflichtenheft „Produkt-CD-ROM" ▶

P f l i c h t e n h e f t   P r o d u k t - C D - R O M

1 Navigation

Projekt:	Katalog-CD-ROM für die KUNDEN AG
Art der Aufgabe:	Neuentwicklung einer Navigation in Anlehnung an die Website
Bereich:	Gesamte Anwendung
Materialien:	–
Abgabetermin:	14.10.98

Beschreibung

Die Navigation der CD-ROM-Produktion wird durch die Agentur GmbH in Anlehnung an den bestehenden Internet-Auftritt entwickelt. Zur besseren Orientierung für den Benutzer wird immer eine Überschrift im oberen Screenbereich aufgenommen. In der zukünftigen Anwendung finden sich folgende Navigationselemente:

Navigator

Der Navigator ist ein wichtiges Navigationsmodul der Anwendung. Hier finden sich die Beenden-/Lautstärke-Funktion und die Verweise auf den hierarchischen Produktkatalog, Freitextsuche sowie geführte Suche. Dieses Navigationsmodul befindet sich auf allen Seiten im linken oberen Bereich.

Der Navigator beinhaltet ebenfalls eine dynamisch generierte „Pfad zurück"-Funktion. Mit dieser Funktion kann der Anwender schrittweise den eingeschlagenen Pfad zurückgehen. Diese Funktion ist mit dem „Back"-Button eines Internet-Browsers vergleichbar.
   Die Bezeichnung Navigator ist ein Arbeitstitel.

Hierarchische Katalogdarstellung

Die hierarchische Katalogdarstellung ist ähnlich dem gedruckten Katalog aufgebaut. Der Anwender kann über die einzelnen Produktkategorien und die Segmente einer Kategorie zum gewünschten Produkt gelangen. Die Produkte eines Segmentes werden in einer übersichtlichen Tabelle vergleichend nebeneinander dargestellt. Das in einer Tabellenspalte aufgelistete Produkt kann angeklickt werden. So gelangt der Anwender zur eigentlichen Produktdarstellung.

Freitextsuche

Die Freitextsuche offeriert dem Anwender die Möglichkeit, durch Eingabe eines Stichwortes oder Produktnummer direkt in die Produktdarstellung zu gelangen. Ist der eingegebene Begriff mehrdeutig, wird eine Trefferliste, sortiert nach Produktkategorie und Produktsegment, angezeigt. Nach Anklicken des Produktsegmentes wird wiederum die vergleichende Darstellung von Produkten innerhalb eines Segmentes aufgerufen.

Abbildung 4: Pflichtenheft „Produkt-CD-ROM" ▶

Pflichtenheft Produkt-CD-ROM

Geführte Suche

Die geführte Suche bietet dem Anwender mehr Optionen als die Freitextsuche. Hier können Verknüpfungen von verschiedenen Begriffen mittels der Boolschen Opteratoren (UND und ODER) vorgenommen werden. Zusätzlich sind Hilfestellungen zum schnellen Auffinden des gesuchten Produktes gegeben. Weiterhin werden Standardeinsatzgebiete der im Katalog enthalenen Hauptsegmente kurz erläutert.

2 Online-Schnittstelle

Projekt:	Katalog-CD-ROM für die KUNDEN AG
Art der Aufgabe:	Neuentwicklung
Bereich:	Online-Schnittstelle zum Websystem der KUNDEN AG
Materialien:	1. Schnittstellendefinition und Server-Dokumentation
	2. Testsystem zur Online-Bestellung von Produkten
	3. Dokumentation und Spezifikation für den Zahlungsverkehr
Abgabetermin:	1. bis 31.08.98
	2. und 3. bis 30.09.98

Vakanzprüfung und Bestellung von Produkten

Die Preisermittlung für ein Produkt mit dessen Komponenten erfolgt offline mit der auf der CD-ROM implementierten Datenbank. Nach der Preisermittlung wird dem Benutzer die Möglichkeit gegeben, eine Online-Verbindung zum Server aufzubauen, um eine Verfügbarkeitsprüfung und/oder Bestellung durchzuführen.

Bei technischer Machbarkeit im Rahmen der Zeit- und Budgetplanung wird die Online-Verbindung eigenständig auf- und wieder abgebaut. Dieses ist nach Recherche der Agentur GmbH weitestgehend plattform- und providerabhängig. Die Online-Verbindung setzt auf die beim Anwender als vorhanden vorausgesetzte TCP/IP-Infrastruktur auf. Der Anwender muß, damit er eine Vakanzprüfung und Bestellung von Produkten durchführen kann, einen Zugang zum Internet besitzen. Dieser wird in der Regel von einem Internetprovider, beispielsweise UUnet, Germany-net oder Metronet bereitgestellt. Bei propietären Onlinediensten wie Compuserve oder T-Online ist darauf zu achten, daß eine automatische Einwahl ins Internet unterstützt wird. Da der Online-Dienst AOL keine Einwahl „im Hintergrund" vorsieht, muß der AOL-Viewer vom Anwender zusätzlich zur CD-ROM gestartet werden, um eine Online-Verbindung herzustellen.

Die Anwendung soll nach Möglichkeit über eine Socket-Verbindung des Betriebssystems (Windows® 95 oder Windows NT® mit korrekt konfiguriertem Internet-Zugang) selbständig eine TCP/IP-Verbindung

Abbildung 4: Pflichtenheft „Produkt-CD-ROM" ▶

P f l i c h t e n h e f t   P r o d u k t - C D - R O M

(empfohlen http-Protokoll – aufgrund der Proxy- und Firewall-Problematik) zum Internet-Server der KUNDEN AG aufbauen.

Die Kommunikation mit dem Websystem der KUNDEN AG erfolgt direkt aus der CD-ROM-Anwendung heraus, d. h., es wird kein zusätzlicher Browser-Client aufgerufen. Der Online-Dienst AOL bildet dabei allerdings eine Ausnahme. Über eine noch von der KUNDEN AG zu spezifizierende Schnittstelle kommuniziert die CD-ROM-Anwendung mit dem Websystem der KUNDEN AG. Das Websystem wertet die Anfrage der CD-ROM aus und sendet die entsprechenden Daten zurück. Die CD-ROM-Anwendung empfängt die Daten vom Websystem und stellt diese in adäquater Form dar. Der User kann sich das Ergebnis der Vakanzabfrage bzw. die Quittierung einer Bestellung anschließend ausdrucken. Die jeweiligen Bestellungen werden gespeichert. Bei der Online-Verbindung handelt es sich um die Nutzung einer Infrastruktur des Betriebssystems. Hierauf hat die CD-ROM-Anwendung nur bedingt Einfluß. Die Beeinflussung von Funktionalitäten, beispielsweise für eine Statusanzeige (Offline-/Onlinebetrieb der Anwendung) oder das manuelle Schließen einer Online-Verbindung aus der Anwendung heraus bzw. nach einem Timeout des Systems, ist nicht möglich. Hiervon ausgenommen ist das Starten der Verbindung zum Internet-Provider. Die Agentur GmbH wird im Rahmen der Entwicklung prüfen, ob sich Möglichkeiten ergeben, einige der gewünschten Funktionen, wie beispielsweise die Anzeige über den Status (Online/Offline), zumindest für die Windows® 95-Plattform zu realisieren.

Die KUNDEN AG erwägt die Zugangssoftware eines Internet-Providers (z.B. CompuServe, UUnet oder Metronet), die einige Freistunden enthalten sollte, auf der CD-ROM zu integrieren. Die entstehenden Mehrkosten für die Integration der Software auf der CD-ROM werden von der KUNDEN AG übernommen. Die Zugangssoftware soll bis zum 15.10.1998 bei der Agentur GmbH vorliegen. Die Agentur GmbH geht davon aus, daß diese Software ausgereift und fehlerfrei ist, so daß keine zusätzlichen Aufwendungen für die Qualitätssicherung anfallen. Die Installation und Konfiguration dieser Software sollte für den Anwender so einfach wie möglich gestaltet sein. Die KUNDEN AG stellt einen Musteraccount zur Verfügung, mit dem eine Bestellung online für alle Anwender kostenlos und unverbindlich getestet werden kann.

Link zum Internet-Angebot der KUNDEN AG

Die CD-ROM soll ebenfalls an geeigneten Stellen Links auf verschiedene Bereiche des Internet-Auftritts der KUNDEN AG beinhalten. Der Hintergrund ist eine mittelfristige Zusammenführung der beiden Medien. Synergien sind natürlich entsprechend zu nutzen und auszubauen.

Sollte der Anwender einen Hyperlink anklicken, wird die Adresse an seinen Internet-Browser (Netscape oder Explorer) übergeben und eine Online-Verbindung zum Webserver aufgebaut. Falls der Anwender über keinen Browser verfügen sollte, kann ein Microsoft Internet Explorer in der Version 4.0 von der CD-ROM installiert werden. Derzeit wird allerdings noch mit Microsoft über die Einbindung des Internet Explorers auf der CD-ROM verhandelt. Eine Entscheidung sollte spätestens bis zum 15.10.1998 gefallen sein.

Abbildung 4: Pflichtenheft „Produkt-CD-ROM"

3.2 AUFGABENVERTEILUNG

Zu Beginn eines Projektes sollten Sie ein besonderes Augenmerk auf eine klare Aufgaben- und Verantwortungszuordnung für die einzelnen Projektmitglieder legen. Jeder sollte genau wissen, was sein Aufgabengebiet ist und welche entsprechenden Rechte und Pflichten ihm daraus erwachsen. Fertigen Sie am besten eine Liste der Ansprechpartner mit deren spezifischen Aufgaben im Projekt an. Das erspart allen eine Menge Zeit und Verwirrung. Sie brauchen sich nur an Ihre letzte „Behördenrallye" erinnern, als Sie auf der Suche nach dem zuständigen und kompetenten Ansprechpartner waren, der Ihnen das wichtige Formular zur Erteilung eines Antragsformular aushändigt ...

„Montag 9.30 Uhr: Projektleiter Müller bei der gleichmäßigen Verteilung der Aufgaben für diese Woche."

Die nachfolgende Auflistung zeigt die Kernbereiche der jeweiligen Personen auf. In der Praxis gibt es natürlich immer Überlappungen, die auch erwünscht und notwendig sind.

GESCHÄFTS-
FÜHRER
(AGENTUR)
Der Geschäftsführer führt die Geschäfte, d.h., er ist zunächst einmal für den kaufmännischen und vertraglichen Rahmen zuständig. Ebenfalls fällt die Festlegung der Strategie, des Neugeschäft, oftmals der Personalsektor und die Pflege der geschäftlichen Beziehung zum Kunden in sein Aufgabengebiet.

PROJEKT-
MANAGER
Der Projektmanager ist für die Abwicklung eines Projektes In Time, In Quality und In Budget verantwortlich. Hinzu können Konzept- und Analyseaufgaben kommen. Natürlich sollte er ebenfalls die geschäftlichen Beziehungen zu den von ihm betreuten Kunden pflegen. Er ist der zentrale Ansprechpartner für alle projektrelevanten Aspekte zwischen Agenturteam und dem Kunden. Die Abstimmung von Details, beispielsweise zwischen dem Programmierer Ihrer Agentur und dem Ansprechpartner der IV-Abteilung des Kunden, sind natürlich am besten direkt zu regeln. Der Projektmanager ist über diese Abstimmungen und deren Ergebnisse zu informieren. Er sollte jederzeit den vollen Überblick über den Status des Projektes haben.

ART DIRECTOR
(AD) /
CREATIVE
DIRECTOR
(CD)
Er ist verantwortlich für die konzeptionelle und gestalterische Richtung des Projektes. Weiterhin fällt die Abstimmung und Koordinierung der entsprechenden Ressourcen im Kreationsbereich in seinen Aufgabenbereich. Der AD/CD sollte die Auslastung und die Timings im Kreationsbereich überblicken. Zum Kreationsbereich zählen gewöhnlich die Tätigkeiten Grafik, Text, Animation und Navigationskonzept. Der AD/CD entwickelt in der Regel das gesamte Layout. Für die Detailausarbeitung werden die weiteren Arbeiten einem Grafiker oder Junior Art Director übergeben. Die Vorabstimmung von Designentwürfen und Navigationskonzepten ist dabei die Sache zwischen AD/CD und Grafiker. Benötigte Spezifikationen und Materialien für den Grafiker sind möglichst gebündelt über den AD/CD bzw. Projektmanager vom Kunden anzufordern.

ENTWICK-
LUNGSLEITER
Analog zur Position eines AD bzw. CD in der Kreation koordiniert der Entwicklungsleiter die Aufgaben im Entwicklungsbereich. Die Abstimmung und Ressourcenplanung erfolgt auch hier in der Abteilung selbst. Es

sollten möglichst nur gebündelte Anforderungen zwischen Entwicklungsleiter und Projektmanager abgestimmt werden. Der Entwicklungsleiter entscheidet verantwortlich in Absprache mit dem Kunden und dem Projektleiter über den Einsatz von Ressourcen und Technologien.

Wenn keine klare Aufgabendefinition besteht und die Abstimmung und Koordination von einzelnen Aufgaben nicht an die Fachabteilung delegiert wurde, sollten Sie sich nicht wundern, wenn in einer Projekthochphase mehrmals täglich drei bis fünf Teammitglieder in Ihrem Raum auftauchen. Sie benötigen dann „mal eben" eine Information, wollen kurz etwas nachfragen oder erwarten von Ihnen eine Entscheidung in einer Detailfrage. Bei so viel Abstimmungsarbeit im Detail wird es Ihnen schwerfallen, Ihre eigentlichen Aufgaben noch zu bewältigen und eine hohe Qualität für das Projektergebnis zu garantieren. Versuchen Sie nicht alles selbst zu machen, delegieren Sie Abstimmungsprozesse in die einzelnen Fachabteilungen. Hier ist dann der AD/CD bzw. der Entwicklungsleiter für die fachlichen Entscheidungen und Lösungen der geeignete Ansprechpartner.

Das kleinste mögliche Projektteam setzt sich immer aus einem Projektleiter, einem AD bzw. CD und einem verantwortlichen Entwickler bzw. Entwicklungsleiter zusammen. Je nach Umfang und Komplexität kommen dann weitere Ressourcen in den jeweiligen Bereichen hinzu. Bei der Zusammenstellung des Teams sind die Aufgaben und Verantwortlichkeiten im Team und auf Kundenseite zu benennen. Sie sollten diese in einer Ansprechpartnerliste aufführen und allen Beteiligten zukommen lassen.

PRODUCER

In größeren Agenturen sind zum Teil auch Producer im Einsatz. Diese koordinieren die Ressourcen und sind für die interne Projektkoordination zuständig. Durch einen Producer, der die Verantwortung für die Einhaltung der internen Milestones und den optimalen Einsatz der Ressourcen übernimmt, kann sich der Projektmanager besser auf die Abstimmungen mit dem Kunden konzentrieren, wodurch in der Regel der Produktionsprozeß beschleunigt wird. Allerdings ist hier besonders auf eine gute kommunikative Transparenz von Status oder Kundenwünschen bzw. Änderungen zu achten, da es ansonsten schnell zu Frustration und Frontenbildung kommen kann.

3.3 WERKZEUGE FÜR EIN NEW-MEDIA-PROJEKT

Damit Sie bei der Abwicklung eines Projektes den Überblick behalten, benötigen Sie neben einer differenzierten und funktionierenden Infrastruktur (siehe Kapitel 1 „Grundlagen") u.a. natürlich die richtigen Werkzeuge. Die besten Werkzeuge sind allerdings nichts wert, wenn sie nicht oder falsch eingesetzt werden. Deshalb sind an dieser Stelle die gängigsten Werkzeuge und deren Einsatz für die Informationsvermittlung und Steuerung eines Projektes kurz erläutert. Bitte setzen Sie Werkzeug nicht gleich Software. Häufig besteht der Irrglaube, mit dem Kauf einer Projektmanagement-Software alle Probleme gelöst zu haben. Eine guter Topf allein ist ja auch kein Garant für ein gutes Essen. Auf die Zutaten und deren richtige Zubereitung kommt es an.

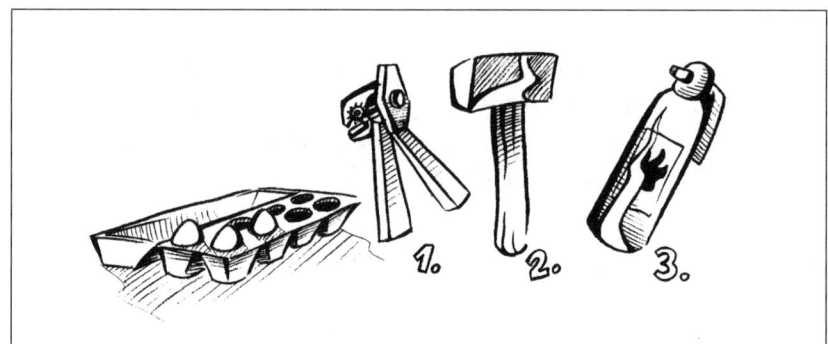

„Mit der richtigen Auswahl von passenden Werkzeugen ist selbst Eierkochen eine Kleinigkeit."

AGENDA   Bereiten Sie jedes interne und externe Meeting gründlich vor. Sie sind der Moderator und steuern das Meeting. Erläutern Sie zu Anfang kurz die Inhalte des Meetings und setzen Sie eine Zeitvorgabe für die Länge der einzelnen Themen fest. Am besten bereiten Sie einen Standardbogen vor, auf dem neben Kunde, Projekt, Thema, Datum und Teilnehmern die Punkte des Meetings (Agenda) in kurzen Stichpunkten ausgeführt sind. Hier eignet sich ein simples Textverarbeitungsprogramm für die Erstellung.

Die nachfolgende Abbildung 5 zeigt ein Beispiel für eine Agenda. Hier sind zunächst alle Agendapunkte kurz aufgelistet und anschließend noch näher erläutert. Neben der Angabe des Referenten und des geplanten „Zeitkontingents" enthalten einige Punkte auch bereits nähere inhaltliche Hinweise bzw. Aufgabendefinitionen, die dann im Meeting erläutert bzw. ergänzt werden. Eine Agenda sollte den Teilnehmern zwei bis drei Tage im voraus zugesandt werden, damit sie sich auf das Meeting und die zu besprechenden Punkte besser vorbereiten können.

AGENDA

Kunde:	KUNDEN AG
Projekt:	Workshop KUNDEN AG Händleranbindung
	Vorgehen im Projekt und Systemarchitektur
Meeting:	20. Februar 1999, 14 Uhr, Raum 112
Teilnehmer:	Agentur: Herr Greunke
	MICROSOFT: Herr Gründer
	KUNDEN AG: Frau Matrell, Herr Sanders, Frau Sieger, Herr Müller

Agendapunkte

1 Vorgehen im Projekt

Herr Greunke, Agentur GmbH, 9 – 9.30 Uhr

1.1 Erläuterung der Rahmenbedingungen und Projekttools

- Prototypen-Entwicklung
- Spezifikationen
- Pilotphase
- Qualitätssicherung
- Inbetriebnahme
- Laufende Pflege

ToDo Agentur GmbH, KUNDEN AG
Abstimmung der Projektarbeit und Bestimmung der Schnittstellen sowie der entsprechenden Ansprechpartner bzw. Verantwortlichkeiten. Als Ergebnis sollte eine Liste von Personen aufgestellt und spätestens bis zum 3. März abgestimmt werden.

A G E N D A

2 Systemarchitektur

Herr Greunke, Agentur GmbH, Herr Gründer, MICROSOFT, 9.30 – 10.30 Uhr

2.1 Servertechnologie und Aufbau des Systems

Das für die KUNDEN AG zu entwickelnde Extranet wird auf Basis von MICROSOFT Servertechnologie realisiert. Herr Gründer stellt die wichtigsten Eckwerte des Systems und deren Schnittstellen sowie Charakteristika vor.

2.2 Einbindung des KUNDEN AG-Händlerbestellsystems

Auf Grundlage der von der KUNDEN AG zur Verfügung gestellten Dokumentation des bestehenden Händlerbestellsystems werden Herr Greunke und Herr Gründer einen Vorschlag für die Anbindung an den Webserver bzw. die SQL-Datenbank präsentieren.

ToDo Agentur GmbH, KUNDEN AG
Diskussion des Vorschlages und Abstimmung der Verantwortlichkeiten bzw. Aufgabenteilung für die Programmierung der Schnittstellen zum Websystem.
MICROSOFT: Kalkulation und Bereitstellung von Ressourcen
KUNDEN AG: Abstimmung und Festlegung der Schnittstellen

3 Gliederung und Datenfluß

Herr Greunke, Agentur GmbH, 10.30 – 11.30 Uhr

3.1 Inhaltliche Gliederung

Die inhaltliche Aufbereitung des Bereiches Händlereinbindung wird anhand eines Flowcharts von der Agentur GmbH präsentiert. Hier sind insbesondere die Aspekte Support und Zugangsberechtigungen von Bedeutung.

ToDo KUNDEN AG
Abnahme des Gliederungsvorschlags

3.2 Datenfluß der Anwendung

Ebenfalls wird der Fluß der Daten anhand der Stationen Einwahl in das System, Authentizitätsprüfung, Verschlüsselung, Übertragung von Status, Bestellung, Vakanzprüfung, Zahlungsabwicklung verdeutlicht.

ToDo KUNDEN AG
Abnahme des Datenflußkonzeptes.

Abbildung 5: Agenda ▶

A G E N D A

---

4 Layout

Herr Greunke, Agentur GmbH, 11.30 – 12.30 Uhr

4.1 Interface Design

Die Agentur GmbH stellt im Anschluß an den Agendapunkt Gliederung und Datenfluß das Layout des Interface Designs vor.

ToDo KUNDEN AG
Abnahme des generellen Interface Designs.

5 Sonstiges

12.30 – 13 Uhr

Der von der KUNDEN AG übergebene Datenbestand (Stand 3/97) war bedingt einsetzbar, da in den Datensätzen Duplikate vorhanden waren und einige Felder falsche Formatierungen aufwiesen. Hier ist ein verbesserter, aktuellerer Datenbestand erforderlich. Die Daten sollten aus dem bestehenden System direkt exportiert werden.

ToDo KUNDEN AG
Übergabe des aktuellen Datenbestandes.

6 Next Steps

- Festlegen der nächsten Meetings
- Ausarbeitung einer Milestone-Planung
- Freischaltung eines Testzugangs auf den Agentur GmbH Projektserver

Abbildung 5: Agenda

Die Ergebnisse eines Meetings werden in einem Protokoll oder Besprechungsbericht niedergelegt. Hier finden sich im Kopf des Dokumentes Angaben zum Kunden, Projekt, Datum des Meetings, Thema und Teilnehmer sowie der Verteiler. Am Beginn des Dokumentes können Sie die Agendapunkte als Einleitung bzw. Gliederung aufnehmen. Legen Sie das Protokoll nach wichtigen Treffen dem Kunden zur Korrektur und anschließenden Abzeichnung vor.

PROTOKOLL/ BESPRECHUNGSBERICHT

Das Protokoll dokumentiert wichtige Aussagen und Entscheidungen für das Projekt, die in diesem Meeting getroffen wurden. Sie als Projektverantwortlicher haben die Aufgabe, diese neue Richtlinien umzusetzen. Stellt sich am Ende heraus, daß der Kunde eigentlich doch anderes erwartet hätte, können Sie dann immer auf das von ihm unterzeichnete Protokoll verweisen. Das Protokoll ist also für Sie eine Art Versicherung, deren Wert und Bedeutung von beiden Parteien – Auftraggeber und Auftragnehmer – respektiert werden sollte.

Das nachstehende Beispiel für ein Protokoll (Abbildung 6) zeigt einen ähnlichen Aufbau wie die Agenda. Das dient zum einen der Übersichtlichkeit und vereinfacht zum anderen die Erstellung des Protokolls, weil Sie den Agendapunkten direkt die Ergebnisse des Meetings hinzufügen können. Warten Sie mit der Erstellung eines Protokolls nicht zu lange. Aus einem zwei- bis dreistündigen Meeting entstehen schnell mehrere DIN-A4-Seiten Protokoll, die Sie nach einer Woche wohl kaum mehr zusammenbringen werden. Fügen Sie am Ende immer eine Übersichtstabelle der zu bearbeiteten „Hausaufgaben" aus diesem Meeting ein. Hier sind neben dem fixierten Endtermin auch klar die jeweils verantwortlichen Personen zu benennen und möglichst eindeutig sowie verständlich der Umfang der Aufgabe.

P R O T O K O L L

Kunde:	KUNDEN AG
Projekt:	Abstimmungsmeeting Internet Website
Meeting:	12. März 1999, 11 Uhr, Raum 112
Teilnehmer:	Agentur: Herr Greunke
	MICROSOFT: Herr Gründer
	KUNDEN AG: Frau Matrell, Herr Müller, Herr Walter

Agendapunkte

1 Präsentation Konzeptansatz

Die Agentur präsentierte im Rahmen des Schulterblicks ein Strukturgramm sowie einen Vorschlag bezüglich des Designs, der auf den bereits gezeigten Pitcharbeiten basierte.

Kernpunkte der Präsentation waren:
- Umsetzung der Vision und Zielsetzung
- Diskussion der präsentierten Ergebnisse

2 Notizen aus der Diskussion

Folgende Punkte ergaben sich aus der Diskussion:

Allgemein

- Das Design ist in der grundlegenden Tonalität und Ausgestaltung abgenommen.
- Auf die blauen Auszeichnungen von Teilbereichen soll generell verzichtet werden.
- Die grafischen „=>"-Markierungen können als visuelle Akzente ebenso wie die monochromen Piktogramme verwendet werden.
- Da aufgrund der individuellen Voreinstellungsmöglichkeiten des Users keine Schrift fest vorgegeben werden kann, ist der Font Arial im Fließtext zu verwenden.
- Die Entwicklung und Integration eines Forums in den geplanten Internet-Auftritt wurde kontrovers diskutiert. Sollte dies entwickelt werden, so ist insbesondere auf die einfache Aktualisierbarkeit bzw. Administration des Forums zu achten. Eine Verbindung des Forums mit wechselnden Events der KUNDEN AG bzw. deren Sponsoring-Aktivitäten wäre sinnvoll.

Abbildung 6: Protokoll ▶

PROTOKOLL

Intro

- Ein Intro ist für die Phase 1 nicht vorgesehen. Bei einer Ausweitung des Angebots, beispielsweise in Richtung einer Mehrsprachigkeit, ist allerdings die Vorschaltung einer Seite mit Selektionsmöglichkeiten bezüglich einer Sprache erneut zu überlegen.

Die **Homepage** ist in folgenden Punkten zu überarbeiten:

- Die im ersten Briefing bereits angesprochene Möglichkeit, Werbebanner zu plazieren, ist umgehend durch die Agentur GmbH zu visualisieren.
- Die Selektion eines Landes (Großbritannien, Frankreich und Polen) ist vorzusehen.
- Integration der Konzern-Unternehmensgruppen Sauerstoff-Aggregate, Umwelttechnik und Reinräume.
- Integration des Konzern-Logos in den Kopfbereich der Seite.
- Auf die Einbindung eines Tickers kann verzichtet werden.
- Die dynamischen Inhaltsbereiche sollen in der nächsten Präsentation mit realen Inhalten gefüllt werden. Frau Matrell übersendet der Agentur GmbH exemplarische Inhalte zu ausgewählten Bereichen.

Individualität

Der Website-Besucher soll auf der Homepage persönlich angesprochen werden. Er hat darüber hinaus die Möglichkeit, eine persönliche Sichtweise der Homepage, entsprechend den Einträgen im Agenten, zu bekommen. Als vergleichbare Angebote wären hier my.yahoo oder my.excite zu nennen.

3 Sonstiges

Als Client-Voraussetzung wurde im Meeting festgelegt:
- 800 × 600 Auflösung
- Browser Netscape oder Microsoft Internet Explorer der Version 3.0 oder höher
- Kein Java Skript, Flash oder VRML verwenden

4 Weitere Schritte

Wer	Aufgaben	Bis wann
KUNDEN AG Frau Matrell	Inhalte für den dynamischen Bereich	asap
Agentur	Abschlußpräsentation	29.4.99

Abbildung 6: Protokoll

BRIEFING   Das Briefing ist eine Aufbereitung der Aufgaben für Kreation und Entwicklung. Das Briefing legt in möglichst kurzer Form dar, worum es geht, was der inhaltliche und zeitliche Rahmen ist, wo das Material liegt bzw. wann und in welcher Form (z. B. Dateiformate) es eintrifft, wer die speziellen Ansprechpartner sind und welcher Umfang an kalkulierten Manntagen für die Bearbeitung der Aufgabe zur Verfügung steht. Die Grundlage des Briefings sollte aus dem Pflichtenheft oder aus bestehenden Protokollen entnommen werden.

Machen Sie keinen Roman daraus. Bitte bedenken Sie, daß der Empfänger noch in anderen Projekten steckt und nicht viel Zeit hat, sich mühsam seine „Arbeitsanweisung" zwischen den Zeilen herauszulesen. Versetzen Sie sich in seine Lage. Was würden Sie anstelle des Grafikers oder Programmierers an Informationen benötigen, um eine Aufgabe angehen zu können? Schreiben Sie dies kurz, verständlich und knapp ins Briefing. Nicht mehr und nicht weniger. Für die Erstellung von Protokoll und Briefing eignet sich ebenfalls ein simples Textverarbeitungsprogramm.

Das nachfolgende Beispiel für ein Briefing (Abbildung 7) lehnt sich an die Agenda und das Protokoll an. Das Ziel ist es, einfach und übersichtlich die notwendigen Informationen bereitzustellen und Aufgaben sowie Verantwortlichkeiten mit einem Termin klar zu versehen.

INTERNES BRIEFING

Kunde:	KUNDEN AG
Projekt:	Entwicklung einer Unternehmens-CD-ROM
Verteiler:	Ulrike, Martina, Stephanie, Uwe, Sebastian, Sandro

Agendapunkte

1 Aufgabenstellung

Für die KUNDEN AG, ein mittelständisches Unternehmen mit ca. 750 Mitarbeitern und einem Jahresumsatz von 145 Millionen DM, soll eine Unternehmensdarstellung auf CD-ROM erstellt werden. Die CD soll die bestehenden Medien Video, Imagebroschüre, Plakate und Internet-Auftritt (wird derzeit durch die Agentur GmbH entwickelt) unterstützen und ergänzen.

2 Kernaussage und Zielgruppe

Der Leitsatz des Unternehmens: „Die KUNDEN AG ist näher an ihren Kunden und deren Bedürfnissen" soll ebenso einfach wie überzeugend die Kernaussage der Unternehmensdarstellung auf CD-ROM sein. Die Schwerpunkte sind Kundenbindung, Individualmarketing und Produktadaption.

Die anvisierte Zielgruppe sind Kunden, Aktionäre/Finanzanleger, Mitarbeiter, Dienstleister, Zulieferer, Studenten und Bewerber.

3 Material

Die Materialien werden seitens der KUNDEN AG teils in elektronischer Form zur Verfügung gestellt. Herr Nolte (werner.nolte@kundenag.de) ist der Ansprechpartner für die Medienabteilung. Es besteht ein umfangreiches Bild- und Videoarchiv. Rechte für den Einsatz auf einer CD-ROM sind allerdings vor Verwendung mit der Marketingabteilung der KUNDEN AG abzuklären.

Abbildung 7: Briefing ▶

INTERNES BRIEFING

4 Voraussichtliche Zeitplanung

Task	Termin	ToDo	Res
Kick-off	5.2.99	Agentur	All
Grobkonzept • Ansprache und Kernmessage • Struktur im Flowchart • Layout-Entwurf	23.2.99	Agentur	Martina, Sebastian, Ulrike
Präsentation und Abstimmung	25.2.99	Agentur	Uwe
Feinkonzept • Key Screens im Entwurf • Navigationskonzept • Struktur • Darstellung / Aufbereitung der Inhalte	Mitte März	Agentur	Martina, Sebastian, Ulrike
Abnahme Konzeption	Mitte März	KUNDEN AG	Frau Matrell
Software-Analyse	Anfang März	Agentur	Sandro
Materialanlieferung	23.3.99	KUNDEN AG	Herr Nolte
Streckenproduktion Grafik Hauptbereiche	2.–3. Märzwoche	Agentur	Sebastian, Stephanie
Abnahme Bereich Phase I	1. Aprilwoche	KUNDEN AG	Frau Matrell
Programmierung	ab 2. Märzwoche	Agentur	Sandro
Streckenproduktion, Grafik Programmierung Unterbereiche	1.–3. Aprilwoche	Agentur	Sandro, Stephanie
Abnahme Bereich Phase II	3. Aprilwoche	KUNDEN AG	Frau Matrell
Streckenprogrammierung	3./4. Aprilwoche	Agentur	Sandro
Feinabstimmung • Was fehlt noch? • Schlußphase	4. Aprilwoche	KUNDEN AG, Agentur	All
Streckenproduktion Abschluß • Modul-Testing	Bis Mitte Mai	Agentur	Stephanie, n.n.
Qualitätssicherung • Alpha-Testing • Beta-Testing	Mitte–Ende Mai	KUNDEN AG, Agentur Externe	n.n.
Golden Master	Ende Mai	Agentur	Sandro

Abbildung 7: Briefing

Die Struktur, mit der die Inhalte gegliedert werden, kann gut mittels *FLOW-* eines Flowchart visualisiert werden. Dabei legt die Position der einzel- *CHART* nen Inhaltspunkte auch deren Hierarchie und Verknüpfung fest. Das Flowchart sollte im Kopf des Dokumentes eine klare Benennung aufweisen, die eine präzise Zuordnung zu einem Projekt erlaubt.

Die einzelnen Punkte sind zu numerieren. Hätten wir beispielsweise ein Flowchart für eine Internet-Website, könnte die Bezeichnung folgendermaßen lauten:

- A_01Banner,
- B_01Homepage,
- C_01ThemaA,
- C_01.1UnterthemaAA,
- C_02ThemaB und
- D_01Kontakt.

Für eine bessere Übersichtlichkeit können die einzelnen Bereiche farbig in dem Flowchart markiert werden. Die Photoshop-Dokumente für die Screens und die HTML-Seiten, die für diese einzelnen Bereiche erstellt werden, sollten ebenso die gleiche Bezeichnung aufweisen. So ist für jedes Teammitglied eine einfache Zuordnung der Dateien auch bei komplexen Strukturen möglich.

Zusätzlich kann auf dem Flowchart noch eine Tabelle integriert werden, die den Starttermin, die Dauer der Erstellung und den Abschlußtermin der jeweiligen Module bekundet. Eines der gängigsten Softwareprodukte für die Darstellung von Strukturgrammen ist Visio® Professional.

Im Anschluß finden Sie zwei Beispiele, die eine mögliche sinnvolle Anwendung in der Projektplanungsphase zeigen. Abbildung 8 demonstriert ein „klassisches" Strukturgramm mit den schon eingangs beschriebenen Benennungen. Das zweite Beispiel (Abbildung 9) verdeutlicht den Aufbau und Inhalt eines Pfades. So können Abstimmungsprozesse mit dem Kunden unabhängig von gestalterischen Aspekten wie Schriften, Headlinegrößen, Farbwahl und Layout durchgeführt werden, da hier das Design nur elementar ausgeführt wurde.

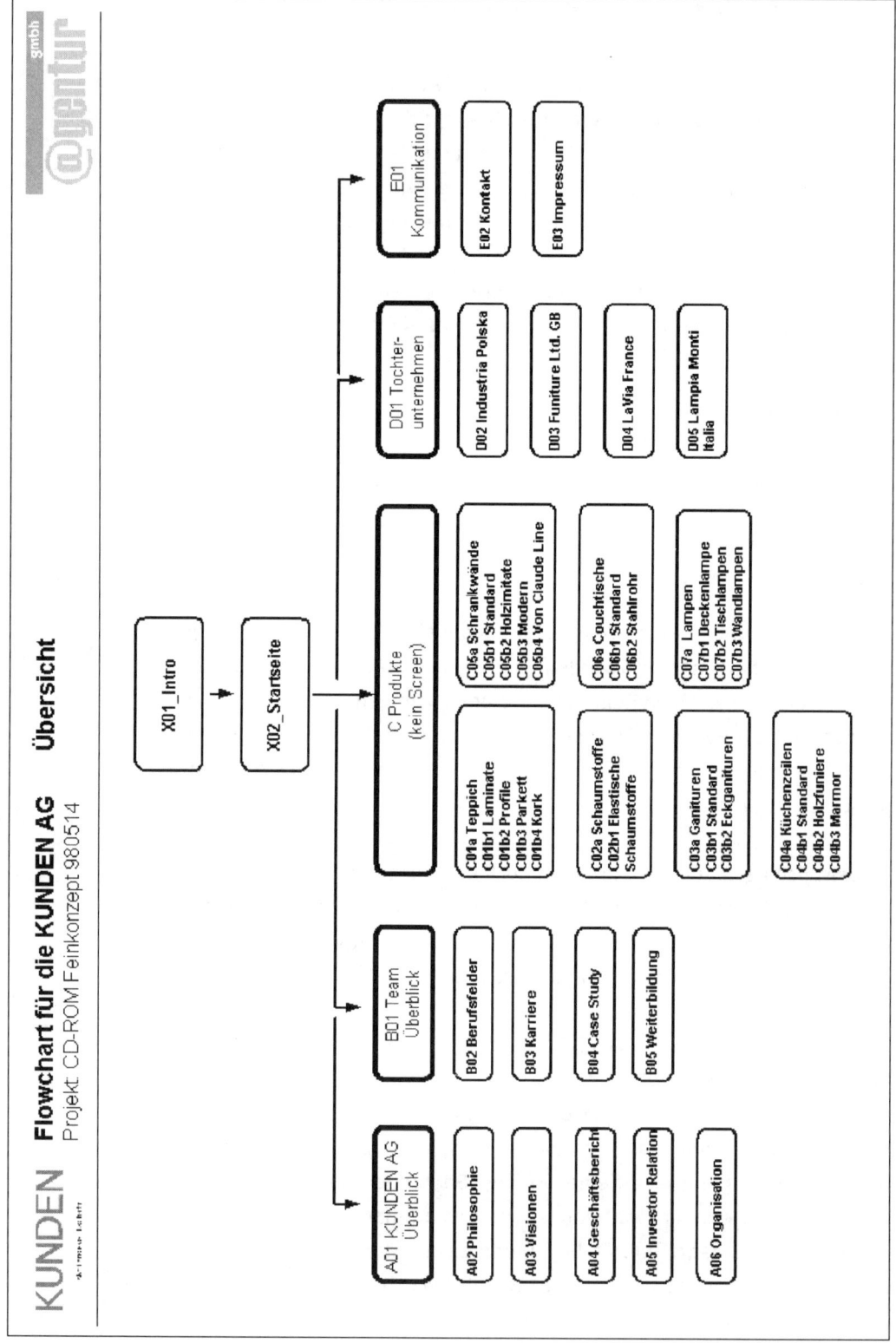

Abbildung 8: Flowchart „Übersicht"

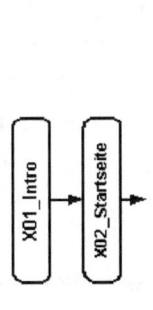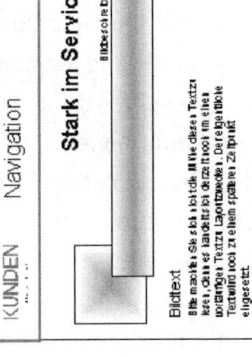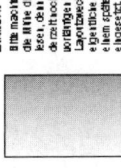

Abbildung 9: Flowchart „Investor Relation"

TIMING   Das Timing der Produktion findet sich gleich in mehreren „Werkzeugen" der Produktion wieder. Es kann im Pflichtenheft, im Protokoll, im Briefing oder auch auf dem Flowchart notiert werden. Trotzdem ist es gut, die zeitliche Planung in einem Übersichtsplan für alle noch einmal grafisch zu verdeutlichen.

Häufig wird dafür die Darstellung in einem Balkendiagramm gewählt. In der y-Achse werden alle Aufgaben notiert, die den einzelnen Arbeitsbereichen – beispielsweise Konzeption, Grafik, Programmierung und Qualitätssicherung – zugeordnet sind. In der x-Achse sind die für die verschiedenen Aufgaben geplanten Zeiträume anhand der Balken abzulesen. Dadurch ist gut zu erkennen, welche Aufgaben aufeinander aufbauen bzw. voneinander abhängig sind. Einige Programme bieten auch die Möglichkeit an, die einzelnen Aufgaben miteinander zu verbinden und Ressourcen mit den Stundensätzen hinzuzufügen. Das Programm Project der Firma Microsoft bietet eine ganze Reihe von nützlichen Möglichkeiten.

Allerdings sollte die Wirkung eines solchen Balkendiagrammes nicht überschätzt werden. Der Prozeß der Planung ist dynamisch, wie wir schon im letzten Kapitel feststellen konnten. Auch in den Anfangs- und Endpunkten sowie den Längen der einzelnen Arbeitsabschnitte können sich laufende Änderungen ergeben. Wenn Sie Ihr Balkendiagramm laufend aktualisieren, werden Sie voraussichtlich viel Zeit damit verbringen und gegebenenfalls mit den Ausdrucken von immer neuen Balkendiagrammen die Teammitglieder verwirren. Der Respekt vor dem Wert eines einzelnen Planes sinkt sehr schnell, und irgendwann beachtet niemand mehr Ihr stetiges Bemühen um Aktualisierung. Ein solcher zeitlicher Übersichtsplan hat sich erfahrungsgemäß zu Beginn der eigentlichen Projektarbeit bewährt. Um später die Teammitglieder über wichtige terminliche Änderungen zu informieren, sollten Sie lieber ein Memo verwenden. Zur laufenden Statusbestimmung dient dann am besten das Review. Denn der beste und aufwendig erstellte Zeitplan ist nichts wert, wenn niemand nach ihm arbeitet.

Abbildung 10 zeigt ein Balkendiagramm mit den Bereichen Konzeption, Präsentation, Materialanlieferung, Screendesign, Programmierung und Qualitätssicherung. Diesen separaten Bereichen sind die jeweiligen Tätigkeiten mit den entsprechenden Ressourcenkürzeln für die Zuständigkeiten zugeordnet.

Ein Memo ist ein Instrument, um die Teammitglieder während der Realisation eines Projektes über wichtige Änderungen, Erweiterungen, Terminverschiebungen usw. zu informieren. Wichtig heißt in diesem Zusammenhang, daß die Betroffenen unbedingt davon Kenntnis erhalten müssen, weil diese Information direkt oder indirekt großen Einfluß auf die weitere Projektarbeit haben wird. Nach dem Lesen des Dokumentes, das Sie am besten den Teammitgliedern schriftlich aushändigen, sollte der Projektmitarbeiter dieses Dokument ebenfalls in seine Projektmappe einheften. Auch dies ist eine Art „Versicherung" gegen eventuelle Gedächtnislücken beim Team oder Kunden. In einem Memo können Sie auch für Sie wichtige Informationen, beispielsweise aus einem Telefongespräch mit einem Kunden oder externen Dienstleister, dokumentieren.

MEMO

Das Memo kann mit einem einfachen Textverarbeitungsprogramm erstellt werden und sollte im Kopf des Bogens kurze Angaben zu Kunde, Projekt, Thema, Datum und Verteiler aufweisen.

Abbildung 11 zeigt den Aufbau eines Memos. In diesem Fall hat der Inhalt des Memos wesentlichen Einfluß auf die weitere Projektarbeit und ist deshalb auch schriftlich festzuhalten und allen Beteiligten auszuhändigen.

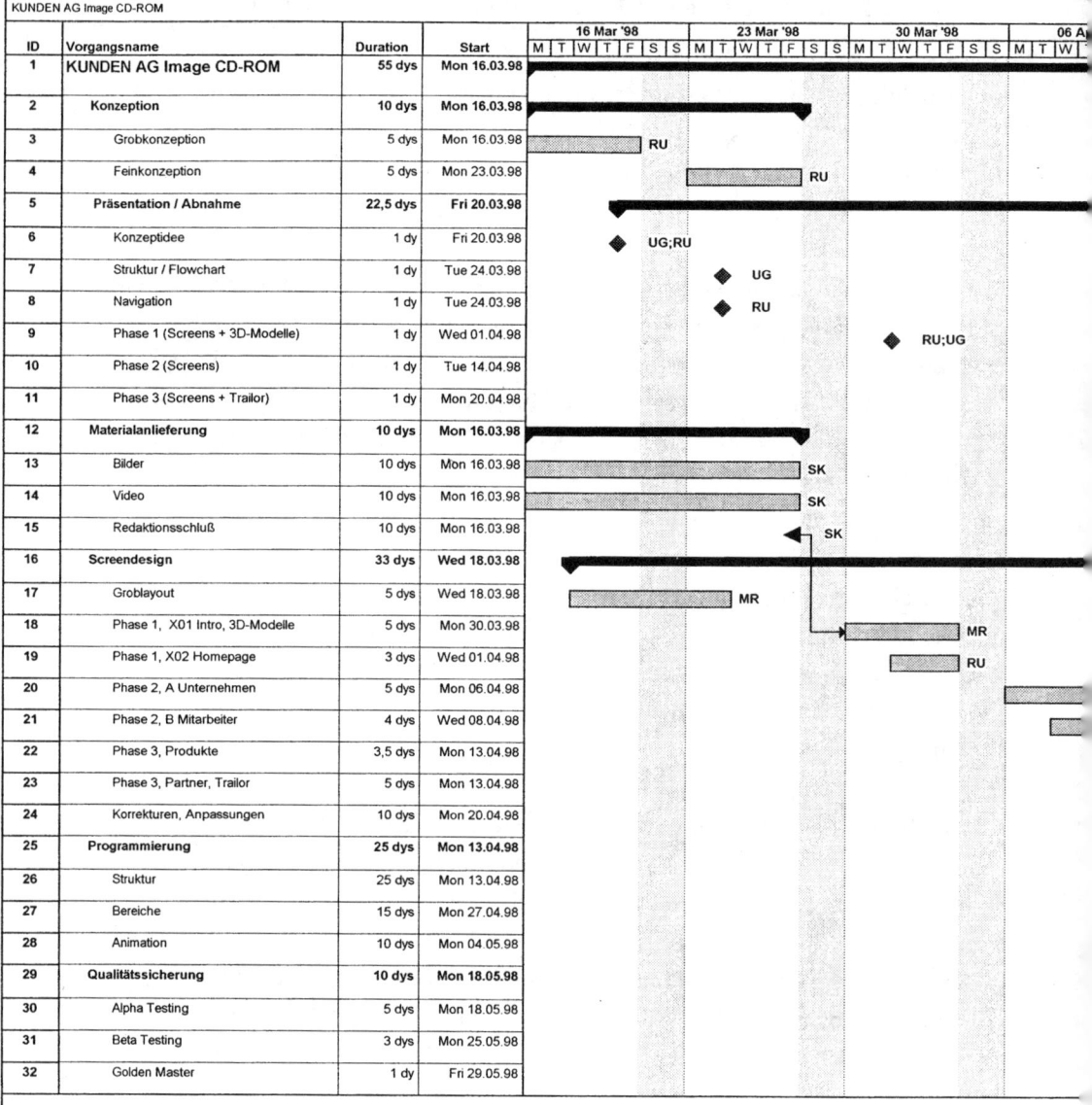

KUNDEN AG Image CD-ROM

ID	Vorgangsname	Duration	Start
1	KUNDEN AG Image CD-ROM	55 dys	Mon 16.03.98
2	Konzeption	10 dys	Mon 16.03.98
3	Grobkonzeption	5 dys	Mon 16.03.98
4	Feinkonzeption	5 dys	Mon 23.03.98
5	Präsentation / Abnahme	22,5 dys	Fri 20.03.98
6	Konzeptidee	1 dy	Fri 20.03.98
7	Struktur / Flowchart	1 dy	Tue 24.03.98
8	Navigation	1 dy	Tue 24.03.98
9	Phase 1 (Screens + 3D-Modelle)	1 dy	Wed 01.04.98
10	Phase 2 (Screens)	1 dy	Tue 14.04.98
11	Phase 3 (Screens + Trailer)	1 dy	Mon 20.04.98
12	Materialanlieferung	10 dys	Mon 16.03.98
13	Bilder	10 dys	Mon 16.03.98
14	Video	10 dys	Mon 16.03.98
15	Redaktionsschluß	10 dys	Mon 16.03.98
16	Screendesign	33 dys	Wed 18.03.98
17	Groblayout	5 dys	Wed 18.03.98
18	Phase 1, X01 Intro, 3D-Modelle	5 dys	Mon 30.03.98
19	Phase 1, X02 Homepage	3 dys	Wed 01.04.98
20	Phase 2, A Unternehmen	5 dys	Mon 06.04.98
21	Phase 2, B Mitarbeiter	4 dys	Wed 08.04.98
22	Phase 3, Produkte	3,5 dys	Mon 13.04.98
23	Phase 3, Partner, Trailer	5 dys	Mon 13.04.98
24	Korrekturen, Anpassungen	10 dys	Mon 20.04.98
25	Programmierung	25 dys	Mon 13.04.98
26	Struktur	25 dys	Mon 13.04.98
27	Bereiche	15 dys	Mon 27.04.98
28	Animation	10 dys	Mon 04.05.98
29	Qualitätssicherung	10 dys	Mon 18.05.98
30	Alpha Testing	5 dys	Mon 18.05.98
31	Beta Testing	3 dys	Mon 25.05.98
32	Golden Master	1 dy	Fri 29.05.98

Projekt: Kunden AG Flowchart
Datum: Sat 03.07.99

Vorgang / Fortschritt / Meilenstein / Sammelvorgang / Rollup-Vorgang / Rollup-Meilenstein

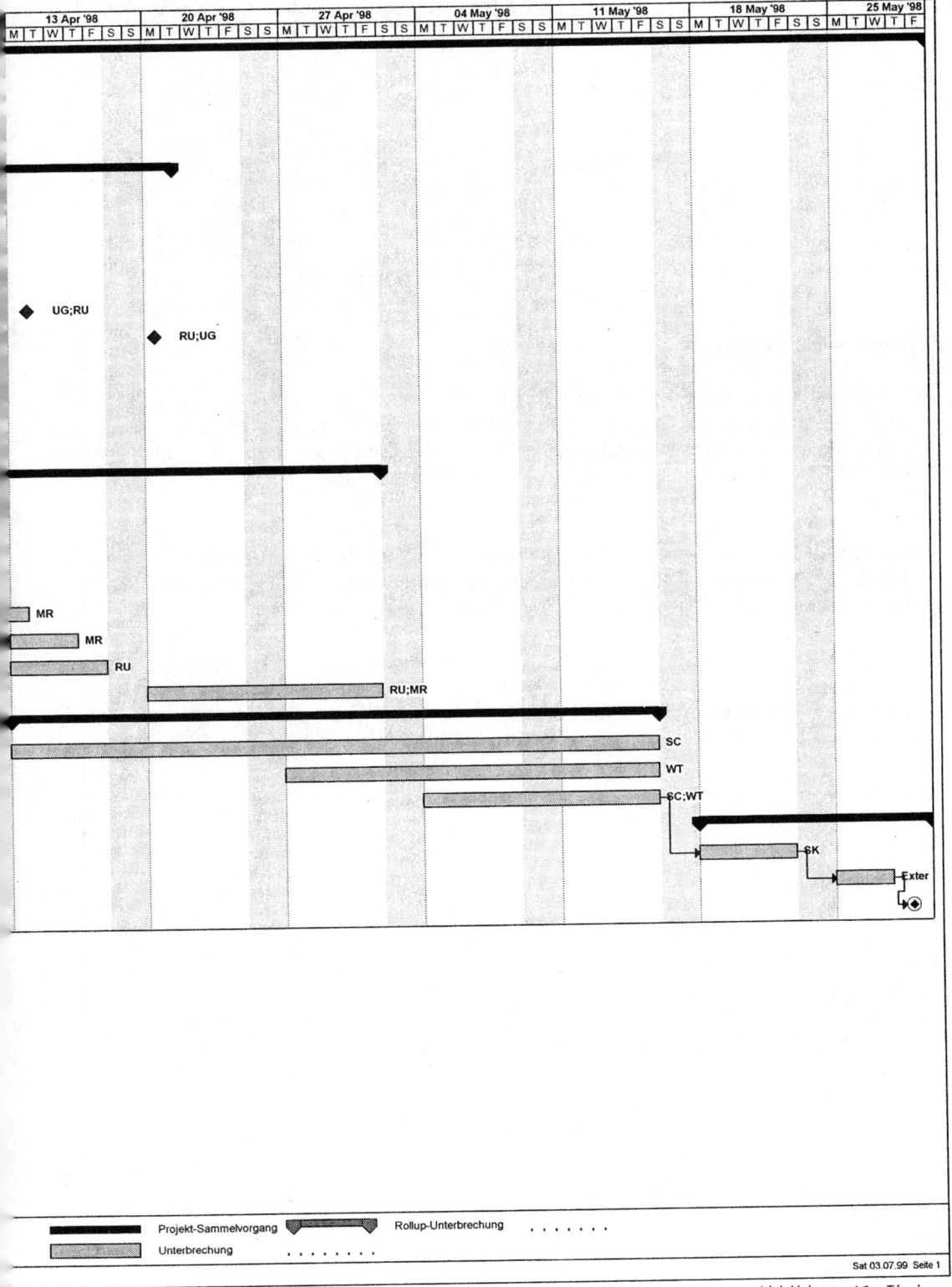

Abbildung 10: Timing

Agentur GmbH An der Alster 34 D-20087 Hamburg

MEMO

Kunde: KUNDEN AG
Projekt: Extranet Händleranbindung
Datum: 23.5.99
Verteiler: Projektteam
            KUNDEN AG, Frau Matrell, Herr Wagner

Datenbestand SQL-Server

Nach der heutigen Absprache mit Herrn Wagner von der KUNDEN AG soll der bisherige Datenbestand der am 21.4.99 übergebenen Access-Datei (kun_data_210499.mdb) gegen eine neue Datei ausgetauscht werden. Die neue Datei beinhaltet neben aktuellen Produktdaten auch einige wichtige Strukturänderungen. Dadurch werden Anpassungen und Ergänzungen in der Abfragemaske und SQL-Suchanfrage notwendig.

Die entstehenden Mehrkosten werden nach Stundenaufwand abgerechnet und im Rahmen der Nachkalkulation nach Abschluß des Projektes in Rechnung gestellt. In der Stundenerfassung ist die Notiz „Update Datenbestand" unbedingt bei den zusätzlichen Stunden aufzunehmen.

Eine erste Version des überarbeiteten Such-Interface unter Berücksichtigung der Erweiterungen des Datenbestandes ist bis zum 4. Juni Herrn Wagner vorzustellen. Die komplette Programmierung ist bis zum 20. Juni abzuschließen. Für eventuelle Rückfragen steht Herr Wagner unter der Rufnummer 040/451 32-358 oder per E-Mail fritz.wagner@kundenag zur Verfügung.

Uwe Greunke
23.5.99

Abbildung 11: Memo

Das Review wird meistens im wöchentlichen Rhythmus zur Festschrei-   **REVIEW**
bung des Projektstadiums eingesetzt. Hier finden sich alle wichtigen
Aufgaben der Agentur und des Kunden mit Terminangabe und Status der
jeweiligen Aufgabe wieder. Ein Review hat die Funktion, den Status und
Fortgang eines Projektes für alle Beteiligten auf Agentur- oder Kundenseite transparent darzulegen. Das Review dient aber auch als Übersicht
für Personen, die nicht ständig in die eigentliche Projektarbeit involviert
sind. Dazu zählen insbesondere Entscheider, wie der Geschäftsführer
der Agentur oder beispielsweise der Marketingleiter des Auftraggebers.

Als Basis eines Reviews dienen die im Pflichtenheft und Balkendiagramm festgeschriebenen Aufgaben mit den entsprechenden Milestones. Bei problematischen Entwicklungen im Projekt kann es überaus
nützlich sein, den Verlauf einzelner Arbeiten oder des Tagesgeschäfts,
zum Beispiel Ursachen und Folgen von Problemen, im Review zu notieren. Weiterhin sind gesonderte Absprachen bezüglich des Projektes,
insbesondere zwischen Projektmitarbeitern der Agentur und des Kunden, zu dokumentieren. Es genügt dabei jeweils eine kurze Notiz, die
sich später, bei der Rekonstruktion von Problemen und terminlichen
Verschiebungen, als sehr hilfreich erweist.

Abbildung 12 zeigt ein Beispiel für ein Review. Die Darstellung der
einzelnen Milestones und deren Status sollte in jedem Falle übersichtlich und einfach zu erkennen sein. Bedenken Sie, daß bei einer Distribu-
tion via Fax kleine Schriften oft kaum mehr lesbar sind. Sie sollten darauf achten, daß bei der Darstellung von Problemen auch immer Hand-
lungsalternativen aufgezeigt werden. Der Kunde darf nie den Eindruck
haben, daß Sie ihn anklagen. Die Agentur ist Dienstleister und sollte
deshalb immer lösungsorientiert arbeiten.

R E V I E W

Kunde: KUNDEN AG
Projekt: Abstimmungsmeeting Internet Website
Datum: 16.4.99
Verteiler: Projektteam, KUNDEN AG
via Fax: 040/451 32 - 333
                Insgesamt 2 Seiten

Sehr geehrte Damen und Herren,

anbei erhalten Sie den wöchentlichen Status des Projektes. Bitte beachten Sie den Hinweis am Schluß des Reviews. Für Rückfragen stehe ich Ihnen selbstverständlich gern zur Verfügung.

Nr.	Task	Res.	Termin	Status
1	Entwicklung Ansatz/Grobkonzeption	Agentur	25.2.99	Abgeschlossen und abgenommen
2	Materialien 1) CI-Daten 2) Imagebroschüre 3) C Produkte Bilder, Textvorschläge, Videos (VHS) 4) B Mitarbeiter Bilder, Textvorschläge, Videos (VHS) 5) A Das Unternehmen Bilder, Textvorschläge, Videos (VHS) 6) D Tochterunternehmen Bilder, Textvorschläge, Videos (VHS)	KUNDEN AG	1) – 2) – 3) 25.3.99 4) 30.3.99 5) 6.4.99 6) 18.4.99	1) erhalten 2) erhalten 3) erhalten, Texte liegen noch nicht elektronisch vor 4) Verzug, nicht erhalten 5) Verzug, nicht erhalten 6) –
3	Präsentation der CD-ROM-Konzeption am 25.02.98 und vor dem Vorstand am 6.3.1998	Agentur KUNDEN AG	25.2.99 6.3.99	Abnahme 1. Layout 2. Grobstruktur 3. Idee
4	Abstimmung der Struktur nach Vorschlag der Agentur (siehe Protokoll)	Agentur KUNDEN AG	11.3.99	abgeschlossen
5	Präsentation der CD-ROM Feinkonzeption 1) Feinstrukturgramm 2) Feinlayout	Agentur	19.3.99	abgeschlossen
6	Navigation Präsentation und finale Abstimmung	Agentur KUNDEN AG	21.4.99	in Bearbeitung

Abbildung 12: Review ▶

Agentur GmbH An der Alster 34 D-20087 Hamburg

REVIEW

Nr.	Task	Res.	Termin	Status
7	Anmutung der Ausarbeitung 1) Storyboard Video 2) Fließtext 3) Sprechertext	KUNDEN AG	31.4.99	in Bearbeitung
8	Layouts für alle Bereiche	Agentur	15.5.99	in Bearbeitung

Wichtiger Hinweis!

Durch den Verzug in der Materialanlieferung, siehe Punkte 2.4. und 2.5., wird sich die Fertigstellung der Layouts für die Bereiche *Mitarbeiter* und *Das Unternehmen* verzögern. Ein dadurch verursachter Terminverzug der Programmierung kann nicht ausgeschlossen werden. Die Agentur wird sich bemühen, den Verzug durch interne Umverteilungen der Arbeiten zu minimieren. Wir bieten Ihnen an, Sie bei der Auswahl und Zusammenstellung der noch ausstehenden Materialien zu unterstützen. Wir können Ihnen einen Bildredakteur zur Verfügung stellen, der mit Ihnen gemeinsam vor Ort alternative Möglichkeiten bezüglich der benötigten Materialien durchgehen kann. Sie erreichen Herr Wehnert unter der Rufnummer 040/451 32-342 oder via E-Mail über michael.wehnert@kundenag.de. Er wird sich noch heute im Laufe des Tages mit Ihnen in Verbindung setzen und einen Termin abstimmen. Wir hoffen, so den drohenden Produktionsverzug abwenden zu können.

Abbildung 12: Review

3.4 CONTROLLING

Vertrauen ist gut, Kontrolle ist besser.

Wer kennt ihn nicht, diesen tugendhaften Spruch. Mit dem Wort Kontrolle verbinden viele allerdings sehr negative Assoziationen und Erfahrungen, die vielleicht aus der Schul- und Studienzeit stammen. Jemand, der kontrolliert, führt nichts Gutes im Sinn. Der Betroffene fühlt sich überwacht und gegängelt. Also versuchen viele Projektmanager dies zu umgehen, indem sie ganz darauf verzichten und den Beteiligten blind vertrauen nach dem Motto: „Das wird schon werden..." Zuweilen schauen sie dann doch einmal verschämt beim Programmierer über die Schulter. Wenn sie sich nach der Erfüllung bzw. dem Stand bestimmter Aufgaben erkundigen, fühlen sie sich selbst nicht wohl in ihrer Haut.

Dabei wird im täglichen Leben fast alles kontrolliert: die Zusammensetzung von Milchprodukten, die Temperatur im Lebensmittelkühlfach, die Qualität von Möbeln, die Sicherheit von Fahrzeugen usw. Auch auf Ihrer nächsten Geschäftsreise per Flugzeug sind Sie vermutlich sehr beruhigt darüber, daß die einwandfreie Funktion des Flugzeuges vorher kontrolliert wurde oder daß beim Landeanflug auf den Frankfurter Flughafen eine sehr gewissenhafte Überwachung des Luftraumes stattfindet. Daß elektrische Geräte vor ihrer Zulassung auf ihre unbedenkliche Funktion und Sicherheit kontrolliert werden, erregt sicherlich auch nicht Ihren Unmut – im Gegenteil. Sie, als Käufer des Produktes, können sich auf die Qualität verlassen. Ein Kontrollsiegel gibt Ihnen dabei häufig die Gewißheit, daß hier geprüfte Qualität vorliegt.

Mit welchem Argument wollen Sie also Ihren Kunden, die Ihrer Agentur ein nicht unbeträchtliches Budget zur Verfügung stellen, deren Recht auf kontrollierte Qualität absprechen? Es ist viel mehr als nur eine Geste des guten Willens, sich durch einen hohen Qualitätsanspruch an die eigene Produktion für das Vertrauen, das Ihnen der Kunde mit der Auftragserteilung entgegenbringt, zu revanchieren.

Ein Projekt, das nicht kontrolliert wird, befindet sich außer Kontrolle – ein Zustand, der Ihnen schlaflose Nächte bereiten sollte. Sachliche und fundierte Kontrolle fördert das Vertrauen in die eigene Arbeit und hat nichts mit Gängelei oder Besserwisserei zu tun. Ihre Intention sollte sein, die Qualität eines Projektes sicherzustellen und so eine Vertrauensbasis für die Zusammenarbeit mit dem Kunden zu schaffen, die nicht zuletzt zur langfristigen Sicherung jedes einzelnen Arbeitsplatzes in Ihrer Agentur bzw. in Ihrem Team beiträgt. Wenn Sie dies zu Anfang eines Projektes Ihrem Team kommunizieren, wird jeder bereitwillig Auskunft geben, wenn Sie ihm im Projekt einmal über die Schulter schauen und sich nach dem Stand der Arbeit erkundigen.

Der aktuelle Status eines Projekts sollte in regelmäßigen Intervallen mit der ursprünglichen Aufgabenstellung und Zeitplanung sowie der gesamten Zielsetzung verglichen und überprüft werden. Zeigen sich dabei Differenzen, so sind zusammen mit dem betroffenen Teammitglied sowie dem AD/CD bzw. dem Entwicklungsleiter die Ursachen für eventuelle Abweichungen zu analysieren. Treffen Sie dann gemeinsam geeignete Gegenmaßnahmen und kontrollieren Sie den Erfolg der eingeleiteten Gegenmaßnahme im nächsten Überprüfungsturnus. So behalten Sie den Überblick und können auf Unregelmäßigkeiten schnell reagieren. Einzelne Problemfaktoren können auf diese Weise isoliert angegangen werden, bevor sie auf das gesamte Projekt ausstrahlen.

In der Projektarbeit ist generell ein ausgewogenes Verhältnis von Kontrolle und Risiko anzustreben. Die untenstehende Grafik zeigt, daß mit einem sehr hohen Einsatz von Kontrollinstrumenten, bei gleichzeitig steigenden Gesamtkosten, das Risiko nur noch unbedeutend reduziert werden kann.

Damit die Gesamtkosten nicht unnötig steigen, ist also bei einem vertretbaren Risiko der Aufwand für das Controlling zu begrenzen. Die Konzentration auf das Wesentliche ist dabei ein wichtiger Faktor.

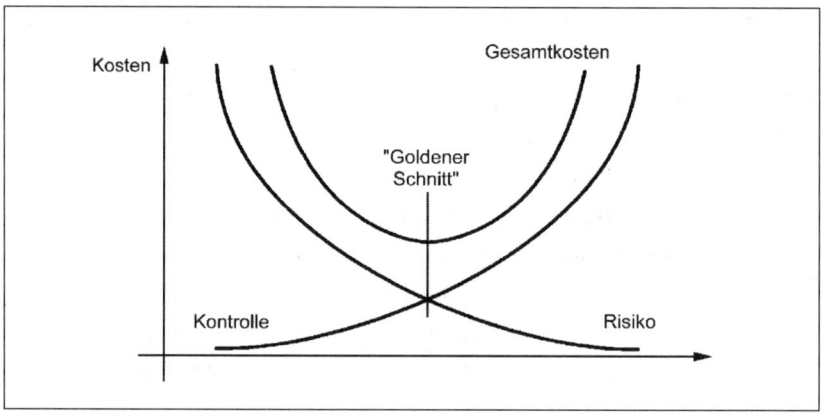

Quelle: Vgl. R. Wysocki, R. Beck, D. Crane,
Effective Project Management, S.209

3.5 QUALITÄTSSICHERUNG

Eine gute Qualitätssicherung erhöht das Vertrauen in Ihre Produkte.

(G. J. Myers)

Die Qualitätssicherung ist ein Feld, das in den Pionierjahren der Multi-media-Branche vernachlässigt wurde. Am Beginn der Entwicklung stand die Faszination über bunte und sich bewegende Bilder. Die Begeisterung über den Aufbruch in eine neue, virtuelle Welt. Ein so trist und ernst klingendes Wort wie Qualitätssicherung wurde mit Argwohn betrachtet und verpönt. Eine schlechte Umsetzung der „analogen" Firmenbroschüre in digitale Form mit Fehlern in Funktion, Grafik, CI-Richtlinien, Navigation usw. wurde als Tribut an die schillernde Zukunft New Media in Kauf genommen.

Heutzutage ist dies freilich anders – oder sollte zumindest anders sein. Die stetig steigende Bedeutung von Qualitätssicherung läßt sich gut an der allgemeinen Entwicklung der kommerziellen Nutzung der Internet-Technologie erkennen und begründen:

- 1995 – 1996 „Broschüren-Web"
  Die inhaltlichen Schwerpunkte des „Broschüren-Web" waren Design und Inhalt. Es wurden einfache Informationen des Unternehmens in

HTML-Seiten aufbereitet und dargestellt. Zum Teil wurden einfache Animationen oder Applikationen in die Seiten integriert. Sicherlich ist der legendäre Besucherzähler, der in den abschreckendsten Arten auf fast jeder Seite zu sehen war, oder das sich drehende Firmenlogo noch dem einen oder anderen gut in Erinnerung.

- 1996 „Datensammlung"
  Auch in dieser Phase lagen die Schwerpunkte weiterhin auf Design und Inhalt. Es wurde aber bereits eine flexible und aktualisierbare Darstellung gewählt. Um dies zu erreichen, wurden die Informationen über das Unternehmen aus einer Datenbank geladen und mittels HTML-Templates dargestellt.

- 1997 „Individuelle Darstellung"
  Die Bedeutung und die Möglichkeiten des Internets als direktes und individuelles Kommunikationsmedium wurden nun stärker genutzt. Die Informationen, die aus einer Datenbank aufbereitet wurden, konnten mit den hinterlegten Profilen von registrierten Internet-Usern kombiniert werden. So ließen sich individuelle Seiten erstellen. Dies wurde erfolgreich u. a. von Internet-Suchmaschinen Yahoo (my.yahoo. com) oder auch Excite (my.excite.com) als Kundenbindungsinstrument eingesetzt. Mit der Verbindung von Datenbanken und User-Profilen wurden die Anforderungen an die Internet-Anwendung höher. Es ergaben sich zum ersten Mal deutliche Parallelen in der Erstellung solcher Anwendungen zur Software-Entwicklung. Die Performance eines Dienstes wurde wichtiger und ein wichtiges Qualitätsmerkmal.

- Ab 1998 „Business Web-Systeme"
  Neben den direkten und individualisierbaren Kommunikationsmöglichkeiten mit der Zielgruppe, die das Internet bietet, wurde zunehmend die Eignung des Mediums entdeckt, komplette Geschäftsprozesse abzubilden. Dazu wurden die Internet-Anwendung, die eine Datenbank mit User-Profilen enthielt, an Warenwirtschaftssysteme angebunden. Die Anwendungen der Bank24 (https://banking.bank24.de) oder virtuelle Buch- oder PC-Shops (www.dell.com) bieten dafür erfolgreiche Beispiele. Selbstverständlich stehen bei diesen Anwen-

dungen, bei denen Software-Entwicklung und Systemintegration eine
zentrale Rolle spielen, Qualität und Zuverlässigkeit an erster Stelle.

Mit der fortschreitenden und zunehmend kommerziellen Nutzung des
Internets nahm also auch die Komplexität der Internet-Anwendung zu.
Eine Qualitätssicherung, wie wir sie aus der „klassischen" Software-Entwicklung kennen, wurde daher immer wichtiger. Dies gilt natürlich glei-
chermaßen für die anderen Bereiche der Neuen Medien, wie beispielsweise CD-ROM oder Intranet. An dieser historischen Entwicklung wird
zugleich deutlich, daß wir nicht mehr über einfache Bilderanimationen
und bunte HTML-Seiten sprechen, sondern mit der Entwicklung und Integration komplexer Systeme konfrontiert sind.

Die eigentliche Qualitätssicherung hängt stark mit der mentalen Einstellung zusammen. Die meisten Software-Tests werden durchgeführt,
um zu beweisen, daß das entwickelte Produkt keine Fehler enthält und
die in dem Pflichtenheft beschriebenen Funktionen einwandfrei ausgeführt werden. Dabei können Sie mit hundertprozentiger Sicherheit
davon ausgehen, daß jedes noch so gut getestete Produkt Fehler aufweist. Der zentrale Ansatz in Ihrer Qualitätssicherung muß sein, Fehler
zu finden. Zum einen lassen sich so die aufgewendeten Ressourcen
rechtfertigen – in der Software-Industrie werden 50% der Gesamtkosten zum Testen der Programme bzw. des Systems aufgewendet –, und
zum anderen wird durch jeden gefundenen und im Anschluß gefixten
Fehler die Qualität und damit das Vertrauen in Ihr Produkt gesteigert.
Ihr vorrangiges Ziel muß es sein, die Zuverlässigkeit Ihres Produktes
und damit seinen Wert zu erhöhen.

Eine wichtige Erkenntnis ist, daß ein vollständiger Test eines Programmes unmöglich ist.[4] Ein vollständiger Test bedeutet, ein Programm mit
allen erdenklichen Eingaben und in allen möglichen Programmsituatio-
nen zu testen. Ein Ziel, das aufgrund der begrenzten Zeit- und Personal-
ressourcen selbst bei relativ einfachen Programmen nur theoretischer
Natur bleibt. Qualitätssicherung sollte unter dem Gesichtspunkt der
Maximierung der Testinvestition betrieben werden. Das heißt, daß in
der vorgesehenen Zeit mit den eingesetzten Ressourcen die maximale

---

[4] Vgl. G.J. Myers, Methodisches Testen von Programmen, S. 8

Menge von Fehlern entdeckt werden muß, bei einer gleichzeitigen endlichen Anzahl von Testdurchgängen. Die Festlegung der Testfälle kann somit nur von Personen erfolgen, die in der Lage sind, das vorliegende Programm zu analysieren und markante Grenzfälle zu determinieren, die eine hohe Wahrscheinlichkeit haben, ein Fehlverhalten der Software zu provozieren. Eine notwendige Grundlage für die Programmtester ist in diesem Zusammenhang die von der Erstellungsfirma, also Ihrer Agentur, angefertigte Dokumentation inklusive Flowchart und technischer Spezifikation der Anwendung. Daß Testen eine durchaus kreative und intellektuell herausfordernde Aufgabe ist, wird insbesondere bei der Analyse der produzierten New-Media-Anwendung und der Erstellung von Testverfahren deutlich.

Die an der Entwicklung beteiligten Programmierer sollten ihre „eigene" Software nicht testen. Warum nicht, werden Sie sich fragen. Der Programmierer kennt doch schließlich am besten sein Programm und kann dementsprechend schnell die Fehler beheben. Das ist sicherlich richtig, doch versetzen Sie sich einmal in die Position des Entwicklers. Er hat mit großem Engagement und Kreativität ein Produkt entwickelt. Eine Überprüfung – und damit das unvermeidliche Aufdecken von Fehlern – muß der Entwickler als Gängelei und negative Kritik empfinden. Damit ist die Qualitätssicherung für ihn, als produzierenden Entwickler, ein zutiefst destruktiver Prozeß. Er wird einen Programmtest unter der Zielsetzung durchführen, die vermeintliche Fehlerfreiheit seines Programms zu beweisen, was natürlich nicht im Sinne einer Qualitätssteigerung ist. Daher sind für das Testen der Software andere Personen bzw. externe Dienstleister einzubinden, die auf Grundlage ihres Knowhows, der technischen und inhaltlichen Spezifikationen sowie der angefertigten Dokumentation eine effiziente Qualitätssicherung durchführen können.

Im Zuge der Erstellung eines Pflichtenheftes kamen wir schon einmal auf die Definition von Rahmenbedingungen zu sprechen. In der Qualitätssicherung ist die Einhaltung der Kriterien von festgelegten Rahmenbedingungen zu überprüfen. Damit in der Hektik der letzten Tage und Stunden vor Projektabschluß nichts verlorengeht, ist die Abarbeitung

Fortsetzung auf Seite 122 ▶

C H E C K L I S T E

Kunde:	KUNDEN AG
Projekt/Version:	Internet-Anwendung, Beta-Stand 2.0
Datum:	20. Februar 1999
Tester:	Herr Meyer

Testbereiche

Alle gefundenen Fehler und Bemerkungen sind in die Bugliste einzutragen ID (eine beispielhafte Darstellung findet sich in Abbildung 15). Alle unten genannten Aspekte sind mit Auftragserteilung im Rahmen der Konzeption definiert und in Übereinstimmung mit der Kunden AG fixiert worden. Siehe auch Pflichtenheft und Protokolle.

1 Rahmenbedingungen

Die Rahmenbedingungen sind entsprechend des verabschiedeten Pflichtenheftes vom 14.9.98 zu überprüfen. Nicht definierte oder fehlende Rahmenbedingungen sind generell nach Absprache mit dem Projektteam und der Kunden AG vor Übergabe des Projektes an die Kunden AG zu definieren.

Art	Definition / Anforderung	Tester / Datum / Unterschrift
Plattformen	Mac (Power PC, min. 90 Mhz, 32 MB RAM, min. OS 8) PC (Pentium, min. 133 Mhz, 32 MB RAM, min. Win95 / NT 4.0) *Berücksichtigt?*	
Farbtiefe*	Ab 256 Farben *Alle Inhalte erkennbar?*	
Browserversionen*	Netscape 3.0 / Internet Explorer 3.X oder höher *Einwandfreie Darstellung des Layouts, Tabellen, Formulare usw.?*	
Zielgruppe	Einfaches technisches Grundverständnis, keine großen Interneterfahrungen, in der Bedienung eher konservativ *Bedienbar / Verständlich?*	
Performance (Bandbreite)	Mindestens 28.8 kbit/s *Akzeptable Ladezeiten? Der Seitenaufbau sollte niemals länger als 15 Sekunden dauern (Bezugsprovider T-Online)*	
Mindestauflösung[2]*	800 × 600 Pixel *Alle wesentliche Inhalte und Navigationen erkennbar?*	

1 Dieses betrifft die Festlegung, unter welchen Netzanbindungen eine zufriedenstellende Performance erreicht werden soll. Beispielsweise werden Netzzugänge mit 14.4-Modems nicht mehr berücksichtigt.
2 Hier wird die Einstellung der Grafikkarte bezüglich der Auflösung definiert. Zum Beispiel soll die Anwendung bei einer Auflösung von 800 × 600 Pixel bedienbar sein.

CHECKLISTE

Art	Definition / Anforderung	Tester / Datum / Unterschrift
Zulassen von Java	Die Anwendung soll kein Java enthalten. *Sämtliche Funktionalitäten ohne Java? HTML-Code-Check!*	
Zulassen von Javaskript	Die Anwendung soll kein Java enthalten. *Sämtliche Funktionalitäten ohne Javaskript? HTML-Code-Check!*	
Zulassen von Cookies	Die Anwendung soll keine Cookies enthalten. *HTML-Code-Check!*	
Mehrsprachigkeiten	Derzeit nur Deutsch, später soll aber auf mehrere Sprachen erweitert werden. *Datenbank entsprechend vorbereitet? HTML-Code-Check!*	
Ausschluß Userspezifischer Einstellungen[3]*	Das Layout basiert auf den Standard-Einstellungen des Browsers, eigene Einstellungen werden nicht berücksichtigt, außer die Bedienbarkeit der Navigation. *Bedienbar auch unter großen Fonts?*	
Support für den Kunden	Responce-Möglichkeit via E-Mail *Funktionalität und Antwortzeit testen (Bestätigung unter 2 Stunden und Beantwortung innerhalb von 2 Tagen).*	

*) Diese Punkte sind auf allen unten aufgeführten Browserversionen zu testen.

2 Browsercheck

Die Anwendung ist auf Bedienbarkeit und einwandfreie Funktion auf folgenden Browsern zu testen. Von den zahlreichen Zwischenversionen des Netscape-Browsers wird nur die 4.0.3-Version getestet.

Browsertyp	Version	Plattform	Tester / Datum / Unterschrift
Netscape	3.0	PC 95/98	
	3.0	Mac	
	3.0	UNIX	
	4.0	PC 95/98	
	4.0.3	NT	
	4.0	Mac	
	4.5	PC 95/98	
	4.5	NT	
	4.5	Mac	
Internet Explorer	3.0.1	PC 95/98	
	3.0	NT	
	3.0	Mac	
	4.0	PC 95/98	
	4.0	NT	

3 Damit sind Einstellungen auf dem PC des Anwenders gemeint. Hierzu zählen die Hintergrundbestimmungen, Schriftgröße, Desktop-hintergründe usw.

Abbildung 14: Checkliste

Legende: 1000 Nummern deutsche Version, ab 2000 englische Version
1000 (2000) Bereich Intro, 1100 (2100) Das Unternehmen, 1200 (2200) Mitarbeiter,
1300 (2300) Projekte, 1400 (2400) Tochterunternehmen, 1500 (2500) Allgemein, Sonstiges

ID	Prio	CD	Tester	Nr.	Bereich oder Anwahlfolge	Screen
1001	2	Alpha 1	AW	I01	Eingang	Würfel
1002	2	Alpha 1	AW	I01	Eingang, Anklicken eines Indexpunktes, Zurückkehren zum Eingang	Würfel
1003	1	Alpha 1	AW		allgemein Video	alle mit Video
1004	2	Alpha 1	AW		allgemein Atmosphäre	Video
1005	1	Alpha 1	AW	I01	Eingang	Würfel "offen"
1006	1	Alpha 1	AW	I01	Eingang	Würfel offen
1007	1	Alpha 1	AW	H01	Hauptmenü	Würfel
1101	1	Alpha 1	AW	A01	Das Unternehmen	Überbli
1102	1	Alpha 1	AW	A02	Das Unternehmen	Überbli
1103	2	Alpha 1	AW		Das Unternehmen	allgeme
1104	1	Alpha 1	AW	A05	Das Unternehmen	Betreib
1105	3	Alpha 1	AW	A06	Das Unternehmen	Organis on
1201	3	Alpha 1	AW		Mitarbeiter	allgeme
1202	1	Alpha 1	AW	B01	Mitarbeiter	Überbli
1301	1	Alpha 1	AW		Projekte	Überbli
1311	1	Alpha 1	AW	C01b2	Brücken	Brücke Ansich

schreibung 1	Beschreibung 2	Res Agentur	Status
open der Index Auswahl recht wierig		DS	fixed
n gelangt nicht zu zuvor ählten Indexauswahl zurück, dern zur Standarddarstellung		DS	fixed
ex nicht mehr steuerbar (nach rmaligem Anklicken)	Fehlermeldung: Script Error: Index out of range	FT	fixed
eo wirkt hinter der Bildzeile eschnitten		FT	beabsichtigt
h Anwählen eines expunktes vom offenen fel, bleibt das PopUp Menü n Wegbewegen der Maus als gment stehen und läßt sich t mehr steuern		DS	fixed
Anwählen des Index aus der igationsleiste, bei sich endem offenen Würfel, bleibt PopUp als Fragment stehen ist nicht mehr lesbar und läßt nur mit erheblicher zögerung steuern		DS	fixed
ctor Movie ruckelt (bei ebook)		MM	
eo-Dummy		FT	fixed
uszeile Finanzieren		MM	fixed
fel hinter Bildzeile nur zu 2/3 tbar		MM	beabsichtigt
uszeile Finanzieren		RW	fixed
Audio		RW	beabsichtigt
Audio		RW	beabsichtigt
eo-Dummy		FT	fixed
eo-Dummy		FT	fixed
Anwahl des Index Ansichten das PopUp Menü von einer ichtspreview überlagert		RW	fixed

Abbildung 15: Bugliste

einer Checkliste (Abbildung 14, Seite 118) empfehlenswert, in der die Kriterien entsprechend den Festlegungen im Pflichtenheft und die Art und Anzahl der zu berücksichtigenden Testplattformen aufgelistet sind. Diese Checkliste ist natürlich den jeweiligen Projektbedingungen bzw. der spezifischen Projektart anzupassen. Die Checkliste berücksichtigt im wesentlichen die Rahmenbedingungen, kann aber selbstverständlich auch um inhaltliche Aspekte ergänzt und generell als Testleitfaden eingesetzt werden.

Die Ergebnisse der Tests sind in einer „Bugliste" (Abbildung 15, Seite 120) festzuhalten. Hier hat jeder Fehler eine eindeutige ID, die während der gesamten Phase der Qualitätssicherung nicht geändert wird. Weitere Felder in dieser Liste sind: Tester, Firma, getestete Version, Pfad im Programm, Beschreibung, Status, zuständiger Projektmitarbeiter und Kommentar der Entwicklerfirma. Überprüfen Sie die Ergebnisse eines jeden Tests gründlich.

Ein Phänomen, das bei vielen Tests beobachtet worden ist, verdient im Hinblick auf den wirtschaftlichen Einsatz der Ressourcen Aufmerksamkeit. Werden unter gleichen Testbedingungen in einem Modul des Programmes wesentlich mehr Fehler gefunden als in einem anderen, ist die Wahrscheinlichkeit hoch, daß sich in diesem Modul bei weiteren Tests mehr Fehler aufdecken lassen, als dies in den anderen Modulen der Fall sein würde. In diesem Fall hätten wir also einen stark fehleranfälligen Abschnitt des Gesamtprogramms lokalisiert, der eine genauere Untersuchung verdient. Dieses Phänomen wurde z. B. in den IBM S/370-Betriebssystemen beobachtet. In einem davon lagen 47% der APARs (vom Benutzer gefundenen Fehler) in nur 4% der Systemmodule.[5]

Eine Qualitätssicherung sollte schon im Planungsprozeß der eigentlichen Entwicklung des Programms greifen. Der Entwickler geht dabei mit dem Tester seine geplante Programmstruktur bzw. seinen geschriebenen Code durch. Auf diese Weise können schon prinzipielle Fehler und mögliche Risikofaktoren bzw. Optimierungsmöglichkeiten aufgedeckt werden. Dieser Tester sollte vom Profil ein erfahrener Programmierer mit schneller Auffassungsgabe und dem nötigen Fingerspitzen-

---

[5] *Vgl. G.J. Myers, Methodisches Testen von Programmen, S. 14*

gefühl sein, um die potentiellen Fehlerquellen in einer Anwendung zu lokalisieren und konstruktive Lösungsstrategien zusammen mit dem Programmierer zu entwickeln. Diese Aufgabe fällt in der „klassischen" New-Media-Agentur dem Entwicklungsleiter zu. Er sollte mit allen Entwicklern kontinuierlich an der Verbesserung und Optimierung der eigenen Software-Entwicklung arbeiten.

Die inhaltlichen Tests sollten bei allen technischen Betrachtungen natürlich nicht vergessen werden. Dabei sind die integrierten Materialien (Texte, Bilder, Videos) u.a. bezüglich der korrekten und vollständigen Einbindung und Darstellung zu kontrollieren. Ferner ist die Einhaltung der vom Kunden zur Verfügung gestellten Spezifikationen zu überprüfen. Diese Aufgaben erfordern eine gut strukturierte Quellmaterial-Datenbank bzw. ein übersichtliches Filesystem sowie einen gewissenhaften Tester, der nicht in den Prozeß der Erstellung mit eingebunden war.

Ein erfolgreicher Testgang ist dadurch gekennzeichnet, daß bisher unbekannte Fehler entdeckt und lokalisiert worden sind. Dabei ist auf eine eindeutige Reproduzierbarkeit des aufgetretenen Fehlers zu achten, da ansonsten der Fehler schwerlich behoben werden kann.

3.6 Change Management

Nichts ist so beständig wie der Wandel.

Mit dem Begriff „Change Management" bezeichnen wir die Planung und Realisierung von Veränderungsvorhaben. Vielleicht werden Sie denken: Was hat dieser Abschnitt in einem Buch über Projektmanagement zu suchen? Um den Zusammenhang zu verdeutlichen, werden wir zunächst einmal einige allgemeine Aspekte des Change Managements erläutern. Diese Aspekte sind um so wichtiger, je mehr ein New-Media-Projekt kritische Funktionen innerhalb eines Unternehmens berührt. So werden Sie beispielsweise bei der Einführung eines Intranets mit der Abbildung von Workflow-Prozessen, wie z.B. der internen Beschaffung, zwangsläufig Kommunikations- und Abstimmungswege im Unternehmen verändern. Hierbei ist das Wissen über Change-Management-Prozesse überaus nützlich.

CHANGE-
MANAGEMENT-
PROZESSE

Ein Unternehmen ist aus Wettbewerbsgründen gut beraten, sich dem kontinuierlichen Veränderungs- und Wandlungsprozeß des Marktes zu stellen. Veränderungsmaßnahmen, im Sinne von Change Management, spielen bei der Optimierung von Geschäftsprozessen deshalb eine wichtige Rolle.

„Nichts ist
so beständig wie
der Wandel."

Allein die Erkenntnis nützt uns wenig, wenn eine erfolgreiche Realisation nicht gelingt. Untersuchungen zeigen, daß jedes vierte Veränderungsvorhaben vorzeitig abgebrochen wird oder in der Umsetzung scheitert.[6] Die Ursache dafür sind zumeist die unzureichende Akzeptanz aufgrund fehlender oder verspäteter Einbeziehung der „betroffenen" Mitarbeiter sowie Mängel in der Umsetzung. Ferner führt die fehlende Unterstützung durch Entscheidungsträger oft zum Scheitern der eingeleiteten Change-Management-Maßnahmen.

---

[6] *Vgl. H. Spalink, Werkzeuge für das Change Management, S. 214*

Veränderung bedeutet in erster Linie, sich mit den „betroffenen" Menschen auseinanderzusetzen. Welche Probleme sind beispielsweise in den verschiedenen Abteilungen vorhanden? Welche Maßnahmen wurde vielleicht schon eingeleitet oder werden sogar von mehreren Abteilungen parallel, ohne gegenseitige Kenntnis, geplant oder bereits durchgeführt? Wo bestehen Probleme bei der Anwendung von standardisierten Werkzeugen oder der Optimierung von Geschäftsprozessen?

Die Person bzw. Agentur, die mit der Planung, Steuerung und Realisation von Change-Management-Prozessen betraut ist, hat die Aufgabe, Impulse zu setzen, geeignete Maßnahmen zu entwickeln sowie die Verantwortung für deren Umsetzung aktiv zu übernehmen. Dies schließt ein Controlling von Ist- und Soll-Zustand der eingeleiteten Maßnahme mit ein. Diese Person ist der Katalysator, der Mißstände aufzeigt, gemeinsam mit Betroffenen über Lösungen nachdenkt, Alternativen vorschlägt, Maßnahmen einleitet, den Veränderungsprozeß begleitet sowie bei Konflikten vermittelt.

Im Mittelpunkt steht also die aktive Auseinandersetzung mit den Betroffenen. Veränderungsprozesse werden durch sie und mit ihnen gestaltet. Geplante Veränderungen bedeuten für viele Menschen eine Unsicherheit, da sich gewohnte Abläufe, Verhaltensweisen, Strukturen, Kommunikationsprozesse usw. ändern. Dies führt zwangsläufig zu Ängsten und Konflikten, die Sie in der Regel auch nicht mit einer noch so perfekten Planung vermeiden können. Dennoch sollten Sie sich unbedingt bereits in der Planungsphase überlegen, welche Ursache die möglicherweise entstehenden Konflikte haben und wie Sie in der Durchführung von Veränderungen auf diese angemessen reagieren. Prüfen Sie auch die Möglichkeit, einen Coach einzusetzen, der gezielt mit den betroffenen Mitarbeitern oder Abteilungen die Auswirkungen, Probleme und Ursachen differenziert durchgehen kann. Werden Belange der Betroffenen berücksichtigt und sichtbare Verbesserungen herbeigeführt und kann sich der einzelne mit den Veränderungen – und dem Unternehmen – identifizieren, so erhöhen sich die persönliche Motivation sowie die Akzeptanz für die durchgeführten Maßnahmen.

Ohne eine sorgfältige Planungsphase mit einer genauen Zieldefinition, Timing usw. werden Sie allerdings Schwierigkeiten haben, die gesetzten Ziele des Change Managements zu erreichen. Die Veränderungen können vielfältiger Natur sein: Beispielsweise müssen verschiedene Abteilungen zusammenführt werden, eine neue DV-Anlage wird installiert, oder ein unternehmensweites Intranet soll bisherige „analoge" Workflow-Prozesse substituieren.

Die Veränderungsvorhaben werden oftmals in sogenannten Lenkungsausschüssen gemeinsam definiert und verabschiedet. Im Lenkungsausschuß treffen sich die „Entscheider" und verantwortlichen „Realisierer" in regelmäßigen Abständen, um sich über den aktuellen Stand zu informieren und weitere Vorhaben zu erörtern sowie zu beschließen. In diesem Gremium wird die Zielsetzung einer Maßnahme abgestimmt und verabschiedet. Es erfolgt eine Priorisierung und zeitliche Festlegung der jeweiligen Vorhaben.

Beispielhafte mittel- und langfristige Ziele, die durch Change-Management-Maßnahmen erreicht werden sollen, könnten folgende Aspekte sein:

• Verbesserung der Wettbewerbsposition
• Steigerung der Kundenzufriedenheit
• Optimierung von Geschäftsprozessen (Zeit- und Ressourceneinsatz)
• Verbesserung der Mitarbeitermotivation
• Senkung der Fluktuation von Mitarbeitern
• Senkung der Fehlerquote in den produzierten Medien

Die Initiierung von Veränderungsvorhaben ist nicht zum „Nulltarif" zu bekommen. Die notwendigen Investitionen müssen sich also durch einen unternehmerischen Nutzen rechtfertigen. Ist Nutzen aber überhaupt meßbar? Wenn ja, wie sind dann Beurteilungsparameter zu definieren?

Im Ansatz können wir zwischen unterschiedlichen Arten von Nutzen unterscheiden. Einerseits den leicht zu quantifizierenden Nutzen, beispielsweise Kostenreduzierung durch Standardisierung, Zeitverkürzung durch effiziente Werkzeuge oder die Beschleunigung der internen Kommunikations- und Entscheidungsprozesse. Andererseits gibt es einen eher schwer zu quantifizierenden Nutzen, wie erhöhte Informationsverfügbarkeit und Informationsaktualität (z. B. durch ein Extranet, Intranet, News Letter etc.), eine verbesserte Integration der unterschiedlichen Abteilungen und Niederlassungen oder eine verbesserte Teamarbeit. Einen nicht meßbaren Nutzen hat das Unternehmen beispielsweise bei kundenwirksamen Wettbewerbsvorteilen oder der erhöhten Motivation von Mitarbeitern. Je ganzheitlicher, koordinierter und übergreifender die Planung und Integration von Veränderungsvorhaben im Unternehmen durchgeführt wird, um so größer ist der zu erwartende Nutzen.

Change Management wird bei New-Media-Projekten in der Regel dann eingesetzt, wenn durch schwerwiegende Verzögerungen in der Materiallieferung, Entwicklungs- oder Produktionsproblemen sowie andere einschneidende Änderungen in den Rahmenbedingungen der ursprüngliche Zeitplan oder die eigentliche Zielsetzung nicht mehr erfüllt werden kann.

CHANGE MANAGEMENT IN NEW-MEDIA-PROJEKTEN

Zu Beginn einer Veränderungsmaßnahme gilt zunächst der Analyse und Festlegung von Zielen für das Change Management die volle Aufmerksamkeit:

- Was sind die Ursachen für die Notwendigkeit von Veränderungen?
- Was soll erreicht werden?
- Welche Aktionen und Maßnahmen sind zur Erreichung der Ziele geplant?
- Welche Auswirkung hat die Veränderung auf die ursprüngliche Vision bzw. die Zielsetzung eines Projektes?
- Welche Auswirkungen hat die Veränderung auf die ursprüngliche Planung und das Budget?
- Können die Ziele des Change Managements mit den zur Verfügung stehenden Ressourcen bewältigt werden?
- Wie soll bei der Durchführung vorgegangen werden?

- Welche möglichen Risiken sind mit der geplanten Veränderung verbunden?
- Wer kann bei den Veränderungen Hilfestellung geben?
- Wer ist der zentrale Verantwortliche und Ansprechpartner?

Haben Sie sich Klarheit über die Auswirkungen und Ihr Vorgehen verschafft, sind die Change-Management-Maßnahmen an das Team und den Kunden zu kommunizieren. Die Inhalte sollten dabei folgende sein:

- aktueller Status der Produktion
- Ursachen, die zu einem Change Management führten
- mögliche Alternativen
- zu erzielende Ergebnisse
- Vorgehensweise (möglicherweise in Verbindung mit Abstimmungsmeetings)
- Auswirkung auf das Projekt
- eventuell neuer Zeitplan und geänderte Abstimmungsmodalitäten
- Erweiterung des Budgets, da zusätzliche Ressourcen benötigt werden bzw. sich der Termin verschiebt

In den turnusmäßigen Reviews sind die erreichten Ergebnisse des Change Managements zu dokumentieren. Versuchen Sie stets sehr transparent vorzugehen, so daß alle am Projekt Beteiligten den Sinn und Nutzen der Change-Management-Maßnahmen nachvollziehen können. Durch Transparenz und eine lückenlose Projektdokumentation lassen sich auch im nachhinein die möglicherweise entstandenen Zusatzkosten am besten rekonstruieren und dem Kunden plausibel darstellen. Dies ist die beste und fairste Voraussetzung für eine eventuelle Nachkalkulation.

3.7 DOKUMENTATION

Am Schluß eines Projektes sollte immer eine Dokumentation stehen. Dieser Bereich wird leider nur zu oft vernachlässigt, weil sich mit Projektende das Team auflöst und neue Aufgaben auf alle Beteiligten warten.

Vermutlich hat das Projekt auch viel Nerven und Mühen gekostet, so daß das Team froh ist, diese Aufgabe endlich abzuschließen. An die Erstellung einer Dokumentation mag dann niemand mehr denken. Wenn Sie allerdings keine Dokumentation anfertigen, wird es noch viel mehr Nerven und Mühen kosten, dieses Projekt zu einem späteren Zeitpunkt zu ergänzen oder zu aktualisieren.

Stellen Sie sich vor, daß Sie von einem wichtigen Meeting kein Protokoll, also keine Dokumentation des Gesprächsverlaufes, der Ergebnisse und der nächsten Schritte dieses Meetings, angefertigt haben. Es wird Ihnen wahrscheinlich kaum gelingen, nach einer geraumen Zeitspanne noch wichtige Einzelheiten präzise wiederzugeben. Dann bleibt Ihnen kaum eine andere Möglichkeit, als peinliche Nachfragen (beim Kunden) zu stellen oder das Meeting erneut einzuberufen, wenn dazu überhaupt noch eine Möglichkeit besteht. Ein Vorgehen, das weder effizient noch professionell ist. Eine Dokumentation gehört ebenso zur vollständigen Erfüllung eines Projektauftrags wie das Anfertigen eines Protokolls von wichtigen Meetings. Wenn Sie ein Projekt mit einer fundierten Analyse und Planung gewissenhaft vorbereitet haben oder dies in Zukunft so tun möchten, so sollte die Dokumentation, im Sinne einer guten Nachbereitung, ein ganz selbstverständlicher Bestandteil Ihrer Projektarbeit werden.

Eine Dokumentation sollte in erster Linie zwei Aufgaben erfüllen:

ANFORDERUNG AN EINE DOKUMENTATION

1. die firmeninterne Dokumentation des entwickelten Systems und des erworbenen Know-hows, das durch das Projekt gewonnen wurde

2. die Anfertigung einer „Gebrauchsanweisung" für den Kunden, die ihm mit Fertigstellung des Systems übergeben wird

Damit eine spätere Aktualisierung erleichtert bzw. die Erweiterung des Produktes ohne hohen Kostenaufwand überhaupt möglich ist, sollte eine firmeninterne Dokumentation des Projektes angefertigt werden. Bitte bedenken Sie dabei auch, daß vielleicht ein anderes Team in neuer

FIRMENINTERNE DOKUMENTATION

Besetzung das Projekt fortführt, weil die ehemaligen Teammitglieder nicht mehr verfügbar sind oder die Firma verlassen haben. Beim Ausscheiden von Mitarbeitern aus dem Unternehmen sollten in jedem Fall Dokumentationen für die Übergabe von Projekten an die neuen Mitarbeiter angefertigt werden.

Jedes Team lernt aus einem Projekt. Es werden neue Entwicklungen erstellt oder neue Tools sowie Software-Module eingesetzt. Vielleicht haben die Grafiker beispielsweise eine besonders findige Methode entwickelt, die Grafiken aus dem Programm Photoshop in ein bestimmtes Format zu exportieren. Möglicherweise ist aber auch die Umsetzung einer Kundenanforderung konzeptionell gut gelungen. Diese und ähnliche für Ihre Agentur äußerst wertvollen Erfahrungen sollten sich ebenfalls in einer Dokumentation wiederfinden, damit sie nicht mit Projektende für immer verschwinden oder nur in den Köpfen der Teammitglieder schlummern. „Wenn das Unternehmen wüßte, was das Unternehmen weiß…" ist das häufige Motto von Intranet-Anwendungen. Eine gute Dokumentation des Wissens ist ein wichtiger Schritt zur transparenten Know-how-Archivierung und firmeninternen Weitergabe sowie Wiederverwendung.

Zur Dokumentation gehören weiterhin auch wichtige Informationen über Kundenspezifika, Rahmenbedingungen, inhaltlichen Aufbau, Systemarchitektur und Quellcode. Dazu finden Sie im folgenden einige Beispiele.

„GEBRAUCHS-
ANWEISUNG"
FÜR DEN
KUNDEN

Der Kunde hat bei einer Agentur die Entwicklung einer auf ihn zugeschnittenen Anwendung in Auftrag gegeben. Mit Abschluß und Übergabe des Projektes erwirbt er zweifelsohne auch das Recht auf eine adäquate „Gebrauchsanweisung".

Für die Mehrzahl der Bundesbürger stellt schon eine Gebrauchsanweisung für einen Videorecorder eine wissenschaftliche Abhandlung dar, die zwar in vielen Sprachen abgefaßt, aber leider in den seltensten Fällen für den technischen Laien verständlich ist. Bitte berücksichtigen Sie

„Projektleiter Müller bei der Übergabe des bestellten Web-Ufos. Dank vollständiger Dokumentation bleiben auf Kundenseite kaum Fragen offen."

bei der Erstellung einer „Gebrauchsanweisung" Ihrer Entwicklung, daß auch Ihr Kunde nur ein Mensch ist und Ihnen für einfache, verständliche Erklärungen überaus dankbar sein wird.

Diese „Gebrauchsanweisung" sollte die grundlegenden Informationen über das durchgeführte Projekt und natürlich ausreichende Anweisungen über die Möglichkeiten zur Wartung und Aktualisierung der Anwendung enthalten. Dies gilt insbesondere für Anwendungen oder Systeme, die von Ihnen entwickelt wurden und nach Fertigstellung zum Betrieb an die entsprechende Abteilung des Kunden übergeben werden. Ohne eine qualitativ hochwertige Dokumentation wird Ihnen der Kunde das Projekt wohl kaum abnehmen. Sie würden ja auch nicht auf die Aushändigung einer Gebrauchsanweisung eines technisch hochwertigen Gerätes verzichten, welches Sie sich privat kaufen.

Sie müssen bei der Erstellung einer Dokumentation am Ende des Projektes nicht bei Null anfangen. Wenn Sie die einzelnen Arbeitsschritte in einem Projekt gewissenhaft ausführen, verfügen Sie in der Regel schon über die einige gute Grundkomponenten für eine Dokumentation. So können und sollten die für das Projekt in der Planungs- und Konzeptionsphase erstellte Zieldefinition, Systemarchitektur, Beschreibung der Kernidee oder Flowcharts sowie Strukturgramme in die Dokumentation aufgenommen werden.

VORGEHEN BEI DER ANFERTIGUNG EINER DOKU-MENTATION

Damit die gesamte Dokumentation übersichtlich bleibt, sollten eine kurze Einleitung und ein Inhaltsverzeichnis erstellt werden. Eine Dokumentation könnte folgende Dokumente umfassen:

- Einleitung
- Inhaltsverzeichnis, Dokumentationsübersicht
- Zielsetzung und Projektbeschreibung
- Teammitglieder und Ansprechpartner auf Kundenseite mit Telefonnummer sowie E-Mail-Adresse
- Kundenspezifika und besondere Notizen
- Rahmenbedingungen
- Strukturgramm, Flowcharts
- Systemarchitektur
- Software- bzw. Quellcode-Dokumentation
- Funktionsdokumentation
- Style Guide
- Screenshots aus der Anwendung

Im folgenden werden beispielhaft einzelne Aspekte näher erläutert. Dabei sind die einzelnen Formen nur kurz angerissen und als Anregung zu verstehen. Sicherlich gibt es unterschiedliche Vorgehensweisen und Arten von Dokumentationen in den jeweiligen Agenturen bzw. auf Kundenseite. Wie immer ist natürlich auch bei einer Dokumentation ein pragmatischer Ansatz zu wählen, der den Aufwand und damit die Kosten zur Erstellung derselben im Rahmen hält. Das heißt, daß auch nicht bei jedem Projekt alle aufgezählten Dokumente anzufertigen sind.

SYSTEM-ARCHITEKTUR   Zur Dokumentation gehört die Darstellung der Systemarchitektur. Diese wird zumeist schon während der Planungsphase erstellt und dient als Vorlage für den Aufbau des Systems. Das folgende Beispiel (Abbildung 16) könnte eine Systemarchitektur für eine Website darstellen, die die verwendeten Hard- und Software-Komponenten kurz darstellt.

KUNDEN Webserver für die KUNDEN AG

Webserver
HP System

Router
Cisco 7000
PWR/5-DC

Internet

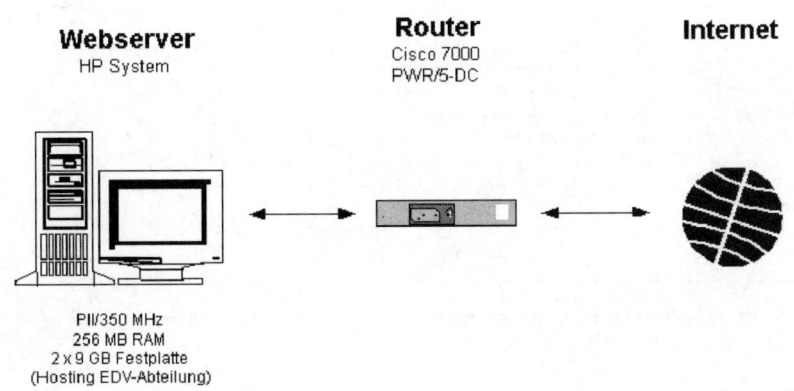

PII/350 MHz
256 MB RAM
2 x 9 GB Festplatte
(Hosting EDV-Abteilung)

Verwendende Software-Komponenten:

MS-Windows NT Server 4.0/SP3
MS-Option-Pack
    MS-Internet Information Server 4.0
    MS-Index Server 2.0

Symantec PCAnywere 32
    Remote Access/Fernwartung

ggf. zusätzlich zu installieren:

MS-Site Server 3.0*
    Personalisierung
    Web-Authentisierung
MS-SQL-Server 6.5
    Site-/Menüstruktur
    Produktdaten
    PDF-Dateien
    Personalisierungs-/Userdaten

Die Administration der Web-Inhalte erfolgt
über TCP/IP (HTTP/WWW) über die
Fernwartungssoftware.

* evtl. nach Rücksprache mit Entwicklern

Netzwerkkonfiguration:

NT-Name:	KUNDENWEB
Domäne:	HousingKUNDEN
IP:	134.145.121.95
SubNet:	255.255.255.0
GW:	134.145.121.1
DNS:	153.101.111.10
	153.101.111.20
	152.76.144.66
HostName:	www
Domain:	kundenag.de

Abbildung 16: Systemarchitektur

```
-- ******************************************************************
-- KUNDEN AG Image CD-ROM
-- Copyright by Agentur GmbH 1996
--
-- Score spezifisch
--
-- Autor Martin Mueller
-- Erstellt 17.06.96
-- Zuletzt geändert am 30.06.96 von Martin Mueller
-- ******************************************************************
-- ******************************************************************
-- Allgemeine globale Variablen Definitionen
-- ******************************************************************
global gShowHilfe -- 0: Ohne aktive Hilfe, 1: Aktive Hilfe ein
global gModemStatus -- 0: Kein Modem: 1: Modem vorhanden
global gNotizType -- 1: Aktiv, 2: Inaktiv
global gAnrede -- 0: Herr, 1: Frau
...
```

```
-- ******************************************************************
-- Function Manager Implementierung
--
-- Version 2.1
--
-- Datum: 15.06.1996
-- Autor: Martin Mueller
--
-- Methoden:        LBlend
--                  LPaint
--                  LScroll
-- Unterroutinen:   LPutScroll, LPutOptimizeScroll
--                  LButtonClick (Function, SpriteID)
--                  LTrySelection
--                  LGetEntry (EntryID der 1. Zeile)
--                  LGetItem
-- ******************************************************************
...
```

```
-- ******************************************************************
-- LBlend           (firstSprite, lastSprite,
--                  theInFunction, theInactiveMethod)
--
-- Aufgabe:         Initialisiert der Function
--
-- Übergabe:        firstSprite              Erstes Sprite
--                  lastSprite               Letztes Sprite
--                  theInFunction            Einträge in die Funktion
--                  theInactiveMethod        Anzeige des Modus
--
-- Rückgabe:        FunctionBack
--                  1: firstSprite
--                  2: lastSprite
--                  3: theInFunction
--                  4: theInactiveMethod
--
--                  Function-Record
--                  1: Eintrag (String)
--                  2: 0: nicht selektiert, 1: selektiert
-- ******************************************************************
global gCanvasXObj -- zur Optimierung LFunction CopyBits benutzen...
global gLFunction -- über LNew erzeugte Function
global gLListCurrentFunction -- aktuelle ID des gerade zu zeichnenden Datensatzes.
...
```

Abbildung 17: Quellcodes

Die Dokumentation der Software bzw. des Quellcodes beschreibt die Struktur, die Methodik und den Aufbau der Anwendung aus der Entwicklungssicht. Bei der Programmierung des Systems sollten Sie von Beginn an mit dem Entwicklungsleiter die Art und Weise der Dokumentation festlegen. Hier ist zwischen einer Dokumentation im Code, die in der Regel direkt im Autorenprogramm selbst durchgeführt wird (siehe hierzu auch die folgende Abbildung), und einer Dokumentation der gesamten Entwicklung nach Abschluß der Programmierarbeiten zu unterscheiden. Das Hauptaugenmerk bei diesen Dokumentationen sollte auf der Möglichkeit liegen, die entstandene Software auch von anderen Entwicklern oder Programmierteams weiterentwickeln lassen zu können. Ziel ist ferner, eine Transparenz bezüglich der Software-Entwicklung zu schaffen und das durch ein Projekt erworbene Know-how zu dokumentieren.

SOFTWARE- BZW. QUELLCODE- DOKUMEN- TATION

In Abbildung 17 finden Sie einige Beispiele für dokumentierte Quellcodes.

Eine weitere Komponente der Dokumentation ist die Funktionsdokumentation (Abbildung 18). Diese erläutert die funktionalen Abläufe und Prozesse aus Sicht des Anwenders und dient darüber hinaus auch häufig als Grundlage für die Qualitätssicherung. Die verwendeten Elemente mit den einzelnen Voraussetzungen bzw. Bedingungen sowie die korrekt zu erwartenden Ergebnisse von Abläufen und Prozessen werden hier dargelegt.

FUNKTIONS- DOKUMEN- TATION

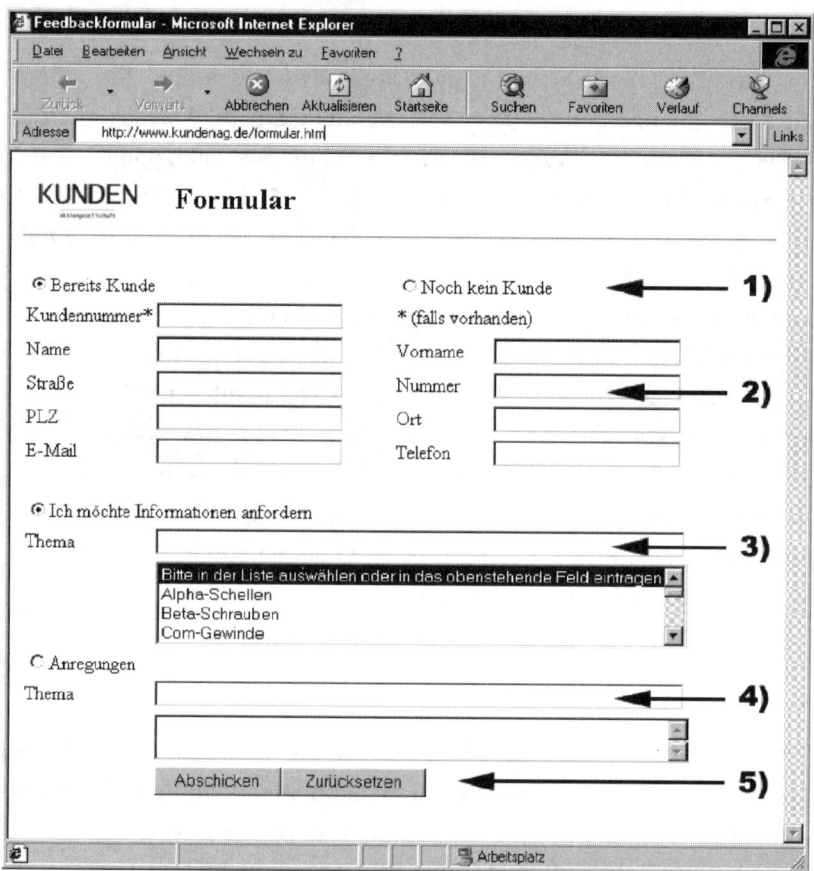

1) **Optionsfeld**
   Wechselt bei Mausklick zwischen der Option *Bereits Kunde* (default) und *Noch nicht Kunde*. Bei Anwahl der Option *Bereits Kunde* (default) wird automatisch eine E-Mail mit der eingetragenen Kundennummer an die Vertriebsabteilung der KUNDEN AG mit Anschrift und E-Mail des Kunden geschickt.

2) **Anzeige*-/Textfelder**
   Hier können die persönlichen Daten eingegeben werden.
   *) Hat der Anwender bei der vorherigen Registrierung die Kontrollbox *Cookie zulassen* angekreuzt, werden die persönlichen Daten automatisch in die Felder eingefüllt.

3) **Eingabefeld und Listenfeld**
   Das Eingabefeld ist mit dem Listenfeld verbunden. Nach Eingabe von Buchstaben in das Eingabefeld scrollt die Liste automatisch an die entsprechende Stelle. Es können auch Einträge direkt im Listenfeld ausgewählt werden. Die freie Eingabe von Begriffen in das Eingabefeld ist nicht möglich. Es wird immer der betreffende Eintrag aus dem Listenfeld automatisch in das Eingabefeld eingefüllt.

4) **Eingabefelder**
   Das einzeilige Thema-Eingabefeld sowie das mehrzeilige Eingabefeld darunter sind frei editierbar.

5) **Buttons**
   Der *Abschicken*-Button ruft eine SendMail-Funktion auf und sendet die Inhalte des Formulars zum Webserver der KUNDEN AG. Dort werden Sie je nach ausgewähltem Informationsthema an die Abteilungen Service, Vertrieb oder Kundenbetreuung automatisch weitergeleitet. Der *Zurücksetzen*-Button bringt alle Felder des Formulars wieder in den Default-Zustand.

Abbildung 18: Funktionsdokumentation

In einem Style Guide (Abbildung 19) werden die grafischen Erstellungs- **STYLE GUIDE** verfahren bzw. Methoden und Bestandteile sowie die Definitionen der wichtigsten Gestaltungselemente schriftlich festgehalten. Ein Style Guide kann auch unabhängiger Dokumentationsbestandteil sein. Zu einem Style Guide gehören in der Regel:

- Einleitung mit Beschreibung der Vision und Zielsetzung für das Gesamtprojekt
- Beschreibung des generellen Aufbaus des Layouts mit Bemaßung
- Definition der verwendeten Schriftsätze und Angaben zum verwendeten Wording
- Beschreibung der Navigation
- Farbdefinition basierend auf den CI-Richtlinien des Kunden
- Gestaltungsraster, beispielsweise für Funktionselemente wie Buttons
- Beschreibung und Einsatzmöglichkeiten von Templates
- Darstellung der einzelnen Hauptbereiche, beispielsweise Startseite, Bestellseite usw.

Sie sollten die Anwendung anhand von exemplarischen Screenshots dokumentieren. Die Anfertigung von kompletten Ausdrucken einer Anwendung, wie sie noch vor einiger Zeit üblich war, ist aufgrund der zunehmenden Flexibilität der Anwendungen nicht mehr ratsam.

Ein Style Guide kann mit einem üblichen Desktop-Publishing-Programm, beispielsweise QuarkXPress, erstellt werden und dem Kunden in dem Adobe-Format pdf übergeben werden.

KUNDEN

Aktiengesellschaft

Style Guide
Webauftritt

Verwendete Farben

Die im Internet verwendeten Farben werden durch die Web-Farbpalette definiert. Diese setzt sich aus 216 Farben zusammen. Nur diese werden von allen Browsern richtig dargestellt. Die unten ausgewählten Farben aus der Web-Farbpalette entsprechen dem CI der KUNDEN AG.

Weiß, Hexadezimalwert: FFFFFF RGB Wert: 255,255,255		Schwarz, Hexadezimalwert: 000000 RGB Wert: 0,0,0	
Hellblau, Hexadezimalwert: 99CCFF RGB Wert: 156,206,255		Rot, Hexadezimalwert: FF0000 RGB Wert: 255,0,0	
Maingrün, Hexadezimalwert: 33CC33 RGB Wert: 51, 204, 51		Vollgelb, Hexadezimalwert: FFFF00 RGB Wert: 255, 255, 0	
Dunkelblau, Hexadezimalwert: 3366CC RGB Wert: 49,99,206		Violett Hexadezimalwert: 990099 RGB Wert: 153, 0, 153	

Abbildung 19: Style Guide

4 KOMMUNIKATION

„Der Mensch ist wesentlich ein kommunikationsfähiges Tier,
und Kommunizieren ist eine seiner wesentlichsten Tätigkeiten."
Colin Cherry

Die Kommunikation bildet einen Schwerpunkt in der täglichen Arbeit des Projektmanagers, ohne daß man sich richtig darüber im klaren ist. Wir telefonieren mit dem Kunden, konferieren mit dem Team, präsentieren ein Layout im Pitch oder verhandeln mit externen Dienstleistern über einen Rahmenvertrag.

BOMBACH '98

„Nach Herrn Paul Watzlawick läßt sich nicht nicht kommunizieren."

Ohne funktionierende Kommunikation zum Kunden, im gesamten Team und zwischen Teammitarbeitern ist die Durchführung von Projekten In Time, In Budget und in der geforderten Qualität nahezu unmöglich.

4.1 DER NAVIGATOR

Die besten Navigatoren sind die, deren Wirken nicht bemerkt wird.
Es sind die zweitbesten, die gelobt werden.
Die drittbesten werden gefürchtet.

Wenn die besten Navigatoren etwas vollendet haben,
sagen alle: „Wir haben es geschafft."
Nach Lao Tse

Wenn wir das Wort „Navigator" hören, fällt uns vielleicht die Tätigkeit auf einem Schiff oder in einem Flugzeug ein. Dem Navigator obliegt die Verantwortung, das ihm Anvertraute sicher zu geleiten. Dabei genießt er das Vertrauen der Passagiere. Seine Leitung basiert auf Kompetenz und Erfahrung. Er versteht seine Aufgabe auch als Verpflichtung und übernimmt die volle Verantwortung.

„Einer muß im Projekt die Mütze aufhaben."

Der Projektleiter hat durch seine Position bestimmte Führungsaufgaben. Sicher sind Ihnen die verschiedenen Charakteristika der einzelnen Führungsstile von autoritär-direktiv bis laissez-faire vertraut. Es sollen im folgenden nur einzelne Aspekte aufgegriffen werden, die im Zusammenhang von Teamführung und Projektmanagement wichtig sind.

Die Aspekte Delegation, Kontrolle, Motivation, Durchsetzung, Transparenz und Selbstvertrauen sind für den Navigator eines Teams von Bedeutung. Doch was ist für das Team, das einzelne Teammitglied wichtig?

In diesem Zusammenhang sollen die Ergebnisse einer Untersuchung, die das geva-Institut, München, unter deutschen Topmanagern durchgeführt hat, zitiert werden. Gegenstand der Untersuchung war die Bewertung von Qualifikationen, die als besonders wichtig für Führungsfunktionen erachtet werden:

Von zentraler Bedeutung:

- Mitarbeitermotivation
- Argumentieren und Überzeugen
- Mitarbeitergespräche führen
- Ziel- und Entscheidungsplanung

- Selbstmotivation
- Auffassungsgabe
- Sicheres Sprechen vor Gruppen

Von mittlerer Bedeutung:

- Selbstsicheres Auftreten
- Teamfähigkeit
- Konflikt- und Streitgespräche führen

- Arbeitsmethoden, Zeitmanagement
- Moderationstechniken
- Streßmanagement

Von geringer Bedeutung:

- Fachwissen
- Projektmanagement
- Fremdsprachen

- Präsentationstechniken
- EDV/Computer

Vielleicht hat auch Sie die geringe Einstufung von Fachwissen und EDV/Computer überrascht. Die geringe Bedeutung von Projektmanagement ist aufgrund der „Entfernung" der Topmanager zum operativen Tagesgeschäft des Unternehmens verständlich. Dagegen steht die Kommunikation zwischen Menschen – innerhalb des Unternehmens und natürlich auch zum Kunden – an erster Stelle. Lassen Sie doch einmal die Vergangenheit Revue passieren. Welche Schwerpunkte haben Sie bisher bei Ihrer täglichen Arbeit gesetzt? Sicherlich ging es Ihnen ähnlich wie mir: Fachwissen, Projektmanagement, Fremdsprachen und der versierte Umgang mit dem Computer stehen auf den vorderen Plätzen.

Die kommunikativen Fähigkeiten sind für die meisten eher Mittel zum Zweck. Sie laufen meist unbewußt ab, begleiten aber unseren gesamten Tag. Wir informieren uns über den Projektstand bei einem Teammitarbeiter, wir telefonieren mit Kunden, ein kurzes Briefing wird mit einem externen Dienstleister am Telefon durchgesprochen. Wann haben Sie eigentlich zuletzt mit Ihren Teamkollegen gesprochen und sich über ihre Sichtweise zum Projekt, ihre Nöte und Sorgen sowie deren Probleme informiert? Was haben Sie zur Lösung unternommen?

Wieviel Zeit haben Sie bisher darauf verwendet, sich sorgfältig auf einen Termin oder eine Präsentation vorzubereiten, Ihre Argumente durchzugehen und Ihre Gesprächsstrategie zu planen? Wie entscheidungsfreudig sind Sie? Alles Aspekte, die bei Topmanagern auf den vordersten Plätzen zu finden sind.

Da dem Projektmanager die Funktion eines Navigators zukommt, ist die Beachtung der kommunikativen Aspekte von großer Bedeutung. Der Steuermann hat für die Beibehaltung des „richtigen Kurses" und für seine ihm „anvertraute Mannschaft" zu sorgen.

4.2 MOTIVATION

Eine „Dienstvorschrift" zur kreativen und engagierten Mitarbeit wird Ihnen für die Motivation Ihrer Teammitglieder sicherlich unsinnig erscheinen. Aber was veranlaßt Menschen, sich für eine Sache einzusetzen und enthusiastisch mit hohem Engagement an konstruktiven Problemlösungen im Team zu arbeiten?

Klar doch, das Geld muß stimmen. Was kann man sich für Geld nicht alles kaufen... Doch sind Sie immer wieder überrascht, wenn Ihnen ein Bekannter mit leuchtenden Augen von seiner neuen Tätigkeit bei der Firma XY erzählt: „Ich verdiene zwar weniger, aber das ist mir nicht so wichtig..." Das Thema muß stimmen, werden einige sagen. Motiviert ein interessantes Thema ein Team automatisch dazu, sich so richtig ins Zeug zu legen? Sicher, es gibt unterschiedliche Themen, aber ein wirklich langweiliges Thema gibt es nicht. Wenn man will, kann man aus jeder Sache etwas machen. Und das sollte Ihre Intention sein – etwas machen wollen. Ein Ziel haben. Kennen Sie eigentlich die persönlichen und beruflichen Ziele Ihrer Teamkollegen? Wenn nicht, wird es höchste Zeit. Vielleicht träumt ja ein Mitglied im verborgenen, endlich einmal die Gelegenheit zu bekommen, an einer innovativen Problemlösung zu arbeiten, die gerade auch zufällig für Ihr Projekt eingesetzt werden könnte. Der eine oder andere wartet nur darauf, angesprochen zu werden, ob er nicht eine verantwortliche Position in einem neuen Projekt übernehmen möchte. Vielleicht hat ein Programmierer ein paar Ideen aus eigenen Entwicklungen in der Schublade, die sich unter Umständen für das neue Projekt einsetzen lassen.

Es gibt natürlich auch die entgegengesetzte Möglichkeit: Ein Teammitarbeiter wird in eine Position oder Aufgabe gedrängt, die ihn überfordert oder ganz und gar nicht gefällt. Er traut sich aber unter Umständen nicht, von sich aus offen darüber zu sprechen. Vielleicht überschätzt auch ein Teammitglied seine Möglichkeiten und steht den „sich auftürmenden" Anforderungen hilflos gegenüber. Achten Sie bei der Auswahl der Teammitglieder und bei der Verteilung von Aufgaben und Verantwortlichkeiten auf entsprechende Qualifikationen und ausreichende Erfahrung der einzelnen Teammitglieder. Die passende und inhaltlich fordernde, jedoch nicht überfordernde Aufgabe ist die Voraussetzung für einen zweckmäßigen Einsatz der individuellen Fähigkeiten und Kenntnisse sowie für die Entfaltung der Persönlichkeit, die sich als positiver Impuls auf die Leistungsbereitschaft sowie auf die Zuverlässigkeit gegenüber der Aufgabenerfüllung In Time und In Quality auswirken kann.

Eine zu hohe Beanspruchung erzeugt in der Regel Streß, der sich negativ auf die Motivation und die Leistung des gesamten Teams auswirkt. Stehen der eigene Leistungsbeitrag, die Qualität des Produktes und die Kundenzufriedenheit in einem harmonischen Verhältnis zueinander, stellt sich ein Gefühl von „Wir haben es geschafft" ein, das manche „Untiefe" der Vergangenheit und Zukunft überwinden hilft. Das Ergebnis eigener Anstrengung wird als „Stolz auf das Geschaffte" empfunden – ein erheblicher Motivationsfaktor. Versäumen Sie es deshalb auch niemals, die Leistungen des einzelnen gebührend in der Öffentlichkeit anzuerkennen.

Suchen Sie das Gespräch mit Ihren Teammitgliedern nicht nur in institutionalisierter Runde eines wöchentlichen Meetings. Denn nur im persönlichen und direkten Gespräch werden Sie herausfinden, was Ihre Mitmenschen bewegt, wo ihre Neigungen, Entwicklungsmöglichkeiten, Fähigkeiten und Erfahrungen liegen. Fragen Sie aktiv nach, und versuchen Sie die Wünsche und Zielsetzungen des einzelnen hinsichtlich des Einsatzfeldes im Projekt zu berücksichtigen.

Ein weiterer Aspekt der Mitarbeitermotivation ist die Organisation von Strukturen und Prozessen in einer Agentur. Wir haben im Kapitel 1 „Grundlagen" bereits über empfehlenswerte Infrastrukturen, Methoden und Konventionen gesprochen. Eine Agentur, die keine Strukturen vorgibt, wird erreichen, daß die einzelnen Teams sich eigene Strukturen schaffen. Da diese untereinander – mit anderen Teams – in der Regel nicht kompatibel sind und die Entwicklung der eigenen Strukturen neben dem eigentlichen Kerngeschäft die Teams viel Kraft kostet, wirken fehlende oder unzureichende Strukturen häufig demotivierend. Die Teammitglieder sollten über Anreize bzw. Belohnungen dazu animiert werden, sich an die aufgestellten Regeln der Agentur-Gemeinschaft zu halten.

4.3 MODERATION

Der Projektmanager ist die zentrale Schnittstelle zwischen Team, Kunden und externen Dienstleistern. Benutzen Sie Ihre Position nicht dazu, sich in den Vordergrund zu spielen, das wird Ihnen bei allen Beteiligten nur Minuspunkte einbringen. Verstehen Sie Ihre Aufgabe als eine Art der Moderation, wie in einer Diskussionsrunde. Auch hier herrschen verschiedene Standpunkte vor, Personen oder Gruppen versuchen ihre Interessen durchzusetzen, und bei inhaltlichen Auseinandersetzungen neigen viele Menschen schnell zu übertriebenen Emotionen.

Vermitteln Sie, geben Sie auch den leisen Stimmen die Gelegenheit, ihren Standpunkt zu erläutern. Bringen Sie eine emotionalisierte Auseinandersetzung zurück auf den Boden der Sachlichkeit. Bringen Sie die Fachleute zusammen, und unterstützen Sie den Austausch von Knowhow. Ihre Aufgabe ist es, den „roten Faden" in der Diskussionsrunde nicht zu verlieren. Unterbrechen Sie, wenn die Gefahr besteht, daß einige wenige Personen sich in Details verlieren, die die Mehrheit nicht interessiert. Greifen Sie wichtige Stichpunkte auf, und ergänzen Sie die Diskussion um weitere. Fassen Sie am Ende die Ergebnisse zusammen, und verteilen Sie klare Aufgaben für die nächste Runde. Man wird Ihre Zurückhaltung und kompetente Diskussionsführung respektieren und auf Ihr Urteil Wert legen. Eine hervorragende Position, um das Projekt zu einem Erfolg zu führen!

4.4 DAS PROJEKTTEAM

Ein Team beschreibt der Duden als eine „Gruppe von Personen, die mit der Bewältigung einer gemeinsamen Aufgabe beschäftigt"[7] ist. Der wichtigste Begriff dieser Definition ist „gemeinsam". Ein Team, in dem die Beteiligten unterschiedliche Vorstellungen, Zielsetzungen und Arbeitsmethoden haben, ist kaum als solches zu bezeichnen. Das Team wird dann mehr Zeit mit sich selbst zubringen, als es auf die Bewältigung der anstehenden Aufgabe verwenden kann.

---

[7] *Duden, Band 5, Fremdwörterbuch, S. 769*

Ein Projektteam zeichnet sich gemeinhin durch seine interdisziplinäre Zusammensetzung aus. Im Team befinden sich Spezialisten aus ganz unterschiedlichen Fachrichtungen. Das ist zunächst einmal ein Faktor, der an sich weder gut noch schlecht ist. Hat jedoch das Team, das nur für dieses eine Projekt innerhalb einer begrenzten Zeitspanne zusammengestellt wurde, keine gemeinsame Vision, führen die unterschiedlichen Disziplinen und Charaktere der Teammitglieder leicht zu Spannungen.

„Projektleiter Müller im ersten Briefinggespräch mit dem Projektteam."

Die verschiedenen Erfahrungen des Teams können sehr wertvoll sein, wenn es darum geht, eine komplexe Aufgabenstellungen kreativ zu lösen. Ein kleines Team garantiert dabei große Flexibilität und motiviert zu einer hohen Innovationsbereitschaft mit individueller Verantwortung für Entscheidungen.

TEAM-BILDUNG   Prüfen Sie vor der Zusammenstellung des Teams, ob alle Beteiligten der Aufgabenstellung gewachsen sind. Dazu ist eine gute Vorbereitung nötig. Erstellen Sie ein genaues Anforderungsprofil für die einzelnen Teammitglieder. Notieren Sie die nötigen Kenntnisse und Fertigkeiten am besten in Zusammenarbeit mit einem für die jeweiligen Fachbereiche zuständigen Experten. Skizzieren Sie dann am Anfang eines „Bewerbungs- bzw. Auswahlgespräches" so umfassend wie nötig und so genau wie möglich die Anforderungen, das Umfeld und die Zielsetzung des Projektes sowie Ihre Erwartungen an den Bewerber.

Machen Sie sich ein umfassendes „Bild" von Ihrem Gegenüber. Dabei können Ihnen Referenzen helfen. Erkundigen Sie sich auch nach den persönlichen und beruflichen Zielen des Bewerbers. Versuchen Sie die Teamfähigkeit des Bewerbers herauszufinden. Hört er beispielsweise wirklich zu? Oder ist ihm nur an einer guten Selbstdarstellung gelegen? Läßt er keine Gelegenheit aus, seine Eignung sowie Kompetenz zur Sprache zu bringen? Paßt er ins Team? Beziehen Sie das Team in den Entscheidungsprozeß mit ein, und räumen Sie den Teammitgliedern ein Vetorecht ein.

Ein gutes Team besteht aus Partnern, die sich in ihrem Know-how und Erfahrungshintergrund ergänzen. Dabei ist eine gegenseitige Wertschätzung und Anerkennung die beste Ausgangsposition für ein ergebnisorientiertes und konstruktives Arbeiten. Ein Team, welches der gleichen Vision folgt, wird sich durch die Ergänzung der individuellen Erfahrungen sowie durch das persönliche Engagement seiner Mitglieder selbst am stärksten motivieren und das Projekt zu einem erfolgreichen Abschluß bringen.

TRANSPARENZ

Ist keine Transparenz im Projektgeschehen gegeben, nimmt die Produktivität und Motivation ab. Nehmen Sie das Projektteam immer in den Verteiler von wichtigen, projektrelevanten Informationen auf. Schaffen Sie einen regelmäßigen Austausch von Informationen zum Projektfortschritt in gemeinsamen turnusmäßigen Meetings.

Bereiten Sie die Hintergründe und Ursachen für bestimmte Entscheidungen so auf, daß sie für das Team nachvollziehbar und verständlich sind. Bringen Sie Probleme zur Sprache, und suchen Sie mit dem Team gemeinsam nach Lösungen bzw. Alternativen. Machen Sie dem Team

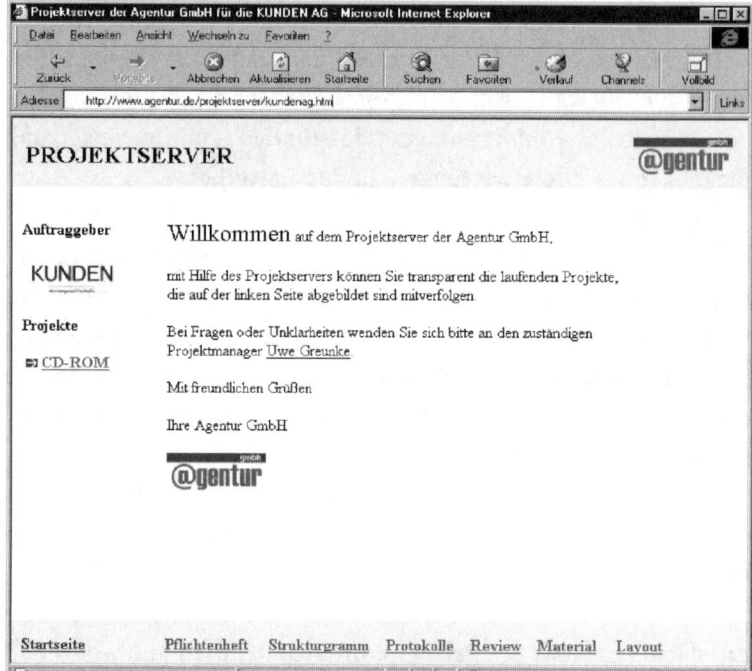

*Abbildung 20:
Startseite des
Projektservers*

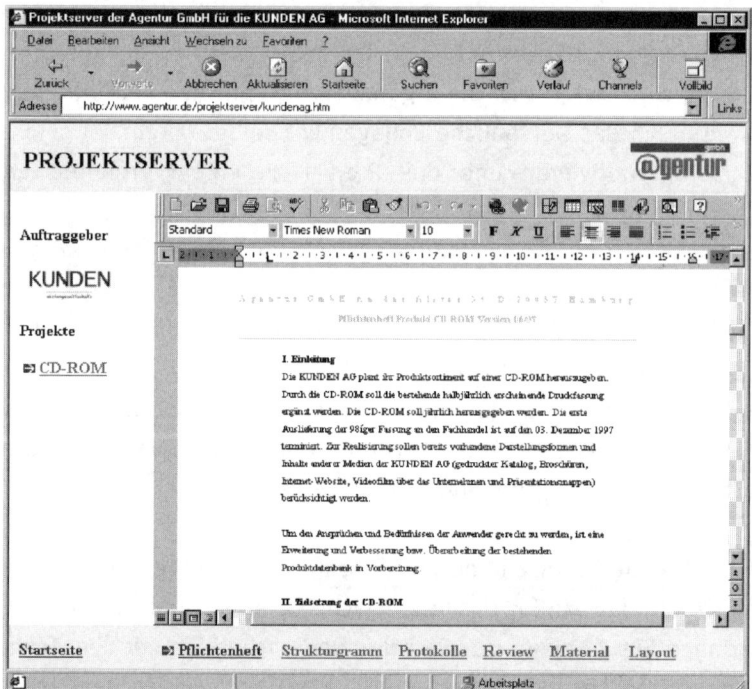

*Abbildung 21:
Darstellung eines
Plichtenheftes im
Projektserver*

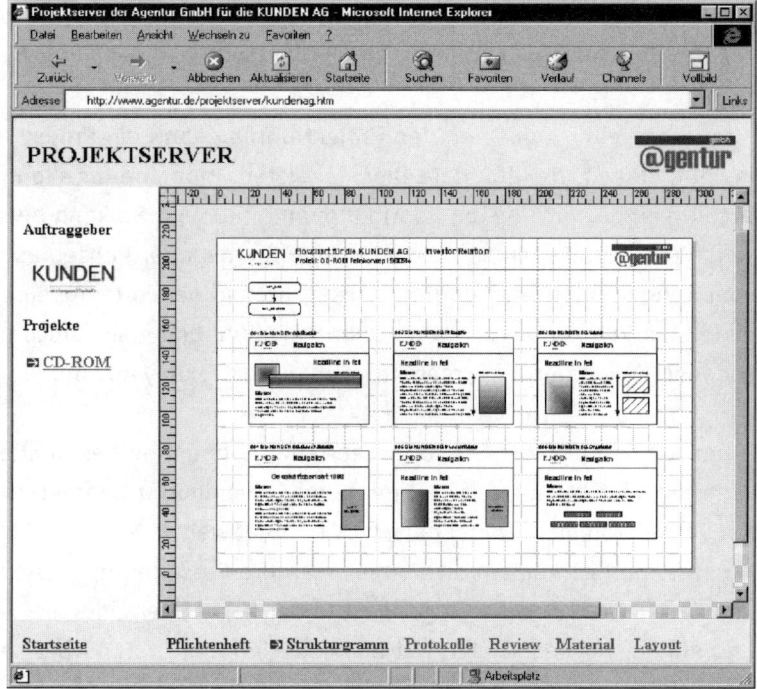

Abbildung 22:
Abruf eines Flowcharts
im Projektserver

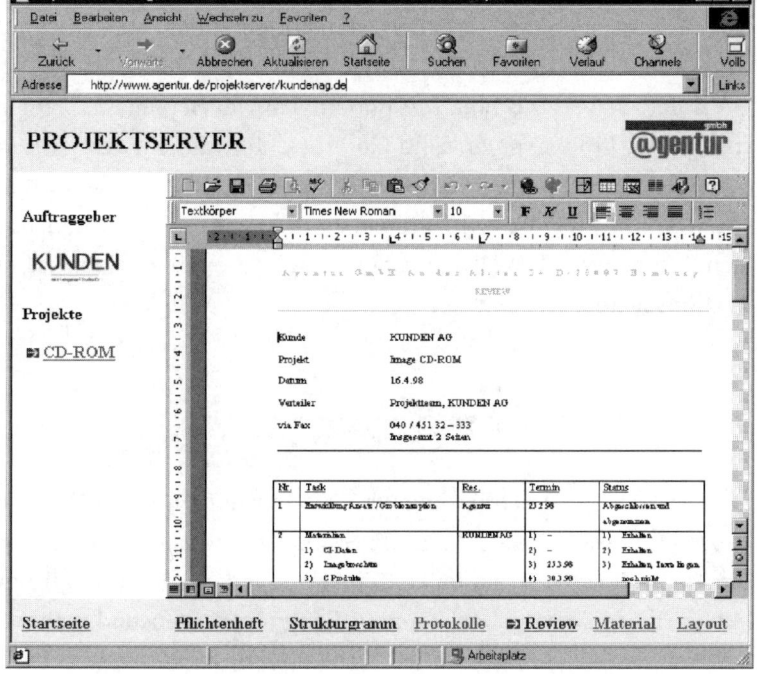

Abbildung 23:
Ansicht von einem
Review im
Projektserver

und einzelnen Teammitgliedern die direkten Auswirkungen ihrer Arbeit auf das Ergebnis und damit auf den Erfolg des Projektes deutlich.

Im Sinne einer transparenten Projektführung kann ein Projektserver, in Form eines Extranets, gute Dienste leisten. Hier sind für alle Projektbeteiligten die wichtigsten Informationen hinterlegt. So kann beispielsweise die aktuelle Version eines Pflichtenheftes oder Konzeptes direkt vom Kunden oder Team darüber abgerufen und der Fortgang eines Projektes gut verfolgt werden. Das Online-Medium bietet sich auch für die schnelle Abnahme von Screen-Entwürfen oder Textlayouts an.

Der Kunde kann die Entwürfe beurteilen, ohne eine bestimmte Software installieren zu müssen. Sein bereits installierter Internet-Browser genügt vollkommen. Dabei hat er via Internet weltweiten Zugriff auf die Layouts, und es können sich sogar mehrere Personen gleichzeitig die Entwürfe betrachten. Der Zugang ist in der Regel über ein User-Account und ein Paßwort geschützt. Der Microsoft Internet Explorer hat darüber hinaus den Vorteil, daß Word- oder Excel-Dokumente, wie beispielsweise Memos, Briefings, Reviews, Buglisten, Manntagekalkulationen etc., sich im „Original" im Browserfenster darstellen lassen.

Auf den Seiten 148 und 149 finden sich vier Screens aus einem beispielhaften Projektserver. Eine klare Struktur, die ein schnelles Auffinden der Informationen und Dokumente erlaubt, ist in jedem Falle anzustreben. Die Pflege dieses Projektservers sollte einfach und auch für technische bzw. HTML-Laien möglich sein. Gegebenenfalls ist ein Redaktionssystem einzusetzen.

4.5 MEETINGS

Die regelmäßige Durchführung von Meetings ist eine gute Methode, um Information schnell an eine große Gruppe von Personen weiterzugeben. Die Beurteilung der aktuellen Situation und der ursprünglichen Planungs- bzw. Zielvorgaben können durchgesprochen und weitere Maßnahmen und Aufgabenverantwortlichkeiten beschlossen werden.

Trotzdem haben Meetings einen schlechten Ruf. Sie werden oft als unproduktiv und Zeitverschwendung empfunden. Überzeugen Sie Ihr Team vom Gegenteil. Es ist wichtig, in einer gemeinsamen, kontinuierlichen Runde mit einer guten Vor- und Nachbereitung ein Projekt konstruktiv durchzusprechen.

„Jetzt fehlen nur noch zwei Teammitglieder zum wöchentlichen 14-Uhr-Meeting."

Sie sollten es sich zur Regel machen, nie ohne eine Agenda in ein Meeting zu gehen. Was soll besprochen werden, und was sind die erwünschten Ergebnisse bzw. Beschlüsse aus diesem Meeting? Insbesondere bei größeren Runden oder wenn Kunden im Meeting anwesend sind, gehört eine Agenda zu Ihren „Hausaufgaben".

Denken Sie bei der Durchführung des Meetings an Ihre „Moderatorfunktion". Man erwartet von Ihnen die Einleitung, Steuerung und Zusammenfassung am Schluß des Meetings. Sie haben das größte Interesse daran, alle Themen abzuhandeln und in möglichst kurzer Zeit zu einem konstruktiven Ergebnis zu bringen. Wenn Sie die Führung nicht übernehmen, wird dies eine andere Person tun. Abgesehen davon, daß Sie dann die Akzeptanz des Teams, Sie als Moderator anzuerkennen, leichtfertig aufs Spiel setzen, wird das Meeting aller Wahrscheinlichkeit nach weniger konstruktiv verlaufen. Bitte verstehen Sie mich nicht falsch: Es geht nicht darum, daß sich alle Teammitglieder „devot" zurückhalten und voller Begeisterung den Ausführungen des Projektmanagers lauschen. Erfahrungsgemäß droht aber ein Meeting aus dem Ruder zu laufen, wenn keine Person den „roten Faden" im Auge behält und zielgerichtet die konstruktive Besprechung der vorgesehenen Themen verfolgt. Dies ist die zentrale Aufgabe des Projektmanagers in einem Projekt-Meeting.

Um ein Meeting effizient zu gestalten, sollten auf jeden Fall folgende Kriterien beachtet werden:

- Keep it simple and short!
- Agenda – kurze Einleitung durch den Projektleiter
- Darlegung des Projektstadiums und der Ziele des heutigen Meetings
- Einzeldiskussionen vermeiden
  (Berufen Sie besser ein weiteres Meeting in neuer Besetzung ein, statt dieses Meeting in die Länge zu ziehen und die Hälfte der Anwesenden durch Details, die nur wenige Personen interessieren, zu langweilen.)
- Agenda nicht verlassen und lösungsorientierte sowie konstruktive Diskussion fördern
- Zusammenfassung der Ergebnisse des Meetings
- Aufgaben mit Zeitrahmen und Abgabetermin klar definieren und vergeben – keiner geht aus dem Meeting mit einer unklaren Aufgabe ohne Zeitlimit
- Nächste Schritte festlegen

Ebenso wie Sie sich eine Agenda zur Gewohnheit machen sollten, ist nach einem Meeting ein Protokoll bzw. Besprechungsbericht anzufertigen. Das Protokoll faßt die wichtigsten Ergebnisse des Meetings noch einmal schriftlich zusammen. Wie schon im Kapitel 3 „Realisation" im Abschnitt „Werkzeuge" erwähnt, sollten Sie sich gerade bei wichtigen gefällten Entscheidungen das Protokoll vom Kunden abzeichnen lassen.

4.6 Konfliktlösung

Es ist vielleicht bezeichnend, daß der letzte Aspekt des Kapitels „Kommunikation" den Konflikten und insbesondere deren Lösung gewidmet ist. Damit soll dieser Abschnitt allerdings ganz und gar nicht auf die hinteren Plätze verwiesen werden, sondern verdient ganz im Gegenteil ein besonderes Augenmerk. Im Zusammenhang mit Konflikten können wir im Prinzip von zwei Konstanten ausgehen:

1. Konflikte und deren Auswirkungen auf die Firmenkultur und die tägliche Arbeit werden in der Regel von allen Beteiligten unterschätzt.
2. Die Entstehung von Konflikten im schnellen und komplexen Projektgeschäft ist durchaus üblich, um nicht zu sagen an der Tagesordnung.

„Oftmals hilft ein ehrliches Feedback mehr als der ‚Flurfunk' über fünf Ecken."

Der Duden beschreibt einen Konflikt als „Zusammenstoß" oder als einen „Widerstreit der Motive". Wenn wir einmal das Bild eines Zusammenstoßes nehmen, drängt sich die Analogie zu einem Verkehrsunfall auf. Bei einem Verkehrsunfall ist häufig Unachtsamkeit, falsche Einschätzung der Verkehrssituation oder überhöhte Geschwindigkeit die Ursache des Unfalls. In der Regel steckt also keine Absicht dahinter. Für das Projektgeschäft trifft eher „ein Widerstreit der Motive" zu. Dieses kann natürlich auch, was wir nicht hoffen wollen, zu einem direkten und frontalen Zusammenstoß der „Kontrahenten" führen.

Wenn wir uns noch einmal die Aussagen aus Kapitel 1 in Erinnerung rufen, so liegt ein großer Vorteil von Projektteams in ihrer interdisziplinären Zusammensetzung. Durch die unterschiedlichen Arbeits- und Lebenserfahrungen können innovative und flexible Lösungen für Probleme im Team schnell erarbeitet werden. In dieser interdisziplinären Zusammenstellung von zumeist sehr engagierten und motivierten Spezialisten liegt aber zweifellos auch ein großes Konfliktpotential. Dem Erreichen eines gemeinsamen Zieles stehen oft, aus ganz unterschiedlichen Motiven, die Interessen der Einzelpersonen oder Abteilungen, aus denen die Projektmitarbeiter kommen, entgegen. Je nach Ausprägung dieser persönlichen oder betrieblichen Motive und der Kompromißbereitschaft der einzelnen kann dies zu mehr oder weniger heftigen Konflikten führen. Damit aus einem Widerstreit der Motive kein Zusammenstoß wird, sollte stets zwischen der persönlichen und sachlichen Ebene unterschieden werden. Achten Sie darauf, daß die Persönlichkeit des anderen nicht verletzt wird und der „Blick fürs Positive und Konstruktive" nicht verlorengeht.

Es gibt sicherlich kein Patentrezept gegen das Aufkeimen von Konflikten und deren Auswirkungen auf das Projektgeschäft. Sie als verantwortlicher Projektmanager können jedoch einige Punkte beherzigen, mit denen sich die Folgen von Konflikten eindämmen lassen oder mit denen Konflikte bereits im Vorfeld, bevor sie sich zu einer ernsthaften Gefährdung des Projektes ausweiten, aufzulösen sind.

Sie könnten Konflikte natürlich auch ignorieren und nach dem Motto: „Das legt sich schon wieder" aussitzen. Die Chance, daß der Konflikt wie ein schwerer Herbststurm vorüberzieht und sich im möglichst großen Abstand von Ihnen oder dem Projekt entlädt, ist jedoch nach meinen Erfahrungen eher gering. Wahrscheinlicher ist es dagegen, daß sich der Konflikt gleich einem Schwelbrand, dessen Ursache nach einiger Zeit kaum noch zu ermitteln ist, über das ganze Projekt hinweg ausbreitet. Darunter leiden ganz zwangsläufig die Produktivität, Kreativität und

Motivation der Teammitglieder und natürlich auch die Kundenzufriedenheit. Im günstigsten Fall scheitert nur das Projekt. Im schlimmsten Fall werden einige Mitarbeiter innerlich oder schriftlich kündigen und Ihr teuer gewonnener Kunde zur Konkurrenz wechseln. Es bleibt also zu hoffen, daß Sie die nachfolgenden Ratschläge noch rechtzeitig genug lesen und in Ihrem täglichen Projektgeschäft gewissenhaft anwenden werden, bevor es zu spät ist.

Die aufgeführten Tips und Möglichkeiten für eine Konfliktlösung bzw. -vermeidung sind nur als Anregung zu verstehen. Für ein genaues Studium der Lösung von Konflikten möchte ich, wie auch schon an anderer Stelle, auf die einschlägige Fachliteratur verweisen. Ich kann Ihnen aber versichern, daß Sie mit dem untenstehenden „Handwerkszeug" schon ein recht ordentliches Instrumentarium besitzen, um Konflikten erfolgreich im Vorfeld zu begegnen.

Häufig entstehen Konflikte aus dem Unvermögen, den Standpunkt und die Beweggründe des anderen zu akzeptieren bzw. zu respektieren oder sich einfach einmal in die Rolle des Gegenübers zu versetzen. Die Überbewertung der eigenen Anliegen und Wünsche führt oftmals zu Spannungen mit den Beteiligten. Gerade aufgrund der unterschiedlichen Qualitäten der einzelnen Teammitglieder ergeben sich mitunter Schwierigkeiten im gegenseitigen Verständnis und der Beurteilung der Leistung der anderen. Daß ein Grafiker erst nach vier statt den geplanten zwei Tagen eine gute Idee für das Projekt abliefert, ist vielleicht noch allen Beteiligten verständlich, da sich Kreativität bekanntlich nicht nach Plan einstellt. Daß ein Programmierer aber schon mal mehrere Stunden und Tage an einer Aufgabenstellung festsitzen kann, ist für jemanden, der keinen Einblick in die Problematik hat, kaum nachvollziehbar. Sie sollten als Projektmanager den Druck in solch einem Fall nicht noch zusätzlich erhöhen und dem Betroffenen Ihr Vertrauen erweisen. Bieten Sie Hilfe an, wenn es sich um Verständnisprobleme in der Aufgabenstellung oder Strukturprobleme handelt. Sie könnten auch gemeinsam mit dem Betroffenen die Hinzunahme von externen Spezialisten erwägen. Dabei ist das sicher schwierige Kunststück zu meistern, dem Betroffe-

*STANDPUNKT-
WECHSEL*

nen nicht die Kompetenz abzusprechen, sondern ihm zu helfen, „sein Gesicht zu wahren", wenn er fremde Hilfe „annehmen muß".

Versuchen Sie stets, sich vor der Beurteilung einer Situation oder eines Mitarbeiters in dessen Situation zu versetzen. Hätten Sie an seiner Stelle anders gehandelt, oder wie könnte man an seiner Stelle zum Wohl des Projektes handeln? Versuchen Sie durch einen Perspektivenwechsel Verständnis sowohl für Ihre Situation als auch für die Situation Ihres Konfliktpartners zu entwickeln.

DIE SACHE MIT DER MOTIVATION UND SELBSTVER- WIRKLICHUNG

Weiter oben sprachen wir über Motivation. Erinnern Sie sich? Ein Mensch arbeitet im allgemeinen motiviert an einer Aufgabe, wenn sich seine persönlichen Ziele mit den beruflichen bzw. Projektzielen in Übereinstimmung bringen lassen. In dem Spannungsumfeld von In Time, In Budget und In Quality hat der Projektmanager jedoch die Interessen einer ganzen Anzahl von Personen oder Gruppen zu berücksichtigen. Er darf den roten Faden nicht aus den Augen verlieren und muß häufig unter widrigen Bedingungen das Projektteam motivieren. Dabei muß manchmal die Zielsetzung des gesamten Projektes Vorrang vor den Wünschen des einzelnen haben. Wie in einer guten Demokratie muß der einzelne die Sachzwänge und Mehrheitsentscheidungen respektieren. Sie sollten dies sowohl für sich leben als auch dem Team zu Beginn eines Projektes klar und deutlich kommunizieren.

DER KUNDE, MEIN AUF- TRAGGEBER

Im Zuge der Teamfindung zu Beginn eines Projektes und den mitunter schwierigen Rahmenbedingungen bleibt manchmal der Kunde etwas „außen vor". Da sind dann einige Teammitglieder ganz überrascht, wenn der Kunde plötzlich Wünsche und Anforderungen an das Projekt stellt. Der Projektmanager nimmt in diesem Zusammenhang eine wichtige Schlüsselrolle ein und hat auch eine gewisse Filterfunktion zwischen Kunde und Projektteam. Er sollte den Blick für beide haben und zwischen ihnen vermitteln. Der Programmierer oder Grafiker, der „nur" die Welt der Agentur kennt, hat häufig kein Verständnis für die vielen, aus seiner Sicht unverständlichen, Sonderwünsche und Änderungen des Auftraggebers. Das führt mitunter zu kuriosen Szenen, wenn beispielsweise ein Teammitglied die Umsetzung der Wünsche des Kunden schlichtweg verweigert. Vermeiden Sie es unbedingt, gemeinsam mit dem Team ein Feindbild aufzubauen, das sich beispielsweise mit Ansichten und Äußerungen im Stile von „Der Kunde auf der anderen Seite will uns nur unter Druck setzen..." oder „Ich weiß auch nicht, was die dauernd rumnörgeln" äußert. Als Projektmanager sind Sie der „Anwalt des Kunden". Vergessen Sie nie, daß dieser für das Projekt bezahlt und eine service- und kundenorientierte Einstellung der Agentur erwarten kann.

Es gilt also, „die Fronten erst gar nicht aufzubauen", sondern gegenseitiges Verständnis und Vertrauen beim Kunden und im Team für den jeweils anderen zu etablieren. So bleibt Raum für eine gesunde, flexible Auftragsbearbeitung und die Möglichkeit, auf gleichberechtigter fairer Basis unrealistischen Vorstellungen und Wünschen Einhalt zu gebieten.

SINNVOLLES DELEGIEREN

Stellen Sie sich vor, Sie bekommen einen neuen Vorgesetzten. Als erstes veranlaßt er kurzerhand, daß die gewohnten Räumlichkeiten umgestaltet werden. Bei diesen Umräumarbeiten steht er meistens in der Mitte und gibt knappe Anweisungen, wer was in welche Ecke zu stellen hat. In den nachfolgenden Tagen „faßt er kaum etwas selber an", sondern delegiert alles an die ihm „Untergebenen", die er ihre weisungsbefohlene Position mitunter spüren läßt. Daß solch ein Verhalten des Vorgesetzten leicht zu Konflikten führt, haben Sie vielleicht schon selber erlebt.

Soll die gewohnte Umgebung der Mitarbeiter umgestaltet werden, so sind die Gründe dafür auf jeden Fall vorher den Betroffenen darzulegen. Bei den Umräumarbeiten wie auch bei der späteren Projektarbeit sollte der Vorgesetzte sich niemals zu schade sein, auch selbst die entsprechenden Tätigkeiten auszuführen. Er sollte seine Position nicht dazu benutzen, um den anderen ein Gefühl der Überlegenheit zu vermitteln. Ein guter Vorgesetzter ist eigentlich ein Coach, der die Teammitglieder unterstützt und ihren Fähigkeiten bzw. Erfahrungshintergründen entsprechend einsetzt und in ihrer Ausbildung fordert. Dabei ist die anstehende Arbeit im Hinblick auf einen optimalen Einsatz der Ressourcen mit den entsprechenden Qualifikationsprofilen sinnvoll zu delegieren.

FRÜHZEITIG AKTIV WERDEN

Wenn Sie Konflikte konstruktiv lösen wollen, müssen Sie aktiv etwas unternehmen. Je früher ein Konflikt erkannt wird, um so größer sind die Erfolgschancen der eingeleiteten Gestaltungs- und Steuerungsmaßnahmen zur Lösung des Konfliktes. Dem Projektleiter kommt in diesem Zusammenhang eine Moderatorfunktion zu. Die Voraussetzungen für die Konfliktlösung sind das rechtzeitige Erkennen, die richtige Analyse und eine sachliche sowie konstruktive Herangehensweise.

Einen Konflikt zu erkennen, setzt die Fähigkeit zum Zuhören und Beobachten voraus. Es gilt zwischen der schlechten Tagesform eines Projektmitgliedes und ernsthaften Konflikten innerhalb des Teams zu unterscheiden. Um ernsthafte Konflikte handelt es sich, wenn die folgenden Verhaltensweisen auftreten:

- aggressiver Kommunikationsstil, der die sachliche Ebene verläßt und die Persönlichkeit des anderen verletzt
- keine Kompromißbereitschaft oder Verständnis
- Desinteresse und fehlendes persönliches Engagement
- Ablehnung
- Frustration oder „innere Kündigung"
- Unkonstruktives Handeln

Eine Analyse basiert auf einem kritischen Hinterfragen der eigenen Position und des Standpunktes der beteiligten Personen – rücksichtslos und ehrlich. Dabei ist sachlich und differenziert vorzugehen.

ZUHÖREN LERNEN

Um einen Konflikt zu verstehen, sollten Sie aktiv dem anderen zuhören. Nur wer ein offenes Ohr für die Nöte der anderen hat und sich in deren Lage versetzen kann, wird eine Atmosphäre von Offenheit und Bereitschaft zur Lösung eines Konfliktes schaffen. Wiederholen Sie das Gesagte. So können Sie sichergehen, Ihr Gegenüber richtig verstanden zu haben. Ist Ihnen eine Argumentation oder ein Standpunkt nicht verständlich, so fragen Sie nach. Manchmal klären sich schon dadurch erste Mißverständnisse auf.

Menschen sind keine Maschinen. Zum Glück! Das bedeutet aber auch, daß Sie und das Team Geduld üben müssen. Ein fehlerhafter IC-Baustein, der eine Boolsche UND-Verknüpfung aus 1 und 0 zu einer 1 errechnet, kann vermutlich schnell korrigiert werden, so daß das korrekte Ergebnis 0 angezeigt wird. Im zwischenmenschlichen Miteinander ist die Situation jedoch etwas komplizierter. Haben sich schlechte Gewohnheiten in den Umgangsformen der einzelnen Teammitglieder untereinander oder in der gesamten Firmenkultur erst einmal etabliert, wird viel Geduld und Zeit benötigt, um dies wieder zu ändern. Nur wenn Sie und Ihre Kollegen positives Verhalten fördern und negatives Verhalten ächten, haben Sie eine realistische Chance auf ein dauerhaft positives Arbeitsklima.

GEDULD

Ein Schlichter kann immer gute Dienste leisten, wenn Sie selbst in einen Konflikt verwickelt sind oder sich eine Lösung des Konfliktes nicht zutrauen. Der Schlichter bringt gewöhnlich durch seine neutrale Stellung mehr Sachlichkeit in die erhitzte Diskussion und ist eher in der Lage, Kompromisse zu finden, als die am Konflikt Beteiligten. Eine klassische Konfliktsituation ist die Spannung zwischen Projektleiter/Team und dem Kunden. Hier ist in der Regel der Geschäftsführer der Agentur gefragt, als „Korrektiv" in die Situation einzugreifen und Verständnis auf beiden Seiten für die Position des anderen zu schaffen. Ein Schlichter sollte positives Verhalten und Kompromißbereitschaft fördern sowie negatives Verhalten durch eine Verweigerung der Anerkennung bestrafen. In der Abhandlung von Cary Cooper und Valerie Sutherland heißt es dazu: „Anfangs ist es wichtig, jedesmal, wenn das gewünschte Verhalten auftritt, mit einer Verstärkung (dieses positiven Verhaltens) zu reagieren."[8] Der Schlichter sollte also nicht nur versuchen, die konkrete Situation zu lösen, sondern auch analysieren, welches positive Verhalten der Kontrahenten in Zukunft Konflikte vermeiden hilft, und dieses positive Verhalten bei den Beteiligten verstärken.

DER SCHLICHTER

---

[8] *Cary Cooper/Valerie Sutherland, 30 Minuten für den Umgang mit schwierigen Kollegen, S. 12*

DAS RICHTIGE KOMMUNIKATIONSMEDIUM...

Ein gewisse Gefahr, „aus einer Mücke einen Elefanten zu machen", birgt mitunter die Korrespondenz per E-Mail. Durch die leichte und schnelle Antwortfunktion, die die Beteiligten davon abhält, „mal eine Nacht darüber zu schlafen", können sich die Antworten und Gegenantworten schnell hochschaukeln. Durch das Fehlen des direkten Gegenübers und das scheinbar nicht so verbindliche Medium E-Mail kommunizieren die Kontrahenten oft ungehemmter und aggressiver, als dies in einem direkten Gespräch, einem Telefonat oder per Brief bzw. Fax der Fall wäre. Auseinandersetzungen sollten deshalb im persönlichen Gespräch, gegebenenfalls in Anwesenheit eines Schlichters, ausgetragen werden und nicht via E-Mail.

LAST NOT LEAST

Konflikte beinhalten auch immer eine Chance. Häufig kann ein Kompromiß erreicht werden, bei dem die Interessen aller berücksichtigt sind. Dies bedeutet aber auch manchmal die Einigung auf den kleinsten gemeinsamen Nenner, bei dem persönliche Ziele und Forderungen mitunter zurückstehen müssen. Durch die intensive Auseinandersetzung mit einer Konfliktsituation, in der alle Beteiligten gezwungen sind, sich mit ihren Mitmenschen und deren Wünschen und Bedürfnissen zu arrangieren, bietet sich die Möglichkeit für Optimierungen und ein menschliches Zusammenwachsen des Teams. Nicht selten gehen Beziehungen gestärkt aus gemeinsam überwundenen Auseinandersetzungen hervor. Sie sollten stets bedenken, daß nur „Gewinner" produktive Leistungsträger sind, ohne die ein Projekt nicht oder nur unter großen Mühen durchführbar ist. Insbesondere im Projektgeschäft für Neue Medien, wo die Produktionszeiten und die Innovations- bzw. Technologiezyklen extrem kurz sind, geht ohne engagierte und hochmotivierte Projektmitarbeiter wenig.

Wenn sich die Teammitglieder als Partner verstehen, die sich in ihren Kenntnissen und Fähigkeiten gegenseitig ergänzen und sich persönlich achten und respektieren, ist der Entstehung von ernsthaften Konflikten dauerhaft der Nährboden entzogen. Dies zu erreichen sollte Ihr vorrangiges Ziel sein.

5 VERTIEFUNG

„Es stehen uns nur 24 Stunden pro Tag zur Verfügung,
diese gilt es zu managen."
Alec Mackenzie

5.1 DIE ZIELGRUPPE

Die Tatsache, daß ein Produkt für eine bestimmte Zielgruppe produziert wird, ist sicherlich allen Medienschaffenden klar, und daß der Kunde bzw. Konsument über den Erfolg oder Mißerfolg einer Produktion entscheidet, ist im Film- und TV-Bereich allen Beteiligten nur allzu bewußt. Eine TV-Sendung steht und fällt mit den Einschaltquoten. Die allmorgendliche Handlung vieler TV-Moderatoren ist deswegen auch die Lektüre der Einschaltquoten des letzten Tages.

Mit der Auswertung von Server-Logfiles einer Internet-Anwendung und der Einführung von mehr oder weniger anerkannten Standards für die quantitative und qualitative Nutzung eines Internet-Servers sind insbesondere für dieses Medium transparente Möglichkeiten gegeben, das Verhalten der Besucher einer Internet-Website zu untersuchen bzw. hinsichtlich der Akzeptanz durch die Zielgruppe zu bewerten.

„Feldforschung"

Trotzdem ist die Einbindung der Zielgruppe in die Konzeption, Produktion und Qualitätssicherung von interaktiven Medien immer noch die Ausnahme. Dabei ist dies nicht nur aus Akzeptanzgründen, sondern auch und gerade im Hinblick auf einen effektiven Einsatz der Ressourcen und damit einer Kostensenkung zweifelsohne von Bedeutung.

AKZEPTANZ   Ein Produkt steht und fällt mit der Akzeptanz durch die Zielgruppe. Nimmt diese das Produkt nicht an, war die ganze Arbeit des Projektteams vergebens. Bei der Entwicklung eines Mediums sind die allgemeinen Regeln der Kommunikation zu beachten, die selbstverständlich auch für ein interaktives Medium gelten.

Das allgemeine Kommunikationsmodell nach Shannon und Weaver[9] umfaßt vereinfacht einen Sender, ein Medium und einen Empfänger. Wird die vom Sender ausgesandte Botschaft, die über ein Medium (beispielsweise eine Internet-Website oder CD-ROM) übertragen wird, vom Empfänger nicht verstanden oder akzeptiert, ist die Kommunikation als gescheitert anzusehen. Das Scheitern bezieht sich hierbei nur auf die Übertragung der eigentlichen Botschaft, nicht auf die Kommunikation im allgemeinen. Denn nach Paul Watzlawick kann man nicht *nicht* kommunizieren. Die Bemühungen des Senders waren also umsonst. Dies liegt meistens weniger an dem Empfänger, vorausgesetzt natürlich, daß er willens ist zu kommunizieren, als an der Aufbereitung und Übertragung der eigentlichen Botschaft.

Die Botschaft muß für den Empfänger verständlich aufbereitet sein und ohne Übertragungsfehler übermittelt werden, damit dieser sie versteht und sich ein interaktiver Prozeß, d.h. mit Beteiligung und Rückmeldung des Empfängers, entwickeln kann. So wird es beispielsweise Monique aus Paris, die auf Besuch in Berlin ist und die Stadt natürlich nicht verlassen möchte, ohne das berühmte Brandenburger Tor zu sehen, ohne jegliche deutsche oder englische Sprachkenntnisse kaum gelingen, sich erfolgreich nach dem Weg zu erkundigen. Sprechen beide Kommunikationspartner nur rudimentär die gleiche Sprache, ist die Gefahr von Übertragungs- bzw. Verständnisfehlern relativ hoch.

---

[9] Vgl. H. Paschen, *Kommunikation*, S. 44

Nichts Neues, alles schon irgendwo mal gehört, werden Sie sagen. Was hat das Ganze mit Projektmanagement zu schaffen? Nun, Sie sind nicht nur für die Umsetzung eines Projektes In Time und In Budget zuständig, sondern auch für seine Qualität. Diese Qualität, sofern wir einmal von der technischen Seite absehen, kann nur gewährleistet werden, wenn die Produktion auf einer fundierten Analyse und Konzeption unter Berücksichtigung der anvisierten Zielgruppe basiert.

Ein Blick auf die meisten Internet-Websites wird Sie wahrscheinlich davon überzeugen, daß eine erfolgreiche Vermittlung der Botschaft selten gelungen ist. Viele Websites lassen eine deutliche Fokussierung vermissen. Die Akzeptanz der Zielgruppe bezüglich eines solchen Angebotes ist in der Regel gering, der Erfolg bleibt aus. Häufig wird einfach an den Bedürfnissen und Erwartungen der Zielgruppe vorbei „designed". Die kontinuierliche Integration der Konsumenten und des Kunden in die Phasen Konzeption, Entwicklung und Qualitätssicherung in Form eines kritischen Dialoges wäre für manche New-Media-Produkte überraschend wohltuend. Das bedeutet, daß beispielsweise Prototyp-Entwürfe und Programm- bzw. Ablaufstrukturen in einem frühen Entwicklungsstadium durch die Zielgruppe, den späteren potentiellen Benutzer des Mediums, überprüft werden und die daraus resultierenden kritischen Anmerkungen und Änderungs- bzw. Verbesserungsvorschläge in den weiteren Produktionsprozeß einfließen sollten.

In diesem Prozeß der kontinuierlichen und kritischen Bewertung können sich leidenschaftliche Überzeugung und Konzeptideen einzelner Projektbeteiligter als völlig unbrauchbar und revisionsbedürftig erweisen. Eine oftmals schmerzliche Einsicht, die das Fingerspitzengefühl eines umsichtigen Projektleiters erfordert.

Ressourcen und Kosten

Die Darlegung von Zielsetzung und Konzeptideen gegenüber der unvoreingenommenen Zielgruppe kann eine geradezu reinigende Wirkung haben. Ein Vielzahl von Features oder Design-Entwürfen werden nur deshalb, mit zum Teil großem personellen und zeitlichen Aufwand, forciert, weil einzelne Beteiligte aus Profilierungsaspekten oder aufgrund persönlicher Vorlieben auf diesen Elementen bestehen. Dem Anwender fallen diese jedoch in der Regel nicht auf, sie sind von nur geringer Bedeutung, behindern überdies die Navigation oder versperren dem Nutzer sogar die „Sicht" auf die wirklich wichtigen Features und Inhalte einer Anwendung.

Das ehrliche Urteil der Zielgruppe hilft Ihnen und Ihrem Unternehmen, Ressourcen sinnvoll einzusetzen und somit Kosten und Zeit zu sparen. So können Fehler im Anwendungs-Interface zu einem frühen Zeitpunkt lokalisiert und behoben werden, bevor sie im gesamten Programm integriert sind und tagelange, ressourcen- und nervenintensive Korrekturen erfordern. Werden Fehler oder Unzulänglichkeiten eines Programms von der Zielgruppe erst in der Testphase entdeckt, ist es oftmals für eine Korrektur zu spät. Aus Zeit- oder Kostengründen werden diese Fehler häufig nicht mehr behoben. Notgedrungen müssen dann alle Beteiligten einem Kompromiß wider besseren Wissens zähneknirschend zustimmen.

Die Entwicklung von innovativen, technologisch herausragenden Lösungen ist eine lobenswerte Zielsetzung der Entwicklungsabteilung. Für den Projektleiter kann dies jedoch eine potentielle Zeit- und Kostenfalle bedeuten. Nicht selten bereitet eine solch innovative Lösung plötzlich unvorhergesehene Probleme. Eine einfache Standardlösung befriedigt die Bedürfnisse des Anwenders möglicherweise ebenso und kann mit einem Bruchteil des ursprünglichen Aufwandes realisiert werden.

Natürlich sollen innovative Lösungen per se nicht verhindert werden. Doch die Technik und die Gestaltung haben immer den Inhalten zu dienen und nicht umgekehrt. Eine Produktion sollte auf die erfolgreiche Vermittlung einer Botschaft an den Empfänger fokussiert werden. Eine zufriedene Zielgruppe wird es Ihnen danken und so den Grundstein für eine erfolgreiche Produktion legen, die auch der Intention Ihres Auftraggebers entspricht.

Die „Meinung" der Zielgruppe spielt also eine zentrale Rolle. Ein „exemplarischer" Anwender sollte deshalb nicht nur einmal verlegen über die Schulter der Entwickler und Grafiker schauen dürfen. Die Bedürfnisse und Erwartungen der Zielgruppe sollten bei der gesamten Durchführung des Projektes neben der Zufriedenheit des Auftraggebers im Mittelpunkt der Bemühungen stehen. Kritische Einwände müssen Denkprozesse im Team auslösen. Die Zielgruppe muß das Produkt mit Freude und Leichtigkeit bedienen können und schnellen Zugang zu Informationen bekommen. Die eingesetzten Technologien und innovativen Lösungen sind dabei für die meisten Anwender zweitrangig. Für sie gilt ebenso wie für die gesamte Konzeption und Navigation: Keep it simple!

Nicht immer hat man die Zielgruppe „im Haus" und kann sie nach ihrer Meinung befragen. Hier kann eine fundierte Untersuchung der anvisierten Zielgruppe wertvolle Erkenntnisse liefern. Eine Vorgehensweise zur Zielgruppenanalyse ist das Account Planning, das bei großen Werbeagenturen auch unter dem Begriff „Strategische Planung" bekannt ist. Account Planning beinhaltet die qualitative und quantitative Untersuchung der Zielgruppe. Mittels verschiedener Methoden versucht man beispielsweise herauszufinden: Wie denkt die Zielgruppe? Welche Probleme, Nöte oder Sorgen hat sie? Welche Erwartungen verknüpft die Zielgruppe mit dem neuen Medium? Um diese Fragen beantworten zu können, werden Workshops veranstaltet, zu denen Personen aus der Zielgruppe rekrutiert werden. Diese Workshops werden in der Regel von

ACCOUNT PLANNING

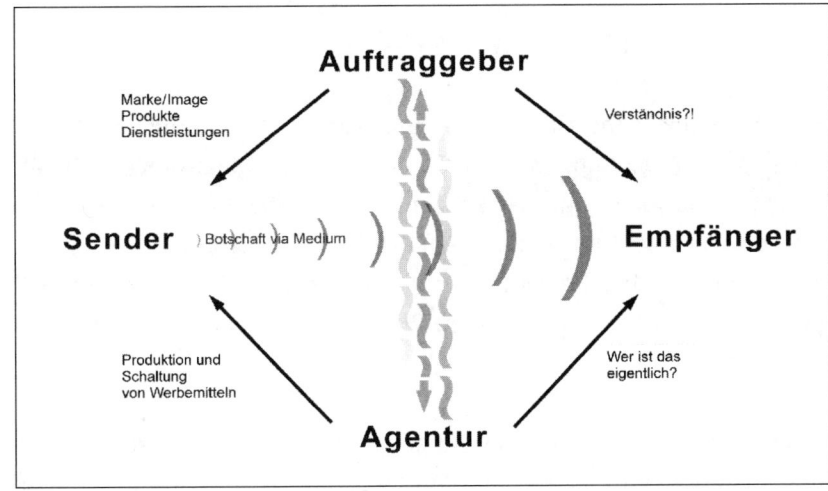

Abbildung 24: Abhängigkeiten

einem Psychologen moderiert und können Aussagen über die Markt-
positionierung, das Image einer Marke und die Erwartungen der Zielgruppe machen. Die Ergebnisse solcher Studien sind meistens sehr auf-
schlußreich. Auf der Basis dieser Erkenntnisse läßt sich in der Regel ein
interaktives Medium sehr effizient konzipieren und entwickeln. Die Aus-
sicht auf eine breite Akzeptanz bei der Zielgruppe und die Erzielung
eines nachhaltigen Erfolges dürfte sich so deutlich verbessern.

Das Schaubild (Abbildung 24, Seite 165) verdeutlicht die Abhängigkeiten zwischen Sender, Empfänger, Auftraggeber und Agentur. Es ist
immer wieder zu beobachten, daß am Beginn einer Produktion die Zielgruppe noch berücksichtigt wird – zumindest im Briefing. Im Laufe der
Produktion wird durch den mitunter sehr aufwendigen Abstimmungs-
prozeß zwischen Auftraggeber und Agentur der Empfänger der Botschaft immer mehr vernachlässigt. Dabei ist die Art der Produktion oder
des Mediums, das als Sender fungiert, zunächst einmal unwichtig. Auch
ein Mitarbeiter Ihrer Agentur, der den Kunden besucht, ist ein Sender
von Botschaften.

Beachten Sie also stets die Erwartungen, Anforderungen und Bedürfnisse der Zielgruppe. Dies bietet Ihnen die beste Garantie für einen
nachhaltigen Erfolg.

5.2 KONZEPTION

Die Konzeption gehört zwar nicht zum eigentlichen Kerngeschäft des
Projektmanagers. Aufgrund der oftmals knappen Ressourcen für die
Projektentwicklung ist dessen konzeptionelle Einbindung aber durchaus
nicht unüblich. Im Prozeß der Ideenfindung und Entwicklung eines Konzeptes obliegt dem Projektmanager die Aufgabe, den „roten Faden"
nicht aus den Augen zu verlieren. Weiterhin ist er der Moderator und
Katalysator in dieser Phase.

Nachdem die klar umrissene Aufgabenstellung, die Zielsetzung (von
Kunde und Agentur), eine Analyse der Ist-Situation und des Soll-Zustan-

„Auf die richtige Mischung kommt es an."

des sowie die Definition der Zielgruppe vorliegen, kann mit der Entwicklung der Konzeption begonnen werden.

Die Konzeption ist laut Duden ein geistiger, künstlerischer Einfall. Der Entwurf eines Werkes mit einer klar umrissenen Grundvorstellung. Dabei kann das Konzept als gedanklicher Entwurf, Scribble oder Screenlayout vorliegen. Eine Unterteilung in Grob- und Feinkonzeption kann bei komplexen Projekten durchaus Sinn machen.   **DEFINITION**

   Fragen Sie bei Ihrem Auftraggeber nach, was bisher unternommen wurde, um die Zielsetzung zu erreichen bzw. über welches Medium bisher mit der Zielgruppe kommuniziert wurde. Möglicherweise hat sich Ihr Auftraggeber schon einmal sehr ausführlich der Thematik gewidmet und mit einem großen Aufwand die bisherige Version der Internet-Website oder einen Prototyp erstellt. Welche Themen, Symbole, Bilder und Formulierungen sollten aus Sicht Ihres Kunden vermieden werden? Wenn Sie diese Dinge vorab klären, sparen Sie sich viel Zeit und unnötige Arbeit. Hüten Sie sich davor, nach der Devise vorzugehen: „Was wir bis jetzt gesehen haben, ist alles Schrott. Das machen wir mal alles ganz anders." In den alten Entwürfen und Ergebnissen steckt oft viel Mühe und Arbeit von Ihrem Auftraggeber, auch wenn ihm möglicherweise klar ist, daß der momentane Status überarbeitet werden muß. Wenn Sie trotzdem der Meinung sind, daß alles grundlegend geändert werden müßte, prüfen Sie zumindest die Möglichkeit, dies in kleinen Schritten zu tun.

Haben Sie weiterhin alle Umgebungsfaktoren erfragt und berücksichtigt? Dazu gehören:

- Corporate Identity
- Derzeitige und geplante Marketing-Aktivitäten sowie Kampagnen
- Brand Awareness
- Brand Loyalty
- Image des Auftraggebers
- Einsatzort des Mediums
- Interne Kommunikationsprozesse im Unternehmens insbesondere für Layout- und Konzeptabnahmen

Bei komplexen Projekten kann es durchaus der Fall sein, daß zunächst nur die Konzeption beauftragt wird. Über die Realisation wird dann nach Vorlage des Abschlußberichtes der Konzeptionsphase entschieden. Einer der Gründe sind sicherlich die Kosten. Bei komplexen Aufgabenstellungen kann die Agentur unmöglich eine exakte Kosteneinschätzung für die Realisierung abgeben, bevor nicht eine Konzeption erarbeitet wurde. Die Teilung eines Auftrages in Konzeption und Realisierung ist also im Interesse beider „Parteien".

GROB-KONZEPTION Im ersten Schritt wird die Grobkonzeption oder der Ansatz für das zu produzierende Medium entwickelt. Dabei sollten in verschiedenen Meetings folgende Punkte erarbeitet werden:

- Recherche des thematischen Umfeldes
- Analyse von Mitbewerberprodukten bzw. Medien-Präsenz
- Materialien sichten bzw. beurteilen
- Hauptinhalte
- Gliederung der Inhalte
- Aufbereitung der Inhalte

- Was ist unsere Kernaussage?
- Mögliche Umsetzungen der Kernaussage
- Entwicklung der Kernidee
- Gestalterischer Einsatz von Medien (Bilder, Video, Audio, Text)
- Technische Machbarkeit des Grobkonzeptes prüfen
- Scribbles oder Moodboards für das Screenlayout entwerfen
- Navigationskonzept

Bei der Erarbeitung ist immer wieder darauf zu achten, daß die knappe Zeit nicht für Detailfragen, die in der späteren Produktion erfahrungsgemäß wieder verändert werden, verschwendet wird. Konzentrieren Sie sich auf das Wesentliche! Wenn sich die Abstimmung bzw. die Entwicklung einer grafischen Richtung als schwierig erweist, können sogenannte Moodboards hilfreich sein. Hier wird zunächst nur versucht, die grundsätzliche Stimmung abzubilden. Hieraus können dann einzelne Elemente oder Anmutungen für das Design übernommen werden. Der Vorteil liegt in der Möglichkeit, die Aussage zu konkretisieren, ohne daß man von Medien- oder Navigationsaspekten abgelenkt wird.

Ist die Kernaussage formuliert und ein grafischer Ansatz gefunden, sollte dies zusammen mit einem Gliederungsvorschlag für die Inhalte dem Kunden präsentiert werden. Dies geschieht in der Regel in Form eines Workbooks, eines farbigen Ausdrucks in DIN-A3-Format mit Screenshots und Flowchart sowie der Zielsetzung. Die gebundenen Workbooks lassen sich sehr gut als Arbeitsgrundlage bei der Diskussion der Entwürfe verwenden.

Die Idee wird meist einem Gremium vorgestellt, dem auch Personen angehören können, die bisher wenig in die Planung involviert waren. Zeigen Sie daher anhand der Entwürfe zumindest einen Pfad in der späteren Anwendung. Nehmen Sie sich vor der Präsentation einige Stunden Zeit oder gehen Sie besser die Grobkonzeption am Vortag der Präsentation noch einmal komplett durch. Was war Ihre Ausgangssituation? Machen Sie den Weg von der Ausgangslage bis zur Grobkonzeption Ihrem Kunden verständlich. Wenn er den Weg versteht, kann er auch Ihrem Lösungsansatz folgen.

Versetzen Sie sich in die Lage eines Kritikers und sammeln Sie Antworten und Argumente für Ihren Vorschlag. Eine gute Vorbereitung ist alles. Vergessen Sie dabei nicht, daß Sie sich, im Gegensatz zu Ihrem Auditorium, die letzten Tage und Wochen sehr intensiv mit der Thematik auseinandergesetzt haben und auch etwas „Herzblut" von Ihnen in der Konzeption steckt. Bleiben Sie sachlich, und hören Sie sich die möglicherweise berechtigten Einwände an. Überprüfen Sie anhand der konstruktiven Anmerkungen Ihren Konzeptansatz.

FEIN-KONZEPTION Nachdem der Ansatz hoffentlich die Zustimmung Ihres Kunden gefunden hat, geht es an die Korrektur und die Weiterentwicklung des Grobkonzeptes. Dabei stehen insbesondere der Entwicklung der Navigation und die Ausgestaltung von komplexen Pfaden im Vordergrund. In Ihrem eigenen Interesse sollten Sie die Entwürfe und besonders die Navigation mit Probanden aus der definierten Zielgruppe überprüfen, bevor die kompletten Inhalte in der gesamten Tiefe für alle Bereiche umgesetzt werden.

Das Layout der einzelnen Bereiche und der Aufbau der Screens sollten möglichst anhand eines gezeichneten Storyboards durchgearbeitet werden. Das spart Zeit. Die Unstimmigkeiten im Konzept werden dabei ebenso deutlich wie bei den mit wesentlich höherem Aufwand am Computer gestalteten Screens. Wenn Sie keinen guten „Handzeichner" im Team haben, kaufen Sie ihn ein. Die Mehrkosten werden sich durch die schnellere Abstimmung und Korrekturmöglichkeit mit dem Kunden wie auch der Zielgruppe rasch amortisieren. Weiterhin erhält der ausführende Screen-Designer somit eine genaue Vorlage, wodurch die späteren Umsetzung am Computer beschleunigt wird.

Bevor Sie dann an die Realisierung der gesamten Strecke gehen, lassen Sie sich die grundlegenden Screens und das Storyboard vom Kunden abnehmen. Nach Abschluß der Konzeption werden die gestaltenden Screens an die Programmierung gegeben. Gegebenenfalls erhält der Kunde eine Dokumentation der Konzeption und Grafik. Sie sollten auf jeden Fall diese beiden Aspekte für die interne Weiterentwicklung und Umsetzung dokumentieren.

5.3 Zeitmanagement

„Zeit ist das knappste Kapital; wenn man sie nicht managen kann,
kann man überhaupt nichts managen."

P. Drucker

Während meines Studiums stieß ich eher durch Zufall auf das Buch „Die Zeitfalle" von Alec Mackenzie. Ich war so begeistert von den Ausführungen, daß ich sofort beschloß, diese in meine tägliche Arbeit zu integrieren. Ich beließ es nicht nur bei meinen eigenen Bemühungen, sondern empfahl die Anwendung von Methoden des Zeitmanagements mit missionarischem Eifer auch meinen Kommilitonen. Ein Kommilitone lag mir dabei besonders am Herzen. Er hatte ständig so viele Sachen „auf dem Zettel", daß er bald nicht mehr ein noch aus wußte. Ich faßte die wichtigsten Erkenntnisse aus der „Zeitfalle" zusammen und überreichte sie ihm in der Hoffnung, eine gute Tat vollbracht zu haben. Nach einiger Zeit sprach ich ihn an, ob sich aufgrund der Tips zum Zeitmanagement schon die ersten Verbesserungen eingestellt hätten. Er versicherte mir, daß er sich wirklich über die Zusammenfassung gefreut hätte und das Thema sehr spannend fände. Allerdings fehle ihm die Zeit, die Zusammenfassung durchzulesen ...

Nun, ich hoffe, daß Sie für den folgenden Abschnitt etwas Zeit mitbringen. Natürlich reißen die Ausführungen dieses interessante Thema nur kurz an, zum genaueren Studium verweise ich in diesem Zusammenhang auf die Literatur. Dennoch möchte ich es nicht versäumen, Ihnen einige wichtige Tips mit auf den Weg zu geben, die Ihnen helfen, Ihren Tag besser zu nutzen. Mehr als 24 Stunden haben Sie nicht zur Verfügung, um Ihre Aufgaben zu erledigen, und diese gilt es, effizient zu managen.

Sie werden mir sicher recht geben, wenn ich behaupte, daß einer der wichtigsten Produktionsfaktoren die Zeit ist. Die alltägliche Erfahrung lehrt uns immer wieder, daß genügend Zeit nie vorhanden ist. „Ich weiß überhaupt nicht, wo mir der Kopf steht, ich habe noch so viel auf dem Zettel..." oder: „Ich habe heute absolut keine Zeit...", hören Sie wahrscheinlich auch täglich von Ihren gestreßten Kollegen. Viele versuchen deshalb in Marathon-Arbeitstagen der Aufgaben Herr zu werden. Man beginnt früh und nimmt sich noch Arbeit mit nach Hause. Die Fülle der Aufgaben, die täglich wieder auf einen warten oder sich auftürmen, führt leicht zur Lähmung und Behinderung der eigenen Leistungsfähigkeit. Deshalb ist ein effizientes Management der Zeit von eminenter Bedeutung. Dies gilt natürlich auch für den schnellebigen Bereich New Media, da hier die Eckwerte Budget, Zeit und Ressourcen stets knapp bemessen sind. Man spricht auch gern von der Relation, daß ein „Internetjahr" drei „Realjahren" entspricht, was einerseits mit der sicherlich sehr jungen Branche, aber andererseits auch mit den extrem kurzen Innovationszyklen zu tun hat. Galt 1994 einfaches HTML noch als Expertenwissen, hat sich dies mittlerweile zur Allgemeinbildung entwickelt, die einen in mannigfacher Vielfalt auf den privaten Homepages bei AOL von „Hinz und Kunz" begegnet.

PRIORITÄTEN VERGEBEN UND TÄGLICH ToDo-Liste AUFSTELLEN

Wer kennt das nicht: Das Telefon klingelt, ein Teammitglied steckt den Kopf durch die Tür und informiert Sie kurz über ein Problem in der Produktion, ein Signal ertönt und kündigt den Erhalt einer neuen E-Mail an, dabei steht schon der nächste Gesprächstermin an, und in Ihrem Eingangskorb sticht Ihnen ein interessanter Artikel aus einem Fachmagazin ins Auge. So begegnen uns am Tage eine ganze Reihe von angenehmen und unangenehmen Unterbrechungen. Da erscheint dann oft die Sache, mit der man sich gerade beschäftigt, als nicht mehr so wichtig.

Versuchen Sie sich jeweils nur mit einer Aufgabe zu beschäftigen und diese abzuschließen, bevor Sie mit einer neuen Aufgabe beginnen.[10] Legen Sie Ihre zu erledigenden Aufgaben täglich schriftlich nieder. Dies kann ein einfacher handschriftlicher Zettel sein oder entsprechende Einträge in Ihrem persönlichen Timer. Zum Teil werden auch vernetzte Kalendersysteme in Firmen eingesetzt. Das hat den Vorteil, daß auch Ihre Kollegen Einblick in Ihre Auslastung und Tätigkeiten haben. Der elektronische Kalender kann Sie natürlich auch automatisch über wichtige anstehende Termine informieren. Übergreifende Termine und Meetings können auf diese Weise ebenso leichter koordiniert werden.

---

[10] *Vgl. A. Mackenzie, Die Zeitfalle, S. 263 ff.*

Vergeben Sie Prioritäten für die einzelnen Aufgaben, und arbeiten Sie diese dann nach der Rangfolge der Prioritäten ab. Wenn Sie für eine Aufgabe den ganzen Tag benötigen, ist dies unerheblich, solange es sich um die wichtigste Aufgabe handelt. Sie werden diese erste Aufgabe wahrscheinlich auch nicht mit einem anderen System schneller erledigen können. Ohne konsequentes Vorgehen wird es Ihnen vermutlich überhaupt nicht gelingen, die wichtigste Aufgabe zu erledigen. Erst nach Abschluß der Aufgabe mit der höchsten Priorität widmen Sie sich den weiteren Aufgaben. Sie sollten die Vergabe der Prioritäten noch einmal prüfen und dann mit der Erledigung der Aufgabe mit der Priorität zwei beginnen.

Bei der Erledigung einer Aufgabe, die einen längeren Zeitraum in Anspruch nimmt, sollten Sie kurze Pausen von 5 – 10 Minuten vorsehen, um Ermüdungserscheinungen und Zeitverschwendung vorzubeugen. Wenn Sie das Gefühl haben, sich an einem Problem festgebissen zu haben und nicht weiterzukommen, gönnen Sie sich eine kurze Verschnaufpause. Das erleichtert es Ihnen, noch einmal von neuem an die Sache heranzugehen und alternative Lösungswege zu prüfen.

RICHTIG INFORMIEREN

Die technische Entwicklung in der New-Media-Branche erfolgt in einem rasanten Tempo. Sie sollten deshalb nach einem effizienten System vorgehen, um bei einem beschränkten Einsatz dennoch einen ausreichenden Überblick über die laufende Entwicklung zu behalten. In größeren Agenturen gibt es spezielle Redakteure, die relevante Informationen über die Branche, Technologien und betreute Kunden zusammenstellen. Dies erspart die Lektüre mehrerer Zeitungen und Informationsquellen. Diese internen Informationsdienste werden zum Teil auch den eigenen Kunden angeboten.

Aber auch ohne diese Redakteure gibt es einige Möglichkeiten, sich ohne viel Aufwand auf dem laufenden zu halten. Mittlerweile gibt es unzählige Fachzeitschriften, Informationsdienste und Studien zum Thema New Media, deren umfassende Lektüre allerdings zu aufwendig wäre. Eine effektive Methode ist das E-Mail-Abonnement von Newstikkern bzw. das Studium entsprechender Internet-Angebote. Fast alle Verlagshäuser und Publikationen bieten inzwischen solche Informationsdienste an, die komfortabel auf elektronische Weise distribuiert werden. Die mediale Aufbereitung ist dabei, im Gegensatz zu den Anfängen des Internets (seitenlange Textwüsten), vorbildlich geworden. Nach meinen Erfahrungen ist der Besuch von mindestens einer möglichst international ausgerichteten Messe oder eines Kongresses pro Jahr, beispielsweise die Milia in Cannes, ebenfalls geeignet, sich innerhalb eines begrenzten Zeitraums ein fundiertes Bild über internationale Entwicklungen und Trends zu verschaffen.

ERGEBNISSE STATT AKTIVITÄT   Ein effektives Zeitmanagement hat viel mit der eigenen Einstellung zu tun. Der Projektmanager ist Vorbild für das Team. Eine der Grundregeln ist, ein Ergebnis zu erzielen, statt bloße Aktivität zu entfachen. Es fällt jedem leicht, sich über 8 oder 10 Stunden hinweg mit etwas „zu beschäftigen". Sehr viel schwieriger ist es aber, am Ende eines Arbeitstages definitive Ergebnisse vorzuweisen, die einen selbst und natürlich das Team bzw. den Kunden zufriedenstellen und das Projekt weiterbringen. Die Erfüllung einer Aufgabe wird nicht am Grad der Aktivität gemessen, sondern einzig und allein am Ergebnis. Lassen Sie doch einmal Ihren Arbeitstag oder Ihre Arbeitswoche Revue passieren. Was ist an konkreten Ergebnissen erreicht worden? Welche Tätigkeiten dienten direkt der Zielerreichung und sind als akzeptables Ergebnis erkennbar? Welche Tätigkeiten haben zu keinem direkten oder indirekten Ergebnis geführt und waren damit bloße Aktivität? Fokussieren Sie Ihre tägliche Arbeit auf reelle Ergebnisse statt auf blanke Aktivität.

Ein Ergebnis kann nur dann beurteilt werden, wenn eine Zielvorgabe besteht. Ist dies nicht der Fall, ist einer „kreativen" Neuformulierung des Erreichten durch mannigfaltige Aktivitäten „Tür und Tor" geöffnet. Machen Sie es sich zur Gewohnheit, vor Aufnahme einer Tätigkeit (eines Projektes) die Ziele klar zu definieren (siehe auch Kapitel 2 „Planung").

Schon der Volksmund kennt eine alte Maxime des Zeitmanagements: **MAÑANA**
„Was du heute kannst besorgen, das verschiebe nicht auf Morgen."
Einer der größten Zeitfeinde ist die Unentschlossenheit. Jemand, der
keine Fehler begeht, kann auch nichts wirklich Wertvolles leisten. Diese
Erkenntnis findet sich schriftlich fixiert selbst in einigen Agenturkultu-
ren wieder. Selbst falsche, aber zu einem frühen Zeitpunkt getroffene
Entscheidungen können leichter wieder revidiert werden als eine zu
spät getroffene falsche Entscheidung. Selbstredend sollten Sie zu keiner übereilten Hast neigen.

Lassen Sie deshalb die Dinge nicht länger als nötig im „Eingangskorb" liegen. Insbesondere wichtige Aufgaben sollten Sie umgehend
erledigen und nicht auf morgen verschieben. Gehen Sie wichtige Aufgaben gleich zu Beginn des Arbeitstages an, wenn Ihre Leistungsfähigkeit
und Konzentration am höchsten ist.

In Ihrer täglichen Praxis werden Sie auch schon festgestellt haben, daß **ERHÖHUNG**
Sie in einer Umgebung mit wenig Unterbrechungen effektiver arbeiten **DER EIGENEN**
können. Wenn Sie durch Telefon, Briefe, E-Mail, Kollegen, Umgebungs- **PRODUK-**
lärm etc. abgelenkt werden, fällt Ihre Produktivität automatisch ab. **TIVITÄT**
Nach einer Unterbrechung vergeht immer einige Zeit, um die Arbeit wieder an dem gleichen Punkt aufzunehmen, an dem sie unterbrochen
wurde. Da diese Zeit der Rekonstruktion nicht im Sinne eines Ergebnis-
ses produktiv ist, sinkt dadurch zwangsläufig der Grad der Produktivität.

Haben Sie also wichtige Dinge zu erledigen, versuchen Sie die Zahl
der potentiellen Ablenkungen zu minimieren. Allerdings sollten Sie als
Projektmanager berücksichtigen, daß Sie voraussichtlich sehr selten in
der Kernarbeitszeit mehrere Stunden lang ungestört arbeiten können.
Sie haben eine wichtige Koordinationsaufgabe für Team und Kunden zu
erfüllen und sollten deshalb in der Kernarbeitszeit auch ansprechbar
sein. Haben Sie wichtige Aufgaben zu erledigen, die Ihre volle Konzentration erfordern, sollten Sie dies außerhalb der Kernarbeitszeit tun
oder sich in einen gesonderten Raum zurückziehen, Ihr Telefon umstel-

len und ein „Do not disturb – except of emergency!"-Schild aufhängen. Wenn dies im vertretbaren Rahmen bleibt, wird Ihr Kunde bzw. das Team dafür sicherlich Verständnis haben.

Bei Ihrem Team sieht dies aber schon anders aus. Die Aufgaben eines Programmierers liegen weniger im kommunikativen Bereich, sondern vielmehr in der Entwicklung. Hierzu benötigt er seine volle Konzentration. So kann das Zusammensetzen von Entwicklern und „stetig (via Telefon) kommunizierenden" Projektleitern nicht unbedingt für die Produktivität förderlich sein. Zwar hängt dies auch immer von den jeweiligen Persönlichkeiten ab. Trotzdem sollte Ihnen die Schaffung einer möglichst „ablenkungsfreien" Arbeitsatmosphäre am Herzen liegen.

KONZEN-
TRATION AUF
DAS
WESENTLICHE

Bei der Vielzahl von Tätigkeiten, die im Laufe des Tages anfallen und sich in den Jahren Ihres Berufslebens summiert haben, fällt manchmal die Trennung zwischen wichtigen und zweitrangigen Aufgaben im Tagesgeschäft schwer. Ist es allen Ernstes so wichtig, die Adressenliste der freien Mitarbeiter selbst anzulegen und bis zur Perfektion auszufeilen? Befreien Sie sich von Aufgaben, die nicht zu Ihrem Kerngeschäft gehören, und das heißt nun einmal, ein Projekt In Time, In Budget und In Quality zu managen. Konzentrieren Sie sich mit Ihrer vollen Energie auf die Erledigung der Aufgaben mit der höchsten Priorität.

Verlieren Sie sich vor allem in frühen Projektphasen nicht zu sehr im Detail, da erfahrungsgemäß Einzelheiten im späteren Projektverlauf oftmals wieder geändert werden. Behalten Sie die wesentliche Zielsetzung eines Projektes und die daraus resultierenden Aufgaben stets im Auge.

PÜNKTLICH-
KEIT

Ein brisanter Zeitfaktor ist die mitunter sehr lapidare Handhabung der Pünktlichkeit. Vorzugsweise bei Meetings ist auf einen pünktlichen Beginn zur vereinbarten Uhrzeit zu achten. Die verschwendete Zeit, die durch das Warten auf verspätete Teilnehmer entsteht, addiert sich mit der Anzahl der bereits anwesenden Teilnehmer zu einem erheblichen

Zeitkontingent. Dies ist außerdem ein erheblicher Kostenfaktor und führt zu demotivierendem „Meetingfrust" bei den pünktlichen Teilnehmern.

Achten Sie weiterhin darauf, daß zu den geschäftlichen Kernzeiten (10 – 17 Uhr) alle relevanten Teammitglieder in der Agentur anwesend oder zumindest telefonisch erreichbar sind. Ansonsten können notwendige Abstimmungen und Anpassungen nicht kurzfristig durchgeführt werden, worunter in der Regel mittelfristig die Kundenzufriedenheit und die Qualität eines Produktes leiden.

Versuchen Sie weder alles selbst zu machen noch alles zu delegieren. **DELEGIEREN** Die Wahrheit liegt – wie so oft – irgendwo in der Mitte. Nebensächliche **VON** und Routinetätigkeiten sind prädestiniert dafür, delegiert zu werden. **AUFGABEN** Dennoch sollten Sie beispielsweise nicht jedes Fax, nur weil es sich um eine Routinearbeit handelt, an andere delegieren. Ist der Empfang oder die Assistenz mit wichtigeren Dingen beschäftigt, können Sie das auch ruhig hin und wieder einmal selbst erledigen. Unter anderem hilft es Ihnen, den Blick für die alltäglichen Dinge und die möglicherweise damit verbundenen Schwierigkeiten zu behalten. Die Zielsetzung der Delegation von Aufgaben ist, über mehr Zeit für das Kerngeschäft zu verfügen. Gehen Sie mit dieser gewonnenen Zeit im Sinne eines guten Managements sorgsam um!

Sie sollten lernen, auch einmal nein zu sagen.[11] Kennen Sie die Ge- **NEIN** schichte vom Klammeraffen? Sie treffen jemanden im Flur, man redet über dies und das. Der Gesprächspartner kommt auf eine Sache zu sprechen, bei der er nicht weiterkommt und anscheinend Unterstützung benötigt. Ja, könnten Sie denn nicht mal? Kaum hat man sich versehen, und der Gesprächspartner hat einem eine neue Aufgabe „angeklammert". Überschätzen Sie nicht Ihre Leistungsfähigkeit. Wenn es nicht mit einem kurzen Ratschlag getan ist, haben Sie Ihrem Aufgabenzettel soeben eine weitere unerledigte Sache hinzugefügt, die Ihre Aufmerksamkeit fordert. Ihre Hilfsbereitschaft in Ehren, doch sollten Sie mit

---

[11] *Vgl. A. Mackenzie, Die Zeitfalle, S. 275 ff.*

Ihren Zeitressourcen haushalten, da Sie ansonsten die Erledigung der noch offenen Punkte in Ihrer Prioritätenliste gefährden.

SELBST-
DISZIPLIN

Die Anwendung von effektivem Zeitmanagement ist ein längerer Prozeß. Dabei müssen Sie sich möglicherweise von eingefahrenen Verhaltensweisen und schlechten Angewohnheiten lösen bzw. die bisherigen Prozesse kritisch überdenken. Das Wichtigste in diesem Veränderungsprozeß ist die Selbstdiziplin. Machen Sie keine Ausnahme von der (neuen) Regel, bevor sie Ihnen noch nicht in Fleisch und Blut übergegangen ist.

Mit dem Zeitmanagement verhält es sich ähnlich wie mit dem Wert einer Planung (vgl. Kapitel 2). Machen Sie sich die Maximen eines guten Zeitmanagements zu eigen, und leben Sie diese dem Team vor. Nach Ihrem Vorbild wird sich vielleicht der eine oder andere überzeugen lassen, auch seine Zeit besser zu managen. Hier können Sie mit Ihren neu erworbenen Erfahrungen hervorragend als Coach fungieren und Unterstützung bei der mitunter schwierigen Umstellungsphase anbieten. Hüten Sie sich vor der Verordnung von Zeitmanagement-Maximen, ohne diese selbst überzeugend zu leben. Sie werden damit unweigerlich eine Verminderung der Produktivität Ihres Teams provozieren.

Für die Umsetzung all der guten Tips sollten Sie sich etwas Zeit nehmen und nicht versuchen, zuviel auf einmal anzugehen oder verändern zu wollen. Auch die Bundesregierung, die 1998 unter Herrn Schröder antrat, mußte einsehen, daß nicht alles in wenigen Wochen verändert werden kann. Häufig liegt die Tücke im Detail. Sie sollten eines nach dem anderen angehen und mit einem ausreichenden Zeitpuffer agieren.

5.4 PRÄSENTATION

„Über eines sind wir uns doch einig – nur nett reicht nicht."

Zugegeben, für die meisten Menschen bedeutet es Streß, vor einer Gruppe zu stehen und frei über etwas zu sprechen. Allerdings kann es auch sehr viel Spaß machen, einem interessierten Auditorium eine Idee, neue Denkanstöße oder wichtige Erkenntnisse zu präsentieren und zu einer konstruktiven Diskussion beizutragen.

BOMBACH '91

„In der Präsentation beschlich Projektleiter Müller zunehmend das Gefühl, einige wesentliche Aspekte in der Vorbereitung übersehen zu haben."

Den größten Kritiker findet man dabei oft in der eigenen Person. Kennen Sie das noch, damals in der Schule? Man meldet sich in der Englischstunde zu Wort und möchte seinen Standpunkt zu einer bestimmten Sache mitteilen. Nach dem fünften Wort unterbricht der Lehrer. Man habe ein „s" vergessen: die 3. Person, Sie wissen doch? Nach weiteren Unterbrechungen wird man unsicher und verliert die Lust. Alle Konzentration wird darauf verwendet, bloß keinen grammatikalischen Fehler mehr zu machen. Doch was wollte man eigentlich sagen? Aus Angst, vor der Klasse bloßgestellt zu werden, greift man auf Standardformulierungen zurück und geht kein Risiko mehr ein. Vielleicht vermeidet man auch zukünftige Wortbeiträge vor größeren Gruppen gänzlich, um ja kein Risiko einer Blamage einzugehen.

Dann sind Sie Jahre später auf einer Geschäftsreise im Ausland, und Ihr Gegenüber spricht nur Englisch. Sie verständigen sich anfangs nur stockend, dann aber immer ungezwungener mit Ihrem Gesprächspartner. Sie stellen mit Überraschung fest, wie tolerant Ihr Gegenüber für kleinere grammatikalische Unstimmigkeiten ist und Ihnen vielleicht auch einmal die fehlende Vokabel liefert. Plötzlich zählt der Inhalt, und es macht Ihnen sogar Spaß, sich in einer fremden Sprache zu verständigen.

Ich möchte Ihnen an dieser Stelle Mut machen, sich „in den Ring zu wagen" und sich vor einer Gruppe „auszuprobieren". Meiner Erfahrung nach ist das Präsentieren das Salz in der Suppe des Projektmanagers. Und es macht Spaß! Probieren Sie es ruhig einmal aus, und werden Sie aktiv. Locken Sie sich und Ihre Zuhörer aus der Reserve.

Doch auch beim Präsentieren ist noch kein Meister vom Himmel gefallen. Gute Präsentationen sind genau durchdacht und erfordern eine entsprechende, zum Teil aufwendige Vorbereitung. Machen Sie sich zunächst einmal klar, was Ihre Kernaussage ist und was Sie erreichen wollen.

Bauen Sie eine klare Gliederung für Ihren Vortrag auf. Eine grober Aufbau könnte folgendermaßen aussehen:

- Begrüßung – kurze Vorstellung der eigenen Person und Agentur
- Thema und Gliederung des Vortrages kurz vorstellen
- Einstieg ins Thema (Zweck des Vortrages / „persönliche Betroffenheit" schaffen!)
- Darstellung der Thematik (Fakten und Argumente – Pro / Kontra)
- Schlußfolgerung / Fazit
- Handlungsaufforderung (nächste Schritte)

Eine Hilfe ist es immer, sich den Vortrag in kurzen Stichworten zu notieren. Diese Stichworte sollten Sie dann auf Folien niederschreiben, die Sie während Ihres Vortrages sukzessive auf einem Overhead-Projektor oder direkt per PC und Videobeamer auf eine Leinwand projizieren können. Das hilft Ihnen, einen „roten Faden" im Vortrag zu behalten, und Ihrem Publikum, weil es die wesentlichen Inhalte als Stichwort an der Leinwand mitlesen kann. Außerdem sind Sie nicht die ganze Zeit im

Brennpunkt des Interesses. Sie teilen sich die Aufmerksamkeit des Publikums mit der Leinwand. Das wird Ihnen ein besseres und sichereres Gefühl geben, der „Publikumsmeute" nicht ganz schutzlos während der gesamten Präsentation ausgeliefert zu sein.

Vermeiden Sie auf jeden Fall Textwüsten auf Ihren Folien. Eine Ansammlung von über 10 Stichpunkten in 14pt-Schriftgröße ist in einer Entfernung von fünf Metern nicht mehr zu lesen. Erweisen Sie sich und Ihrem Publikum einen großen Gefallen: Weniger ist mehr. Verzichten Sie auch auf grafische Dekorationen, viele Schrifttypen und mehr als fünf Stichworte auf einer Folie. Das bringt die Klarheit, die das Auditorium benötigt, um sich ganz auf die Inhalte Ihres Vortrages konzentrieren zu können.

Halten Sie Blickkontakt mit dem gesamten Auditorium, und fokussieren Sie nicht einzelne Personen. Lassen Sie Ihren Blick schweifen, so daß sich jeder im Publikum angesprochen fühlt. Auf Gestik und Mimik sollte nicht verzichten werden. Sie läßt sich gezielt zur Unterstützung des Gesagten einsetzen und belebt Ihren Vortrag.

Möchten Sie bestimmte Inhalte in der Projektion verdeutlichen, zeigen Sie nicht mit „nacktem Finger" auf die Leinwand, sondern benutzen Sie einen Stift oder Zeigestab. Halten Sie dabei möglichst mit dem Körper Kontakt zum Publikum. Kehren Sie dem Auditorium tunlichst nicht den Rücken zu. Auch wenn ein schöner Rücken entzücken kann, wird die Aufmerksamkeit in der Regel sinken.

Generell ist ein entspannter, fester Stand anzustreben. Bleiben Sie dabei locker in den Schultern, und verkrampfen Sie nicht. Reden Sie langsam, und machen Sie bewußt Pausen zwischen längeren Passagen oder vor wichtigen Kernaussagen.

Und am Schluß? Der Abschluß ist wichtig, laufen Sie nicht einfach mit der Erkenntnis „So, ich glaube, das war's dann wohl" davon. Fassen Sie noch einmal die Kernaussagen der Präsentation in einem kurzen Fazit zusammen. Ergab sich eine Diskussion zu einzelnen Aspekten Ihres Vortrages, beziehen Sie interessante Statements aus dem Publikum, am besten mit namentlicher Erwähnung des Urhebers, in Ihr Abschlußwort ein. Definieren Sie gegebenenfalls eine klare Handlungsaufforderung an Ihr Publikum. Was sollten beispielsweise die nachfolgenden Schritte sein usw.

Eine kritische interne Nachbereitung ist die beste Vorbereitung für Ihre nächste Präsentation. Was lief gut? Was kann verbessert werden? Wie und an welchen Stellen hat das Publikum reagiert? Betreiben Sie Marktforschung in eigener Sache, und Sie werden von Präsentation zu Präsentation besser werden – es wird Ihnen und dem Publikum zunehmend Spaß machen. Das garantiere ich Ihnen.

5.5 VERTRAGSGESTALTUNG

Bei diesem Thema würde sicherlich manch einer gern in den Worten des Schriftstellers Fontane sprechen: Das ist ein weites Feld (für mich). Eine umfassende Darstellung oder auch nur der Versuch einer Zusammenfassung würde zwangsläufig den Rahmen dieser Abhandlung sprengen. Dennoch sollte ein Projektmanager über die wichtigsten Rechte im Mediengeschäft und natürlich über die Bedeutung von Verträgen grundlegend im Bilde sein. Die Intention der folgenden beiden Punkte ist deshalb die Sensibilisierung und der Rat, sich bei Projekten präventiv mit diesem Thema auseinanderzusetzen. Ein „brennendes Haus" zu versichern ist bekanntlich schwierig.

Bitte haben Sie dafür Verständnis, daß hier selbstverständlich keine gebrauchsfertigen Muster zur Verfügung gestellt werden und die zitierten Abschnitte nicht allgemein gültig sind. Ein Vertrag ist immer mit einem in der Materie kundigen Rechtsanwalt für das jeweilige Vorhaben angepaßt zu entwickeln. Die jeweiligen Paragraphen sind nur als grobe inhaltliche Orientierung zu verstehen, um grundlegend darüber zu informieren, welche Punkte in einem Vertragswerk berücksichtigt werden sollten.

Ihr Augenmerk sollte nach wie vor Ihrem Kerngeschäft, dem Management von Projekten, und nicht dem Ausfeilen von Verträgen gelten. Bei unklaren Sachverhalten oder strittigen Fragen sollte selbstverständlich immer ein Rechtsanwalt zu Rate gezogen werden. Eine Liste von Rechtsexperten im Bereich New Media läßt sich beispielsweise über den Deutschen Multimedia Verband beziehen. Die Regelung und Abstimmung von Verträgen ist darüber hinaus natürlich mit dem Geschäftsführer der Agentur abzustimmen, da dieser im rechtlichen Sinne auch verantwortlich für vertragliche Regelungen zeichnet, d.h., der Vertrag wird üblicherweise vom Geschäftsführer und nicht vom Projektmanager unterschrieben. Der Projektmanager sollte allerdings in Zusammenarbeit mit einem Rechtsanwalt und dem Kunden den Vertrag zur Unterschriftsreife vorbereiten.

Verträge bilden die Grundlage der Zusammenarbeit zwischen Auftraggeber und Auftragnehmer. Sie regeln zumeist die „Worst Case"-Situation und legen gegenseitige Pflichten und Rechte beider Parteien fest. Weiterhin werden Nutzungsrechte an dem entwickelten Produkt, Leistungsumfänge, Gewährleistungen, Zahlungsbedingungen usw. im Vertrag geregelt. Es gibt je nach Agentur oder Kunden unterschiedliche Vorgehensweisen und Schwerpunkte beim Abschluß von Verträgen. Da im Bereich New Media oftmals ein Projektgeschäft mit kurzen Intervallen anzutreffen ist, hat sich der Abschluß eines Rahmenvertrages mit dem Auftraggeber bewährt. Der Rahmenvertrag wird einmal geschlossen und gilt als Grundlage für die gesamte weitere Zusammenarbeit. Auf Basis des Rahmenvertrages werden dann Einzelverträge geschlossen, die gewöhnlich mit Projektende abschließen. Der Rahmenvertrag muß gesondert gekündigt werden.

Häufig wird auch ein Agenturvertrag geschlossen, der eine mittel- bzw. langfristige Bindung des Auftraggebers an die Agentur, in der Regel ein bis mehrere Jahre, vorsieht. Dies bedeutet, daß die Agentur beispielsweise exklusiv alle Projekte für den Kunden abwickelt. Für die Gewährung dieser Exklusivität wird meistens ein Rabatt bei den Agentur-Tagessätzen eingeräumt.

RAHMEN-
VERTRAG Die folgenden angesprochenen Aspekte sollten in einem Rahmenvertrag berücksichtigt werden.

§ 1 Vertragsparteien

Die Nennung des Auftraggebers und des Auftragnehmers mit vollständiger Adresse fällt unter diesen ersten Punkt.

§ 2 Beschreibung des Vertragsgegenstandes

Hier wird der eigentliche Vertragsgegenstand, beispielsweise die zukünftige Zusammenarbeit im Bereich New Media, in kurzen Worten beschrieben. Da es sich ja um einen Rahmenvertrag handelt, ist die Nennung des einzelnen Projektes, wie die Entwicklung einer E-Commerce-Website, im Einzelvertrag aufzunehmen. Unter diesem Paragraphen könnte ebenfalls festgeschrieben werden, daß beispielsweise die Agentur ohne vorherige Rücksprache mit dem Auftraggeber externe Dienstleister einsetzen kann.

§ 3 Leistungsumfang

Die Aufgabenbereiche und gegebenenfalls auch die Positionierung einer Agentur, beispielsweise als Generalunternehmer für Neue Medien, sollten hier geregelt werden.

Der genaue Leistungsumfang eines zu erarbeitenden Werkes wird im Einzelvertrag in Abstimmung mit dem Kunden möglichst exakt in einem Pflichtenheft definiert (siehe auch im Kapitel 3 „Realisation – Pflichtenheft"). Für von der Agentur erbrachte Mehrleistungen, die über den Rahmen des jeweiligen Pflichtenheftes hinausgehen, ist eine entsprechende Regelung zu vereinbaren. Eine für die Agentur zumutbare Mehrarbeit sollte aber nicht gesondert in Rechnung gestellt werden. Weiterhin sollte hier auf die Anzahl und den Umfang von Korrekturphasen eingegangen werden. Auch für die eventuell vom Kunden gewünschte Überlassung eines Quellcodes der entwickelten Applikation ist hier eine Regelung zu definieren.

§ 4 Materialien

Viele Produktionen kommen durch die stockende oder verspätete Anlieferung von Materialien in Verzug oder sogar in ernste Schwierigkeiten. Deshalb ist ein Hinweis auf die Bedeutung einer fristgerechten Anlieferung der für die Produktion benötigten Materialien in der geforderten Qualität und dem benötigten Format angebracht. Die Qualitätskriterien sind von Agenturseite vor Projektbeginn dem Kunden schriftlich zu übergeben. Sie könnten auch in diesen Paragraphen mit aufgenommen werden. Eine Regelung für den Fall der mangelnden Qualität und verspäteten Übergabe der Materialien ist opportun.

Weiterhin sollten die Verantwortlichkeiten für die Beschaffung der Rechte in den Gebieten Text-, Ton-, Bild- und Videomaterial geklärt werden. Eine Versicherung des Kunden bzw. der Agentur, daß er bzw. sie die für den Zweck des Vertrages erforderlichen Nutzungsrechte für die Materialien innehat und zur Übertragung dieser Rechte befugt ist sowie daß durch die vertragsgemäße Nutzung der Materialien nicht die Rechte Dritter verletzt werden, ist empfehlenswert.

§ 5 Ablieferung und Abnahme

Es entstehen immer wieder Mißverständnisse über den Status eines Projektes und die Bedeutung von schriftlichen Abnahmen. Hier ist durch eine klare vertragliche Regelung unbedingt Abhilfe zu schaffen. Schriftliche Abnahmen sind in jedem Falle zu vereinbaren. Die Art und Weise der Ablieferung eines Projektes sowie die Vorgehensweise bei der Abnahme bzw. Nachbesserungen und wer diese vorzunehmen hat könnten hier ebenfalls geregelt werden.

§ 6 Gewährleistung

Der Kunde hat ein berechtigtes Interesse an einer Gewährleistung der Agentur hinsichtlich eines entwickelten Werkes. Unter diesem Paragraphen ist der Zeitraum der Gewährleistung zu bestimmen. Dem Kunden wird in der Regel durch die Agentur zugesichert, daß nach Übergabe sowie Inbetriebnahme das Werk den vereinbarten Spezifikationen entspricht und die im Pflichtenheft aufgestellten Leistungsmerkmale erfüllt werden. Weiterhin wird dem Kunden üblicherweise zugesichert, daß die von der Agentur erbrachte Leistung nicht mit Fehlern behaftet ist, die den Wert oder die Tauglichkeit der Leistung aufheben oder mindern. Dabei sollten geringfügige Fehler, die den Wert bzw. die Funktionalität einer Anwendung nicht mindern oder behindern, kulant behandelt werden. Weiterhin sollte definiert werden, in welchem Zeitraum Nachbesserungen bei festgestellten Mängeln durch die Agentur erbracht werden müssen.

§ 7 Haftung der Agentur

Ein heikler Punkt für die Agentur. Hier ist natürlich besondere Sorgfalt bei der Ausarbeitung dieses Paragraphen geboten. Die Agentur könnte beispielsweise für Schäden aus Verzug, Unmöglichkeit, Schlechterfüllung und durch Vorsatz oder grobe Fahrlässigkeit haftbar gemacht werden. Es könnte hier aufgenommen werden, in welcher Höhe die Haftung der Agentur liegt.

§ 8 Eigentums- und Nutzungsrechte

Auf die Nutzungsrechte werden wir im folgenden noch einmal gesondert eingehen. An dieser Stelle sollten die Nutzungsrechte, die die Agentur dem Kunden an den entwickelten Ergebnissen einräumt, bestimmt werden. Hierbei ist eine explizite Nennung und Auflistung der Rechte, beispielsweise ein nicht-exklusives, zeitlich und örtlich unbegrenztes Nutzungsrecht oder das Recht, ein Werk zur Vervielfältigung aller zum Zeitpunkt des Abschlusses dieser Vereinbarung bekannten Bild-, Ton-, Daten- und Medienträger in analoger oder digitaler Form freizugeben, zweckmäßig.

Der Kunde sollte sich versichern, daß die Agentur die für die Zwecke des jeweiligen Einzelvertrages erforderlichen Nutzungsrechte innehat und zur Rechtseinräumung befugt ist und daß durch die vertragsgemäße Nutzung des Werkes durch den Kunden keine Rechte Dritter verletzt werden. Die Agentur könnte dementsprechend den Kunden insoweit von allen Ansprüchen Dritter freistellen.

§ 9 Vergütung

Die Vergütung bezüglich eines Projektes wird meistens im entsprechenden Einzelauftrag geregelt. Der Verweis auf die jeweils gültigen Preislisten der Agentur bzw. eine eventuelle Rabattregelung könnte in diesem Paragraphen determiniert werden. Ebenfalls wäre eine Auflistung und Festlegung der generell in Rechnung zu bringenden Agentur-Tagessätze denkbar.

§ 10 Copyright, Namensnennung und Veröffentlichungen

Die Agentur hat natürlich ein vitales Interesse daran, als Produzent und geistiger Urheber eines Werkes genannt zu werden. Hier sind entsprechende Regelungen zu treffen. Werden für die Erstellung eines Projektes Fremdprodukte eingesetzt, sind natürlich die diesbezüglichen Nutzungs- und Lizenzrechte von beiden Parteien zu berücksichtigen und hier der Umgang mit diesen Nutzungs- und Lizenzrechten zu regeln.

Des weiteren sollte eine Vereinbarung über die Möglichkeiten der Öffentlichkeitsarbeit der Agentur – dies betrifft natürlich insbesondere die Nennung des Kunden und die Berichterstattung über in der Entwicklung befindliche Projekte sowie die Verwendung des Werkes durch die Agentur in der Akquisition von Neugeschäft – getroffen werden. Nach Abschluß der Arbeiten ist die Aushändigung von Belegexemplaren, beispielsweise bei einer CD-ROM-Produktion, an die Agentur entsprechend zu regeln.

§ 11 Weiterentwicklung und Pflege

Zunehmend ist für den Kunden der Aspekt einer langfristigen Gewährleistung eines Supports der durch die Agentur entwickelten Werke, natürlich gegen Entgelt, von Bedeutung. Diesem Wunsch ist unter diesem Paragraphen mit entsprechenden Regularien Rechnung zu tragen. Die Prozedur, Art und Umfang eines Supports, Ansprechpartner sowie eine finanzielle Regelung könnten hier festgelegt werden.

§ 12 Salvatorische Klausel

Die übliche salvatorische Klausel sollte natürlich auch in solch einem Vertragswerk nicht fehlen.

EINZEL-VERTRAG Nach den Erläuterungen über mögliche wichtige Kriterien eines Rahmenvertrages soll nun kurz auf den Einzelvertrag eingegangen werden. Wie Sie bereits an verschiedenen Stellen des Rahmenvertrages bemerkt haben, beziehen sich einige Festlegungen in verschiedenen Paragraphen auf den jeweiligen Einzelvertrag. Die wichtigsten Eckwerte eines konkreten Projektes finden sich in einem Einzelvertrag wieder, welcher natürlich auf dem zwischen beiden Parteien zuvor geschlossenen Rahmenvertrag basiert. Wie auch im Beispiel des Rahmenvertrages soll anhand der jeweiligen Paragraphen ein Einzelvertrag skizzenhaft dargestellt werden:

§ 1 Vertragsparteien

Die Nennung des Auftraggebers und des Auftragnehmers mit vollständiger Adresse fällt unter diesen ersten Punkt. Nach der Nennung der Vertragsparteien erfolgt ein Bezug auf einen möglicherweise bereits geschlossenen Rahmenvertrag, auf welchem dieser Einzelvertrag basiert.

§ 2 Aufgaben des Auftragnehmers

Analog zur Beschreibung des eigentlichen Vertragsgegenstandes werden hier in kurzen Worten der Inhalt und die Zielsetzung des geplanten Projektes beschrieben. Eine Beschreibung könnte beispielsweise lauten: „Für die KUNDEN AG ist eine Internet-Anwendung mit dem Schwerpunkt der Informationsdistribution und Aktualität zu entwickeln. Die genauere Beschreibung der Aufgaben ist der Anlage 1 *Pflichtenheft Internet-Anwendung für die KUNDEN AG Phase I* zu entnehmen."

§ 3 Zeitplan

Da die meisten Projekte mit einem festen Abgabetermin operieren, der für den Kunden in der Regel einen wichtigen Fixpunkt insbesondere hinsichtlich der Einbindung von klassischen oder begleitenden Marketing-maßnahmen darstellt, sollte die Auflistung der wesentlichen Milestones (zusätzlich zum Zeitplan im Pflichtenheft) noch einmal explizit aufge-zeigt werden. Dabei genügt eine grobe Darstellung, wie beispielsweise:

Zuständig	Task	Termin
KUNDEN AG	Übergabe der Bild- und Text-materialien in elektronischer Form	15. August 1998
Agentur GmbH	Abschluß der Konzeption mit Präsentation der Ergebnisse	31. August 1998
Agentur GmbH	Entwicklung und Umsetzung des Internet-Auftritts	17. Oktober 1998
KUNDEN AG	Schriftliche Abnahme und Übergabe einer Fehlerliste an die Agentur	25. Oktober 1998
Agentur GmbH	Anpassung und Qualitätssiche-rung der gesamten Anwendung	10. November 1998
Agentur GmbH, PROVIDER	Live-Schaltung der Internet-Anwendung	15. November 1998

Selbstverständlich sind beide Vertragspartner in der Pflicht, die Termine fristgerecht einzuhalten. Das Vorgehen bei eventueller Verzögerung sollte geregelt werden.

§ 4 Material

Nachdem im Rahmenvertrag auf die generelle Bedeutung des Materials und auf die Klärung der Nutzungsrechte eingegangen wurde, stehen hier die konkreten Verantwortlichkeiten für bestimmte Bereiche im Mit-telpunkt. Für eine genaue Regelung kann allerdings auf das Pflichten-heft verwiesen werden.

§ 5 Vergütung und Zahlungsbedingungen

Im Einzelvertrag sollte unter diesem Paragraphen die Vergütung für die geplante Zusammenarbeit üblicherweise auf Basis eines von der Agentur überreichten Kostenvoranschlages geregelt werden. Neben der Summe des Auftrages ist auch eine Regelung der Zahlungsmodalitäten (Aufteilung des Gesamtbetrages und Zahlungszeitpunkte) zu vermerken.

LETTER OF INTENT   Ein Letter of Intent stellt eine Absichtserklärung beider Partner für eine Zusammenarbeit dar. Er ist also als Optionsrecht für ein geplantes Projekt zu verstehen. Da die Einigung über einen Rahmen- oder Einzelvertrag schon einmal mehrere Wochen einnehmen kann, was bei einigen Projekten schon die Hälfte der Gesamtzeit ausmacht, wird diese noch „vertragsfreie" Zeit in der Praxis häufig mit einem Letter of Intent überbrückt. Dieser ersetzt aber keine vertragliche Regelung, es sei denn, daß man sie explizit integriert. Den Abschluß eines Rahmen- bzw. Einzelvertrages ist unbedingt anzustreben.

Die Inhaltspunkte eines Letter of Intent könnten wie folgt aussehen:

- Die KUNDEN AG erklärt hiermit verbindlich, das Projekt Internet-Website, wie es im beiden Parteien vorliegenden Pflichtenheft vom 22. April 1999 beschrieben ist, mit der Agentur zu realisieren.

- Die detaillierten Aufgabenbeschreibungen, die umzusetzenden Inhalte sowie die Struktur einschließlich einer genauen Zeitplanung für die Realisation der Internet-Website ist im Pflichtenheft vom 22. April 1999 dokumentiert.

- Die Grundlage der Zusammenarbeit wird in dem noch zu verhandelnden Rahmenvertrag festgelegt. Die jeweiligen Projekte werden auf Basis von Einzelverträgen geregelt.

- Bei Nichtzustandekommen einer vertraglichen Einigung werden die bisher durch die Agentur erbrachten Leistungen nach den üblichen Stundensätzen abgerechnet. Die Rechte an der Konzeption, Kreation und Entwicklung verbleiben dann bei der Agentur.

Bitte beachten Sie, daß unter anderen Rahmenbedingungen und für spezielle Projekte andere Aspekte von Bedeutung sein können.

5.6 URHEBER- UND NUTZUNGSRECHT

Meine erste Erfahrung mit der Bedeutung von Urheber- und Nutzungsrechten machte ich bei einer Produktion während meines Studiums. Im Geiste der Synästhesie wurden begleitend zur d-moll-Fuge von Johann Sebastian Bach grafische und bildliche Impressionen mittels einer Dia-AV gezeigt. Wir schnitten dazu eine alte Orgelfassung und eine moderne Orchesterfassung digital aneinander. Über die Urheber- und Nutzungsrechte machten wir uns erst Gedanken, als an eine öffentliche Aufführung nach Abschluß der Arbeiten gedacht wurde. Es stellte sich leider heraus, daß für die moderne Orchesterfassung die Nutzungsrechte bei einer Vielzahl von Personen lagen, so daß die Einholung dieser Rechte für eine öffentliche Aufführung das Ausmaß eines eigenen Projektes angenommen hätte. Bedauerlicherweise mußten wir damals auf eine öffentliche Aufführung verzichten.

Eine Klärung und das Einholen sämtlicher für die Produktion benötigter Rechte ist immer vor Beginn der Produktion einzuleiten. Bei schwierigen Rechtslagen sind Alternativen rechtzeitig zu prüfen, bevor sich eine Veröffentlichung aufgrund unklarer Rechtslage als unmöglich erweist. Es bestehen zum Teil große Rechtsunterschiede zwischen Deutschland, anderen europäischen Ländern und den USA. Soll also ein internationaler Titel erstellt werden, ist vorher eingehend ebenso die internationale Rechtslage zu klären. Dieser Abschnitt soll einen kurzen Einblick in die Thematik geben, bezieht sich dabei aber hauptsächlich auf die deutsche Rechtslage.

Die urheberrechtlich geschützten Werke sind in § 2 Abs. 1 UrhG ausführlich aufgeführt. Diese Aufzählung ist allerdings nicht abschließend. Auch andere Werke können urheberrechtlich geschützt sein, wenn sie

URHEBER-RECHT

den gesetzlichen Anforderungen an ein „Werk" entsprechen. Die ausdrücklich in § 2 UrhG genannten Werke sind die folgenden:

- Sprachwerke wie Schriftwerke, Reden und Computerprogramme;
- Werke der Musik;
- pantomimische Werke einschließlich der Werke der Tanzkunst;
- Werke der bildenden Künste einschließlich der Werke der Baukunst und der angewandten Kunst und Entwürfe solcher Werke;
- Lichtbildwerke einschließlich der Werke, die ähnlich wie Lichtbildwerke geschaffen werden;
- Filmwerke einschließlich der Werke, die ähnlich wie Filmwerke geschaffen werden;
- Darstellungen wissenschaftlicher oder technischer Art wie Zeichnungen, Pläne, Karten, Skizzen, Tabellen und plastische Darstellungen.

Werke im Sinne dieses Gesetzes sind nur persönliche geistige Schöpfungen. Das setzt zum einen voraus, daß es sich um ein menschliches Schaffen handelt. Weiterhin muß es sich bei einem Werk aber auch um eine individuelle Leistung handeln. Von der ehemals über diese Individualität hinaus geforderten „Gestaltungshöhe", also einer intellektuellen Mindestanforderung als Voraussetzung für ein Werk, wird indessen immer mehr Abstand genommen. Für Datenbanken und Computerprogramme wird diese Gestaltungshöhe bereits gesetzlich nicht mehr gefordert, und auch bei anderen Werken wird es darauf in Zukunft nicht mehr ankommen. Ausschließliches Kriterium für ein urheberrechtlich geschütztes Werk ist also das Vorliegen einer individuellen, persönlich geistigen Schöpfung.

Vor diesem Hintergrund hat sich auch die urheberrechtliche Beurteilung von Werbetexten und Slogans geändert: Nach der früheren Rechtsprechung wurde diesen in vielen Fällen mangels Gestaltungshöhe die Qualität als urheberrechtlich relevantes Sprachwerk aberkannt. Nach aktueller Rechtsauffassung ist aber davon auszugehen, daß geistvoll-treffende oder witzige Slogans, die mit wenigen Worten etwas auf den Punkt bringen, schutzfähig sein können[12].

---

[12] *Vinck/Nordemann in Fromm/Nordemann, Urheberrecht, 9. Auflage 1998, 2, Rn. 45*

Geschützt ist nicht nur das gesamte Werk selbst, sondern auch auf Teile eines Werkes kann sich der Schutz erstrecken. Auch kleinste Teile genießen diesen Schutz daher immer dann, wenn sie noch eine in Form oder Inhalt individuelle Prägung aufweisen[13]. Der Schutz des Urheberrechts ist allerdings auch zeitlich beschränkt: Er endet 70 Jahre nach dem Tod des Urhebers.

Neben den klassischen Bild-, Musik- und Textwerken spielt für Multimediaproduktionen zunehmend auch eine relativ neue Werkart eine große Rolle: Datenbanken, also die systematische Anordnung von Daten jeglicher Art. Dies können der Katalog eines Shoppingangebotes, die Suchmaschine auf den jeweiligen Websites oder ein allgemeines Produktverzeichnis sein. Diese Datensammlungen sind seit dem 1.1.1998 nunmehr auch urheberrechtlich geschützt, so daß die erstellende Agentur auch an einer solchen Datenbank Urheberrechte hat. Voraussetzung dafür ist, wie bei den herkömmlichen Werken auch, daß es sich um eine Sammlung handelt, die durch die Auswahl oder Anordnung der Daten eine persönliche geistige Schöpfung darstellt. Für die Datenbank bedeutet dies weiter, daß ihre Elemente systematisch oder methodisch angeordnet sein müssen.

Aber auch Datenbanken, die diese Voraussetzungen nicht erfüllen, sind mit der gesetzlichen Neuregelung nunmehr geschützt. Der urheberrechtliche Schutz wurde auch auf Datenbanken ausgedehnt, die ausschließlich auf Vollständigkeit ausgerichtet sind und daher für individuelle Gestaltung keinen Raum lassen, wenn ihnen eine unternehmerische Investition zugrunde liegt. Für Datenbanken jeglicher Art besteht daher seit dem 1.1.1998 ein umfangreicher urheberrechtlicher Schutz, der bei der Vertragsgestaltung, insbesondere bei der Lizenzierung, beachtet werden muß.

Auch der Schutz von Computerprogrammen hat im Bereich Multimedia eine wichtige Bedeutung. Hier ist bereits 1993 die entsprechende EU-Richtlinie umgesetzt und die Schutzfähigkeit von Software ausdrücklich in die 69a ff. UrhG aufgenommen worden.

---

[13] Vlg. Dr. K. Vinck, Urheberrecht, S. 72

Auch ein Computerprogramm muß eine persönliche geistige Schöpfung des Urhebers darstellen, um den Schutz eines Werkes zu erlangen. Im Unterschied zur früheren Rechtslage kommt es aber ausdrücklich nicht mehr darauf an, daß auch qualitative oder ästhetische Kriterien eine Rolle spielen[14]. Auch die Rechtsprechung hat mittlerweile anerkannt, daß es zur Annahme eines Urheberrechtsschutzes für Software einer besonderen Schöpfungshöhe nicht mehr bedarf[15].

Unter dem Paragraphen 11 finden wir, daß das Urheberrecht den Urheber in seiner geistigen und persönlichen Beziehung zum Werk und in der Nutzung des Werkes schützt. Dem Urheber fällt also das Recht zu, über das Ob und Wie der Veröffentlichung zu entscheiden. Weiterhin ist in Paragraph 13 zu lesen, daß der Urheber das Recht auf Anerkennung seiner Urheberschaft am Werk hat. Er kann bestimmen, ob das Werk mit einer Urheberbezeichnung zu versehen und welche Bezeichnung zu verwenden ist.

Dies soll an Auszügen aus dem Urheberrecht an dieser Stelle genügen, zum genaueren Studium verweise ich auf die entsprechende Literatur. Zur Verdeutlichung möchte ich noch zwei Beispiele anfügen.

Beispiel 1

Herr Beckmann ist Geschäftsführer eines kleinen Unternehmens, das Software für verschiedene Auftraggeber entwickelt. Durch die Zusammenarbeit mit verschiedenen Agenturen gewinnt er den Eindruck, daß für eine bessere Transparenz im Projektgeschäft ein leicht zu bedienendes Stundenerfassungsprogramm sinnvoll wäre. Bevor er allerdings mit der Planung und Konzeption beginnt, erläutert er die Ideen mit einem bestechend einfachen Bedienungs-Interface beiläufig einem Bekannten. Als er nach einiger Zeit mit der Umsetzung beginnen will, muß er feststellen, daß sein Bekannter sein Bedienungs-Interface bereits in einer Software-Lösung umgesetzt hat und damit großen Erfolg hat. Da der Bekannte von den Ideen des Herrn Beckmann erfuhr, bevor konkrete Vorarbeiten oder Entwürfe durch diesen erarbeitet wurden, liegt kein Verstoß gegen das Urheberrecht vor.

---

[14] *Schwarz, Recht im Internet, S. 6*
[15] *Schwarz, aaO., mit Hinweis auf BGH CR 93, S. 752 ff.*

Beispiel 2

Der Mediendesigner Thomas Riedel konzipiert und gestaltet für eine Internet-Website der KUNDEN AG eine Oberfläche. Nachdem das Design großen Anklang gefunden hat, übernimmt die KUNDEN AG, ohne den Mediendesigner zu konsultieren, die Screengestaltung selbständig für den Internet-Auftritt einer Tochterfirma.

Nach dem Urheberrecht ist auch die Screengestaltung urheberrechtlich geschützt. Der Mediendesigner könnte auf Schadensersatz klagen. Allerdings sind insbesondere im Screendesign die Übergänge von eigener zu fremder Gestaltung zum Teil schwer zu bestimmen, was natürlich noch durch die Möglichkeiten der digitalen Verarbeitung erleichtert wird. Wichtig ist in diesem Zusammenhang die schon eingangs erwähnte Rechtsprechung, daß auch Teile des Werks einem Schutz unterliegen.

Ein urheberrechtlich geschütztes Werk entfaltet diesen Schutz also automatisch, indem es erstmals wahrnehmbar nach außen hin Gestalt annimmt. Nicht erforderlich und auch nicht möglich ist die Eintragung in ein Register. Auch die Verwendung des berühmten Copyright-Zeichens hat nach deutschem Recht keinerlei Rechtsfolgen, kann aber als Hinweis auf den Urheberschutz auch nicht schaden.

Nach kontinental-europäischem Recht bleibt der Auftragnehmer bzw. Arbeitnehmer bei der Erstellung schützenswerter Werke (siehe § 2 Geschützte Werke) deren Urheber. Dieses Recht kann ihm der Auftraggeber bzw. Arbeitgeber nicht vertraglich entziehen oder beschränken. Der Arbeitgeber oder Auftraggeber vermag sich nur die Nutzungsrechte übertragen zu lassen. Dies ist im US-amerikanischen Recht anders: Hier kann das Urheberrecht selbst übertragen werden. Nach deutschem Recht ist dieses Recht untrennbar mit dem Urheber verbunden.

Verwertungsgesellschaften

Den Verwertungsgesellschaften wird von den ihnen angehörigen Urhebern die Wahrnehmung der jeweiligen Rechte übertragen. Die bekannteste, für Musikrechte zuständige Verwertungsgesellschaft ist die GEMA (Gesellschaft für musikalische Aufführungs- und mechanische Vervielfältigungsrechte). Da es beispielsweise für Rundfunkanstalten unmöglich wäre, die durch die Ausstrahlung von Musiktiteln betroffenen einfachen Nutzungsrechte jeweils mit allen Urhebern zu verhandeln, überlassen die Urheber die Wahrung ihrer Rechte der GEMA. Sie setzt dann zumeist fixe Beträge für die Überlassung von einfachen Nutzungsrechten an und verteilt die Einnahmen nach einem komplexen Schlüssel an die Urheber.

Daneben existieren noch diverse weitere Verwertungsgesellschaften, darunter die VG Wort, die VG Bild-Kunst und die GWFF (Gesellschaft zur Wahrnehmung von Film- und Fernsehrechten). Für den Multimediaproduzenten war es in der Vergangenheit problematisch – das eingangs beschriebene Beispiel der d-moll-Fuge von Johann Sebastian Bach hat es gezeigt –, die vielen Rechte zu prüfen und einzuholen, die an den einer Produktion zugrunde liegenden Werken bestehen konnten. Diese Situation hat sich nun zumindest für diejenigen Rechte vereinfacht, deren Urheber den Verwertungsgesellschaften angeschlossen sind: Ende 1996 wurde die „Clearingstelle Multimedia" (http://www.cmmv.de) gegründet. Die Gesellschafter der cmmv sind alle deutschen Verwertungsgesellschaften, die den Multimediaproduzenten die Suche nach den Rechteinhabern erleichtern wollen. Gegen eine Nutzungsgebühr erhält man hier binnen zwei Wochen umfangreiche Informationen über die entsprechenden Suchanfragen.

Unterlassung, Auskunft und Schadensersatz

Werden Urheberrechte verletzt, so kann der Geschädigte zunächst von dem Verletzer Unterlassung verlangen, zum Beispiel den Verkaufsstop einer CD-ROM-Produktion. Ebenso kann natürlich auch die Sperrung einer Internet-Website gefordert werden. Darüber hinaus hat der Urheber Anspruch auf Auskunft darüber, seit wann eine CD-ROM auf dem

Markt ist, wie viele Exemplare verkauft wurden und welcher Umsatz damit erzielt wurde. Auf Grundlage dieser Auskünfte kann der Geschädigte seinen Schaden beziffern und dessen Ersatz von dem Verletzer verlangen bzw. den erzielten Gewinn herausverlangen.

Die Einräumung von Nutzungsrechten ist in § 31 UrhG wie folgt geregelt:

NUTZUNGS- RECHTE

1. Der Urheber kann einem anderen das Recht einräumen, das Werk auf einzelne oder alle Nutzungsarten zu nutzen (Nutzungsrecht). Das Nutzungsrecht kann als einfaches oder ausschließliches Recht eingeräumt werden.

2. Das einfache Nutzungsrecht berechtigt den Inhaber, das Werk neben dem Urheber oder anderen Berechtigten auf die ihm erlaubte Art zu nutzen.

3. Das ausschließliche Nutzungsrecht berechtigt den Inhaber, das Werk unter Ausschluß aller anderen Personen einschließlich des Urhebers auf die ihm erlaubte Art zu nutzen und einfache Nutzungsrechte einzuräumen. § 35 bleibt unberührt.

4. Die Einräumung von Nutzungsrechten für noch nicht bekannte Nutzungsarten sowie Verpflichtungen hierzu sind unwirksam.

5. Sind bei der Einräumung des Nutzungsrechtes die Nutzungsarten, auf die sich das Recht erstrecken soll, nicht einzeln bezeichnet, so bestimmt sich der Umfang des Nutzungsrechts nach dem mit seiner Einräumung verfolgten Zweck.

Die Nutzungsrechte werden gewöhnlich in einem Rahmen- oder Einzelvertrag geregelt. Dabei ist die Einräumung von allen Nutzungsarten als einfaches Nutzungsrecht üblich. Im Gegensatz zum ausschließlichen Nutzungsrecht kann das einfache Nutzungsrecht noch weiteren Personen eingeräumt werden. Das einfache Nutzungsrecht kann prinzipiell nur mit Zustimmung des Urhebers übertragen werden.

Ein Nutzungsrecht wird immer durch die Parameter Zeitspanne, geographischer Raum und inhaltliche Ausprägung beschrieben.

Bei einem Screendesign ist der Wunsch des Auftraggebers nach einem ausschließlichen bzw. exklusiven Nutzungsrecht verständlich, da er das Design als Unikat seiner Marke oder seines Konzernauftritts gewahrt haben möchte. Bei der Gewährung von ausschließlichen Rechten bei der Software-Entwicklung ist allerdings Vorsicht geboten, da von einer Agentur oder einem Software-Haus entwickelte Funktionsmodule üblicherweise auch für andere Produktionen verwendet werden. Eine Neuentwicklung aller Komponenten für jedes Projekt wäre verständlicherweise viel zu aufwendig. Eine Gewährung von ausschließlichen Nutzungsrechten an Teilen der Software oder des gesamten Quellcodes ist deshalb nicht empfehlenswert. Auf jeden Fall sollte bei einer Einräumung von ausschließlichen Nutzungsrechten in bezug auf die funktionalen Komponenten dies entsprechend honoriert werden.

Bemerkenswert ist, daß die Einräumung von Nutzungsrechten oder eine Verpflichtung dazu für noch nicht bekannte Nutzungsarten unwirksam ist. Es ist damit ausgeschlossen, dem Urheber die zusätzlichen Erträge vorzuenthalten, die der Fortschritt der Technik seinem Werk bringt[16]. Im Zuge der Zweckübertragungstheorie ist bei einer fehlenden vertraglichen Vereinbarung bezüglich der Nutzungsrechte eine Orientierung an dem Zweck des Werkes bzw. Vertrages vom Gesetzgeber vorgesehen. Die Nutzungsrechte werden „automatisch" entsprechend dem Zweck des Werkes an den Auftraggeber übertragen. Allerdings ist festzuhalten, daß die allgemeine Regelung auf dem Leitgedanken einer möglichst weitgehenden Beteiligung des Urhebers an den wirtschaftlichen Früchten der Verwertung seines Werkes basiert.

5.7 RISIKOMANAGEMENT

„If you don't activly attack the risk, the risk will activly attack you."
Tom Gilb

Ein Produkt im Bereich Neue Medien basiert immer auf Software, sei es aus eigener Entwicklung oder durch den Einsatz von vorhandenen Standardkomponenten und Tools. Die Möglichkeit, daß etwas nicht wie ge-

---

[16] *Vgl. Dr. P. W. Hertin, Urheberrecht, S. 236 f.*

plant verläuft, ist insbesondere unter dem Gesichtspunkt der gestiege-
nen Komplexität und der ständig wachsenden Anforderungen an multimediale Projekte durchaus realistisch.

*„Kein Problem, das
Risiko haben wir unter
Kontrolle . . ."*

Da Risiken sich nicht eliminieren lassen, sollten sie ganz im Sinne von
Tom Gilb frühzeitig aktiv angegangen werden[17]. Das soll nicht heißen,
daß Sie immer mit dem Schlimmsten rechnen sollten, aber Sie sollten
darauf vorbereitet sein. Aktiv angehen bedeutet, daß Sie sich bewußt
mit dem Team zu einem Risikomanagement bekennen und geeignete
Maßnahmen planen, mit denen unvorhergesehene Probleme schnell
behoben werden können.

Software-Entwicklung ist generell ein Bereich, der mit einem hohen
Risiko belastet ist. Dies nicht zu beachten hieße, die jahrzehntelangen

---

[17] *Vgl Steve McConnell, Survive in Software Projects, S. 55*

Erfahrungen auf diesem Gebiet zu ignorieren. Damit die potentiellen Risikofaktoren vermieden werden können, gilt es zunächst eine Risikoanalyse durchzuführen. An welchen Stellen in Ihrem Projekt kann es zu Problemen kommen, und von welchen Faktoren hängen diese ab?

RISIKOLISTE   Aus Gründen der Übersichtlichkeit ist es ratsam, in enger Abstimmung mit dem Entwicklungsleiter bzw. dem verantwortlichen Entwickler eine Liste mit den potentiellen Risiken anzufertigen und diese sorgfältig zu pflegen. Denn es ist nicht damit getan, diese Liste zu Beginn eines Projektes anzulegen und sie dann in der Versenkung verschwinden zu lassen. Tragen Sie in die Liste für jedes einzelne Risiko die Auftrittswahrscheinlichkeit mittels einer Prioritätszahl in dieser Woche, in der letzten Woche, die Wochenanzahl seit Auftreten des Risikos und die Gegenmaßnahme bzw. Vorgehensweise im Risikofall ein. Die Auftrittswahrscheinlichkeit sollte jede Woche mit dem Entwickler neu bewertet werden. Es ist ebenfalls zu klären, ob sich neue Risiken im Laufe der Produktion ergeben oder sich Risiken als obsolet herausgestellt haben. Wichtig ist im Ernstfall das schnelle und abgestimmte Handeln, damit die eingeleiteten Gegenmaßnahmen effektiv greifen können.

Nr	Risiko	Prio (Diese Woche)	Priorität (Letzte Woche)	Wochen auf der Liste	Gegenmaßnahme / Beschreibung
1	Installationsprogramm InstallShield wird zu aufwendig in der Anpassung und gefährdet dadurch die Einhaltung des Budgets	2	-	1	Sollte sich bis zum 24.7.99 keine Lösung der Entwicklungsprobleme ergeben, ist die alte Installationsroutine für die Installation der Komponenten QuickTime und AOL Installer zu verwenden.
2	Ausdruck von PDF-Dateien	1	2	4	Sollten sich hinsichtlich des einwandfreien Ausdrucks von PDF-Dateien Probleme ergeben, ist ein externer Dienstleister einzubinden. Lösungen für PDF-Probleme kann PDF Solution Partner aus Oldenburg (07839) 23 45 6 leisten.
3	Der Entwicklungsleiter steht für die Produktion durch die Einbindung in andere Projekte nicht mehr zu Verfügung.	1	3	6	Die Entwicklung ist umfangreich zu dokumentieren. Ein IT-Manager aus dem Standort Wiesbaden steht auf Abruf bereit. Contact Gerd Müller (mueller@agentur.de).

Abbildung 25: Risikoliste

Liegt Ihnen kein „Aktionsplan" für ein Risiko vor, wirkt die Situation zumeist lähmend. Niemand hat ernsthaft mit dem dann Realität gewordenen Problem gerechnet, und im Team macht sich augenblicklich Ratlosigkeit und Resignation breit. Verstehen Sie diese Liste als Katastrophenplan vor einem Sturm oder Hochwasser. Sie sind für den Ernstfall gerüstet.

Besondere Aufmerksamkeit ist immer bei dem Einsatz von neuen Technologien geboten, bei denen noch keine oder wenige Erfahrungen im eigenen Hause oder generell in der Branche vorliegen. Im Sinne eines aktiven Risikomanagements sind Alternativen im Vorfeld aufzuzeigen und in die Planung mit einzubeziehen. Stellen Sie sicher, daß Sie beim Auftreten von Schwierigkeiten für einen direkten Support vom Hersteller bzw. Entwickler der eingesetzten Komponenten einen kompetenten Ansprechpartner parat haben und wissen, wie dieser, vielleicht auch am Wochenende, zu erreichen ist.

Wird aus einem Risikofaktor ein reales Problem, ist oftmals ein erhöhter Einsatz von Ressourcen erforderlich. Daher ist im Budget auf Basis der vorherigen Risikoanalyse ein adäquater Puffer einzukalkulieren. Das ermöglicht Ihnen eine schnelle Reaktions- und Handlungsmöglichkeit. Bringen Sie schon vor Projektstart in Erfahrung, wer Ihnen bei kritischen Detailaufgaben, die sich möglicherweise zu einer ernsten Komplikation entwickeln könnten, Hilfestellung leisten kann. Vielleicht gibt es frei verfügbare Entwickler oder eine Entwicklerfirma, die in dieser Thematik bereits Erfahrungen hat. Das Internet bietet übrigens, insbesondere mit seinen Newsgroups oder Supportforen der Hersteller, eine hervorragende Möglichkeit der Recherche bei technischen Problemen oder der Suche nach externen Dienstleistern.

Bei der Planung Ihres Projektes sollten Sie auf jeden Fall die „Kritiker" mit einbeziehen. Vergessen Sie nicht, daß zu Beginn eines Projektes alle Teammitglieder sehr euphorisch sind und keiner an mögliche Risiken denken mag. Diese „Kritiker" werden das Projekt und die Planung bewußt auf mögliche Schwachstellen hin untersuchen. Wenn Sie für die gefundenen Aspekte keine schnelle Entkräftung finden, gehört dieser Punkt in die Risikoliste, und eine entsprechende Alternative ist zu entwickeln. Machen Sie dem Team deutlich, daß es nicht darum geht, den kreativen Entwicklungsprozeß durch destruktive Kommentare und mögliche Katastrophenszenarien zu torpedieren, sondern die Zahl der potentiellen Streßfaktoren frühzeitig zu erkennen und angemessene Gegenmaßnahmen zu entwickeln.

6 FALLBEISPIELE

Die im folgenden dargestellten Fallbeispiele sollen zur Vertiefung der vermittelten Inhalte sowie zur Reflexion der eigenen Praxis dienen. Die Beispiele sind frei erfunden, Ähnlichkeiten mit lebenden Personen oder Projekten sind rein zufälliger Natur.

Bitte lesen Sie sich die Fallbeispiele aufmerksam durch, und entwickeln Sie dann anhand der jeweiligen Aufgaben mögliche Lösungsstrategien. Dabei steht nicht das Medium oder das geschilderte Projekt im Vordergrund, sondern das Projektmanagement. Die entsprechenden Aufgaben sind als Orientierung zu verstehen und müssen selbstverständlich nicht genau in der dargestellten Reihenfolge abgearbeitet werden. Das Ziel ist die kurzfristige Lösung der oftmals schwierigen Situation, die Entwicklung einer mittelfristigen Strategie für das Projekt sowie ein adäquates Kundenmanagement.

Im Anschluß finden sich dann Hinweise für die Lösung der zu erarbeiteten Aufgaben. Sie sollten allerdings beachten, daß es mit Sicherheit niemals nur eine Lösung für die beschriebene Situation gibt. Wie heißt es so schön? 1000 Wege führen nach Rom. Ich wünsche Ihnen viel Spaß und eine salomonische Eingebung bei der Aufgabenlösung.

6.1 DIA-AV SOMMERAKADEMIE

AUSGANGS-LAGE Zur feierlichen Eröffnung der jährlich veranstalteten Sommerakademie soll eine Dia-AV (Audiovision) für einen öffentlichen Träger produziert werden. Die Sommerakademie widmet sich dem Musiker und Komponisten Mozart. Im Rahmen der Sommerakademie werden Meisterklassen für Studenten veranstaltet, und aus allen Landesteilen sind renommierte Musikwissenschaftler geladen.

Sie erhalten als Projektleiter den Auftrag, dieses Projekt innerhalb von 12 Wochen durchzuführen. Da der öffentliche Träger nur über knappe finanzielle Mittel verfügt, haben Sie lediglich ein Budget von 25.000 DM für die Produktion zur Verfügung. Da diese Mittel kaum ausreichen, um mit einem „Profi-Team" dieses Projekt zu realisieren, nehmen Sie das Angebot einer Fachhochschule an, Sie bei diesem Projekt zu unterstützen. Pro Semester werden in der Fachhochschule verschiedene Seminargruppen gebildet, die aus mehreren Studenten, einem technischen Assistenten und einem betreuenden Professor bestehen. Diese Seminargruppe erhält die Aufgabe, jeweils eine Produktion mit einem Thema ihrer Wahl zu erstellen. Die Fachhochschule verfügt über eine umfangreiche Dia-AV-Technik, die für die Produktion und Aufführung verwendet werden kann.

Zum ersten vereinbarten Meeting um 15 Uhr in der Aula der Fachhochschule ist die gesamte Seminargruppe von Ihnen eingeladen worden. Zur Seminargruppe zählen der betreuende Professor Herr Hertel, die Studenten und Studentinnen Herr Heize (ausgebildeter Fotograf), Herr Töpfer (ausgebildeter Tontechniker), Herr Grunig, Herr Meyer, Frau Seidel und Frau Frey (gelernte Druckvorlagenherstellerin) sowie der technische Assistent Herr Mühlweiher.

P R O J E K T - S I T U A T I O N

Man hört sich erwartungsvoll Ihre persönliche Vorstellung und ein erstes Briefing mit den technischen sowie faktischen Eckwerten bezüglich des geplanten Projektes an. Dann folgt die Vorstellung der einzelnen Personen, die mehrmals unterbrochen wird, weil einige der Studenten später kommen oder einige Teilnehmer der Runde, u. a. auch der Professor, von Studenten, die nicht zur Seminargruppe gehören und zufällig vorbeikommen, angesprochen werden.

Während der Vorstellung der einzelnen Seminargruppenteilnehmer stellt sich heraus, daß die Erwartungen recht diffus und die Erfahrungen der einzelnen Personen sehr unterschiedlich sind. Zwischen Herrn Töpfer und Herrn Grunig ergibt sich schnell eine längere Diskussion über den Nutzen und die technischen Rahmenbedingungen beim Einsatz von Dolby-Surround-Systemen für die Aufführung der Dia-AV. Frau Seidel kann sich unter dem Thema, eine Dia-AV über den Komponisten Mozart zu produzieren, überhaupt nichts vorstellen. Auf ihre Nachfrage stellt sich heraus, daß außer dem betreuenden Professor Herrn Hertel, dem Assistenten Herrn Mühlweiler und Herrn Grunig niemand in der Gruppe Erfahrungen mit der Produktion einer Dia-AV hat.

Frau Meyer und Herr Seidel halten sich in der Diskussion auffällig zurück. Es zeigt sich, daß sie wegen Überfüllung des von ihnen ursprünglich gewählten Seminars einfach dieser Seminargruppe zugeteilt wurden. Sie stehen dem Thema und der Produktion verständlicherweise nicht sehr aufgeschlossen gegenüber.

Gegen halb fünf verläßt der Assistent die Besprechung, da seine Straßenbahn jetzt fährt und er nun Feierabend hat. Der Professor hat bereits eine Dreiviertelstunde früher das Meeting mit besten Wünschen für das nächste Treffen verlassen, weil er an einer Fachbereichssitzung teilnehmen wollte.

IHRE AUFGABEN Nachdem wir die Ausgangslage und die Projektsituation etwas kennengelernt haben, sind nun für Sie als Projektleiter die folgenden Fragen zu klären. Verstehen Sie diese Aufgaben als Orientierung, die exakte Bearbeitung der Aufgaben ist nicht unbedingt erforderlich.

1. Fassen Sie die wichtigsten Erkenntnisse des ersten Treffens im Sinne einer guten Nachbereitung zusammen.

2. Entwickeln Sie eine Vision und Strategie für das Projekt.

3. Wie sieht Ihre Zeitplanung aus?

4. Wie wollen Sie die Projektarbeit strukturieren, welche Standards bzw. Produktionsprozesse stellen Sie sich vor bzw. möchten Sie für das Team vorgeben? Über welche Wege und wie oft wollen Sie mit dem Team kommunizieren?

5. Wie wollen Sie das Team motivieren (insbesondere Herrn Seidel und Frau Meyer)?

6. Wie werden Sie die anstehenden Aufgaben mit welchen Verantwortlichkeiten und Pflichten verteilen (Recherche, Konzeption, Auswahl

der Locations, Klärung der Rechte, technische Konzeption und Zusammenstellung des Equipments, Musikschnitt, Art Direction, Programmierung, Kommunikation mit dem Auftraggeber, Aufbau und Vorführung der Show)?

7. Wo liegen die Risiken für das Projekt?

8. Wie könnte eine Agenda für das nächste Meeting aussehen?

ZUR INFORMATION

Eine Dia-AV wird meistens für besondere Veranstaltungen, beispielsweise Messen, produziert. Dabei hat dieses Medium wenig mit dem häuslichen Dia-Abend zu tun. Bei der Dia-AV werden mehrere hochwertige Projektoren eingesetzt, die in Überblendtechnik auf eine oder mehrere Flächen Dias projizieren. Es können große Leinwandflächen mit einer sehr brillanten Qualität ausgeleuchtet werden, die von Videobeamern kaum erreicht wird.

Die Anmutung, die sich bei diesem Medium ergibt, ist nur begrenzt mit dem Medium Film zu vergleichen. Liegt der Schwerpunkt beim Film auf der Verschmelzung der einzelnen Bilder zu einem „laufenden Bild", ist die Eigenart der Dia-AV das dritte Bild, das sich durch die Überblendung von zwei Bildern aus zwei Projektoren ergibt. Für die Produktion der Show wird eine spezielle Software eingesetzt, die die Steuerung der Projektoren, das Auf- und Abblenden, das Transportieren der Dias und die Lichteffekte übernimmt. Die Audioinformation (Sprache, Musik, Geräusche etc.) ist via Time-Code mit der visuellen Information aus den Projektoren verkoppelt.

Eine professionelle Dia-AV hat durchschnittlich eine Länge von 10 bis 15 Minuten, wird auf zwei bis vier Flächen projiziert und umfaßt in der Regel 10 bis 20 Dia-Projektoren. Dieses Medium wird seit über 20 Jahren professionell eingesetzt und verfügt über eine ausgereifte sowie einfach zu bedienende Technik.

**MÖGLICHER
LÖSUNGSWEG**

1. Die Situation ist freilich nicht ganz einfach. Sie verfügen weder über genügend Zeit noch Geld, um dem hochrangigen Publikum der Sommerakademie eine beeindruckende Dia-AV-Show präsentieren zu können. Das eigentliche Ziel bzw. die Vision des Projektes, nämlich das Publikum für die Mannigfaltigkeit des musikalischen Schaffens von Mozart zu begeistern, ist allerdings im ersten Meeting offensichtlich nicht zur Sprache gekommen, da es hauptsächlich um die Vorstellung der Personen und die Darstellung der technischen und faktischen Eckwerte des geplanten Projektes ging. Da der Assistent und der Professor augenscheinlich die Straßenbahn inklusive Feierabend bzw. eine Sitzung des Fachbereiches für wichtiger erachten als dieses Projekt, wird es an Ihnen liegen, das Team zu führen und für die anstehenden Aufgaben zu motivieren. Dies ist um so wichtiger, als es sich bei Ihrem Team nicht um Profis handelt, die aufgrund ihrer Erfahrung ein hohes Qualitätsniveau garantieren können. Dieses Manko läßt sich nur über eine hohe Motivation und viel Engagement des Teams ausgleichen, wobei von Ihnen eine stark treibende, partnerschaftliche Moderation und Führung gefordert sind. Das ist die wichtigste Erkenntnis aus diesem ersten Treffen.

2. Ihre Vision sollte es sein, das Sommerakademie-Publikum zu begeistern oder zum Nachdenken anzuregen, ganz wie es Ihnen beliebt. Auf jeden Fall sollten Sie eine Vision und die entsprechenden Zielsetzungen gemeinsam mit dem Team, möglichst auf der Basis eines Vorschlags von Ihnen, umgehend erarbeiten. Die Zielgruppe – in erster Linie Fachleute – dürfen Sie ebenfalls nicht aus den Augen verlieren und sich eine beeindruckende Produktion zum Ziel setzen.

3. Da Sie insgesamt 12 Wochen zur Verfügung haben, ist eine annähernde Dreiteilung in die Phasen: *A. Konzeption, B. Umsetzung* sowie *C. Anpassungen/Testen und Aufbau* von je 4 Wochen empfehlenswert. Sie sollten unbedingt einen Zeitraum für den Aufbau und das Testen des Equipments vor Ort vorsehen. Testen Sie auf jeden Fall sorgfältig die technische Anlage mit Ihrer Dia-AV-Show in einem kompletten Durchlauf mindestens einen Tag vor der Aufführung! Niemals erst kurz vor der Aufführung.

4. Bei der Strukturierung sei hier auf die Kapitel „Planung" und „Realisation" verwiesen. Die Prozesse und Werkzeuge für Planung und Durchführung eines Projektes sind weitestgehend unabhängig vom Medium und können also auch für eine DIA-AV-Produktion eingesetzt werden.

5. Das erste Meeting ist offenkundig nicht befriedigend verlaufen. Sie sollten auf jeden Fall eine bessere Vorbereitung für das folgende Meeting anstreben. Es ist auch zu überlegen, ob jedes Meeting in dieser großen Besetzung durchgeführt werden muß. Empfehlenswert wäre, ein großes Meeting unter Beteiligung aller Teammitglieder nur in größeren Zeitabständen anzuberaumen und je nach Aufgabengebiet kleinere, wöchentliche Meetings durchzuführen. Auf jeden Fall sollten Sie in Zukunft in den großen Runden Einzeldiskussionen über Details, wie zwischen Herrn Grunig und Herrn Töpfer im ersten Meeting über das Dolby-Surround-System, unbedingt vermeiden. Berufen Sie hierfür lieber ein gesondertes Treffen ein.

6. Auch die Frage nach der Motivation der Teammitglieder wird Ihnen bei fast jedem Projekt begegnen. Denken Sie noch einmal an die Ausführungen in Kapitel 4 zur Motivation und Moderation. Am ehesten ist ein Teammitglied motiviert, wenn sich seine persönlichen Zielvorstellungen mit den Zielvorgaben der Agentur bzw. des Projektes decken. Sie sollten sich also gesondert mit Frau Meyer und Herrn Seidel zusammensetzen und dabei herausfinden, was sie in der anderen Seminargruppe machen wollten. Vielleicht finden sich in der jetzigen Seminargruppe ähnliche Aufgabengebiete, oder das Projekt läßt sich unter Umständen in Randbereichen um diese erweitern.

7. Bei der Vielzahl von Aufgaben und der knapp bemessenen Zeit sollten Sie versuchen, Teammitglieder, die bereits Erfahrungen in bestimmten Bereichen haben (beispielsweise Herr Heize als Fotograf), auch entsprechend einzusetzen. Verlieren Sie allerdings die persönlichen Ziele der einzelnen nicht aus den Augen. Vielleicht möchte Herr Heize ja auch ganz bewußt mal etwas anderes machen. Die übrige Aufgabenverteilung ist mit dem Team abzustimmen. Ein hohes Engagement, Flexibilität und Offenheit können dabei die fehlende Erfahrung ausgleichen.

8. Die fehlende Erfahrung, die voraussichtlich mangelnde operative Unterstützung im Projektmanagement durch den Assistenten und den Professor sowie die knappe Zeit stellen bei diesem Projekt das höchste Risiko dar. Sie sollten dies offensiv angehen und das offene Gespräch mit Auftraggeber und Professor suchen, damit keine falschen Vorstellungen und Erwartungen entstehen, was für 25.000 DM in 12 Wochen mit einer Gruppe von „unerfahrenen" Studenten realistisch machbar ist. An diesen Eckwerten und Rahmenbedingungen sollte das Ergebnis gemessen werden und nicht an aufwendigen Profiproduktionen.

9. Sie sollten sich für das folgende Meeting unbedingt darüber im klaren sein, was Sie erreichen wollen. Welche „Hausaufgaben" möchten Sie den einzelnen Teammitgliedern mitgeben? Die Agenda für das nächste Meeting könnte beispielsweise vorsehen, den Zeitplan und die Vorgehensweise vorzustellen. Oberste Priorität sollte die gemeinsame Erarbeitung von Vision und Zielsetzung des Projektes auf Grundlage eines Vorschlags von Ihnen sein.

6.2 ONLINE-IMMOBILIENMARKT

AUSGANGS-LAGE Für eine Institution soll ein Online-Immobilienmarkt entwickelt werden. Da hierfür voraussichtlich umfangreiche Mittel und Ressourcen nötig sein werden, soll als Entscheidungsgrundlage ein funktionaler Prototyp entwickelt werden.

Sie erhalten den Auftrag, diesen Prototypen zu konzipieren und zu betreuen. Der Prototyp soll nicht eine grafische Gestaltung zeigen, sondern die folgenden Prozesse visualisieren: zum Verkaufen oder zur Vermietung stehende Immobilien suchen, Immobilienanzeigen aufgeben (für Makler, Grundstücksverwaltungen etc.) und die Einpflege eines Suchprofils (potentielle private Interessenten können ein individuelles Profil für gesuchte Immobilien im System hinterlegen). Im Vordergrund stehen die Konzeption und Entwicklung einer Bedienungsoberfläche und die technologische Umsetzung der Aufgabenstellung.

In die Konzeption des Prototypen ist neben dem Auftraggeber ein renommiertes Maklerbüro eingebunden. Dieses Maklerbüro soll den Aufbau des Online-Immobilienmarktes inhaltlich beraten. Die Mitarbeiter sind mit dem Medium Internet zwar nicht vertraut, verfügen aber natürlich über jahrelange Erfahrung im Immobilienbereich. Dieses Büro stellt Ihnen ein System zur Kategorisierung für den Suchmechanismus bzw. die Klassifizierung von Immobilien zur Verfügung.

Das Kategorisierungssystem sieht folgende Einteilung vor:
- Immobilienart (Mietwohnungen, Häuser zur Miete, Gewerbliche Mietobjekte, Eigentumswohnungen, Häuser zum Kauf etc.)
- Größe (Zimmeranzahl, Quadratmeterzahl)
- Preis (Kaltmiete, Nebenkosten, Warmmiete, Courtage, Kaufpreis, Provision)
- Rahmenbedingungen (Vermieter, Ambiente, Lage, Fahrstuhl, Pkw-Stellplatz, Gartennutzung etc.)
- Region

Neben Herrn Dr. Karstens und Herrn Röger von der auftragserteilenden Institution sind Herr Dr. Meyer und Frau Burg vom Maklerbüro im Team vertreten. Auf der Seite der Institution stehen Ihnen für die detaillierte Abstimmung nur ein Auszubildender und ein Trainee zu wechselnden Zeiten als Ansprechpartner zur Verfügung. Für Richtungsentscheidungen bezüglich des Projektes werden vierwöchentlich stattfindende Lenkungsausschußsitzungen vereinbart.

Zur Erstellung des gesamten Prototypen stehen Ihnen ca. 60.000 DM zur Verfügung. Der Prototyp soll nach drei Monaten abgeschlossen sein. Vom Budget sind insgesamt 25 Manntage für die Programmierung vorgesehen. Die restlichen Tage verteilen sich auf zwei Tage HTML-Skripting und Grafik sowie acht Tage Projektmanagement. Es gibt jedoch kein genaues Datum für die Abgabe des funktionalen Prototypen. Im Agenturteam sind neben Ihnen ein Grafiker und zwei Online-Entwickler vorgesehen.

PROJEKT-
SITUATION
Nachdem die Vorgespräche mit dem Kunden und dem Maklerbüro been-
det sind, stellen Sie eine Anforderungsliste, ein erstes Briefing und ein
vorläufiges Strukturgramm zusammen und übergeben dies im Kick-off-
Meeting an das Team, das aus den zwei Online-Entwicklern und dem
Grafiker besteht.

Im Verlauf des Projektes erweist sich die Umsetzung der einzelnen
Aufgabenpunkte komplexer und schwieriger, als dies von den Program-
mierern ursprünglich angenommen wurde. Nachdem etwa 15 Manntage
Programmierleistung erbracht worden sind, ist nur eine der drei Aufgaben – *Zum Verkaufen oder zur Vermietung stehende Immobilien suchen*
– bewältigt. Bei dieser Umsetzung besteht allerdings noch erheblicher
Nachbesserungsbedarf, da die entwickelte Version nach Aussage der
Entwickler instabil läuft. Diese Feststellung wurde durch einen Systemabsturz unterstrichen, den sie selbst bei einer internen Präsentation
erlebt haben. Es ist offensichtlich, daß der vorgesehene Aufgabenumfang mit den drei Bereichen: *Zum Verkaufen oder zur Vermietung stehende Immobilien suchen, Immobilienanzeigen aufgeben* und *Einpfle-
gen eines Suchprofils* nicht realisiert werden kann.

Es gibt in der Entwicklungsabteilung Ihrer Agentur unterschiedliche
Stimmen. Insbesondere einige Programmierer aus dem Offline-Bereich,
die sich hauptsächlich mit der Entwicklung von CD-ROM-Anwendungen
beschäftigen, vertreten die Meinung, daß die damalige Entscheidung,
die Technologie clientseitiges Java für die Funktionsabbildung im Immo-
bilienmarkt einzusetzen, ein Fehler war. Die Festlegung auf diese Technologie wurde seinerzeit von den Online-Entwicklern allein getroffen,
ohne den Entwicklungsleiter zu konsultieren.

Man kommt zu dem Ergebnis, ein Meeting unter Beteiligung aller Programmierer einzuberufen, um Alternativen zu suchen und zügig die
nächsten Schritte einzuleiten. Im Laufe des Meetings zeigt sich aber leider wenig Kooperationsbereitschaft zwischen den Entwicklern aus dem
Off- und Online-Bereich. Sie als Projektleiter nehmen zwar nicht an dem
Meeting teil, da Sie aber hin und wieder an dem Besprechungsraum vorbeikommen, können Sie mitverfolgen, daß sich die Stimmung langsam,

aber stetig erhitzt. Die Diskussion artet in einen lautstarken Kompetenz- und Technologiestreit aus. Der Entwicklungsleiter bietet an – allerdings ohne Rücksprache mit den Online-Entwicklern –, die komplette Aufgabenstellung mittels Microsoft-Technologie und Ressourcen aus seinem Offline-Bereich noch einmal zu realisieren. Dabei ist allerdings offenkundig, daß hierunter andere laufende Projekte des Offline-Bereiches negativ beeinflußt würden.

1. Wie sieht Ihre neue Zeitplanung und Aufgabenverteilung aus?

2. Wie kommunizieren Sie die Veränderungen im Projekt dem Kunden?

3. Wie hätte die Zuspitzung der Situation vermieden werden können?

IHRE AUFGABEN

1. Eine angespannte Situation, in der Sie als Vermittler und Schlichter gefragt sind. Hier werden insbesondere Ihre kommunikativen Fähigkeiten benötigt, denn eine solche Streitsituation, aus der im Anschluß nicht konstruktive Lösungswege mit den entsprechenden Konsequenzen gefunden werden, führt schnell zu Frustration, Einbruch der Produktivität und Kündigung von Mitarbeitern. Sie sollten tunlichst vermeiden, diese Situation im Alleingang zu meistern, da hier vermutlich noch mehr Konflikte, die nicht nur auf dieses Projekt bezogen sind, im argen liegen. Der erste Schritt sollte die Einberufung eines Krisenmeetings mit Geschäftsführer und Entwicklungsleiter sein. Entwerfen Sie im Vorfeld einen Vorschlag, der beispielsweise vorsehen könnte, daß die Online-Entwickler den Immobilienanzeigen-Suchteil mit der Java-Technologie in einem stabilen Zustand abschließen und die Offline-Fraktion sich dem Bereich der Einpflege von Immobilienangeboten annimmt. Diesen Vorschlag sollten Sie gemeinsam mit dem Entwicklungsleiter und dem Geschäftsführer abstimmen und über einen neuen Zeitplan beraten. Da kein mit dem Kunden verabschiedeter Endtermin vorliegt, ist sicherlich die Möglichkeit gegeben, die Projektlaufzeit um einige Tage auszudehnen.

MÖGLICHER LÖSUNGSWEG

2. Bis auf die voraussichtlich leichte zeitliche Verzögerung ist eine Lösung mit unterschiedlichen Technologien durchaus auch im Sinne des Kunden als Vorteil zu werten. Es geht ja bewußt nicht um eine einsatzfähige Version, sondern in erster Linie um einen Prototypen, dessen Aufgabe es u. a. ist, im pragmatischen Ansatz die Einsatzfähigkeit und Charakteristika von Technologien aufzuzeigen.

3. Es ist sicherlich als ein Fehler seitens des Projektmanagers zu verbuchen, daß diese Krisensituation erst nach 15 schon „verbrauchten" Manntagen offensichtlich wird. Hier hat der Projektmanager entweder geschlafen oder zuviel Vertrauen in die Online-Entwickler gesetzt. Offensichtlich war auch das Briefing für die Entwickler nicht eindeutig genug, oder sie haben es nicht gelesen. Einem Profi darf so etwas nicht passieren. Handelt es sich um eine derartig neue Herausforderung, ist in jedem Falle eine Risikoanalyse von den Entwicklern durchzuführen. Der Projektleiter ist unbedingt frühzeitig über mögliche Verzögerungen in Kenntnis zu setzen, damit ausreichend Zeit für angemessene Gegenmaßnahmen bleibt. Zweifelsohne hätte der Entwicklungsleiter von Beginn des Projektes an im Team vertreten sein müssen und aufgrund seiner Erfahrung bei einer realistischen Einschätzung von Zeit und Technologie dem Projektmanager und den Online-Entwicklern zur Seite stehen müssen. Bei der Entwicklung von Prototypen ist von seiten des Projektleiters und Entwicklungsleiters grundsätzlich auf eine klare Definition und Dokumentation der Leistungsfähigkeit und der Verwendung eines Prototypen zu achten.[18]

6.3 EXTRANET-PROJEKTENTWICKLUNG

AUSGANGS- Für ein Unternehmen soll mittelfristig – Zeithorizont ca. 10 Monate – ein
LAGE umfassendes Extranet entwickelt werden. Das Unternehmen möchte u. a. seine externen Lieferanten und das komplette Händlernetz über dieses Extranet anbinden, so daß beispielsweise Lieferzeiten von Produkten, Bestellungen, die Bereitstellung von Gebrauchsanweisungen usw. in Zukunft einfacher und schneller bearbeitet bzw. zur Verfügung gestellt werden können.

---

[18] *Vgl. Das V-Modell, A.-P. Bröhl / W. Dröschel, S. 100 ff.*

Nachdem Sie als Agentur eine überzeugende Idee und ansprechende Layouts für das Redesign der derzeitigen Internet-Website des Unternehmens erarbeitet haben, sind Sie für die Realisierung des Extranets prädestiniert. Sie haben in Ihrer Agentur also schon einmal den Sekt kaltgestellt und eine Party anberaumt, da insgesamt mit dem Unternehmen über einen nahezu siebenstelligen Etat verhandelt wird. Allerdings befinden Sie sich noch in der Angebotsphase und sind dabei, den Kostenvoranschlag für die gesamte Realisierung mit dem potentiellen Auftraggeber abzustimmen.

Es gibt bereits erste Extranet-Ansätze in Form einer Anbindung der hauseigenen DV-Abteilung mit einigen Händlern, die die Produkte des Unternehmens vertreiben. Die HTML-Seiten dieses ersten Ansatzes sind in Layout und Struktur dem alten Internet-Auftritt des Unternehmens angepaßt. Der Umfang dieser Vorstufe des Extranets beträgt rund 10 HTML-Seiten. Man ist sich aber im Unternehmen darüber einig, daß diese bestehenden Seiten nur als „Platzhalter" für die geplante Extranet-Version fungieren.

Als internes Marketinginstrument sowie als Entscheidungsgrundlage insbesondere auch für die Top-Management-Ebene soll innerhalb eines Zeitrahmens von ungefähr 3 Wochen ein „Demo-Extranet" entwickelt werden. Neben den Vorarbeiten der DV-Abteilung bietet sich aus inhaltlicher Sicht der gerade erschienene halbjährliche Produktkatalog an. Aus diesem Produktkatalog sollen einige Auszüge in HTML-Technologie dargestellt werden, um eine sinnvolle inhaltliche Nutzung des zu entwickelnden Extranets zu veranschaulichen. Der Umfang dieser Auszüge soll 15 DIN-A4-Seiten betragen. Auf diesen Seiten ist die Produktbeschreibung in einem aufwendigen Spaltenlayout realisiert. Es finden sich weiterhin umfangreiche Grafiken und Tabellen, so daß ein HTML-Export der Printversion des Produktkataloges mittels einer Software nicht möglich ist. Der gesamte Produktkatalog umfaßt in der gedruckten Version insgesamt 180 Seiten, die in acht Kapitel gegliedert sind. Der Produktkatalog soll später einmal komplett im Extranet abgebildet werden.

Die in HTML umgesetzten Auszüge aus dem gedruckten Produktkatalog sollen beispielhaft in die bereits bestehenden zehn Extranet-Seiten der DV-Abteilung eingebunden werden. Dabei soll eine medienadäquate Umsetzung in bezug auf die Inhalte und deren Darstellung, insbesondere der Unternehmens-CI, des Designs sowie der generellen Navigation entwickelt werden. Eine einfache Pflege- und Update-Möglichkeit, ideal per Knopfdruck, ist vom Kunden zumindest im konzeptionellen Ansatz gewünscht.

PROJEKT-SITUATION

Nach einer kurzen Abstimmungsphase mit dem Unternehmen erhalten Sie den Auftrag für die Erstellung dieses ersten „Demo-Extranets". Mit dem Auftrag sind ca. 15 Manntage für ein Volumen von 25.000 DM auf Agenturseite abgedeckt.

Im Leistungsumfang sind enthalten:

- Umsetzung von Auszügen des Produktkataloges aus zwei Kapiteln (15 Seiten), Vorwort des Vorstandes aus dem Produktkatalog mit Übersichtsplan der Produktionswerke mit deren Standorten (drei Seiten) und
- Anpassung der bestehenden Extranet-Seiten der DV-Abteilung an das neue Design (zehn Seiten).

Die Aufgaben sind:

- Entwicklung einer Navigation,
- Entwicklung eines Extranet-Designs auf Basis der Internet-Entwürfe,
- medienadäquate Umsetzung des Produktkataloges und
- Überlegungen zur einfachen redaktionellen Pflege desselben.

Nach Auftragserteilung findet ein erstes Gespräch im Hause des Auftraggebers statt. Dabei kommen noch einmal die grundsätzlichen Vorgaben zur Sprache:

- Unternehmens-CI (ein kompletter CI-Ordner liegt Ihnen bereits vor),
- Pflegbarkeit und
- die Bedeutung einer einfachen Navigation.

Im Zuge dieses Briefinggespräches werden Ihnen auch die Materialien übergeben. Dies sind neben den HTML-Dokumenten der bestehenden Seiten QuarkXPress-Dateien, die zur Erstellung der Printversion des Produktkataloges dienten. Alle Materialien erhalten Sie in elektronischer Form auf einer CD-ROM. Die ursprünglichen Quellmaterialien des Produktkataloges sind Word- und Excel-Dokumente, die Ihnen auf Wunsch ebenfalls ausgehändigt werden können.

Wieder zurück in Ihrer Agentur arbeiten Sie die Ergebnisse des Meetings auf und übergeben die Materialien mit einem schriftlichen Briefing, das die wesentlichen Punkte noch einmal zusammenfaßt, an einen Grafiker mit HTML-Kenntnissen in Ihrer Agentur. Sie besprechen die Aufgabenstellung mit dem Grafiker und vereinbaren einen ersten Abstimmungstermin mit dem Kunden in der folgenden Woche.

In der darauffolgenden Woche stellen Sie dem Kunden wie vereinbart einen funktionalen HTML-Prototypen, der 10 Seiten abdeckt, vor. An der Präsentation nehmen außer Ihnen der Grafiker und ein Geschäftsführer Ihrer Agentur teil. Obwohl der Termin in einem kleinen Besprechungsraum angesetzt ist, sind Sie über die rege Anteilnahme des Kunden überrascht. Zur vereinbarten Zeit füllt sich der Raum überraschenderweise mit insgesamt 12 Teilnehmern, wobei neben Ihrem direkten Projekt-Ansprechpartner auch ein Entscheider aus dem Top-Management auf der Kundenseite sitzt.

Als Ergebnis der Präsentation lassen sich folgende Punkte festhalten, die nach Ansicht des Kunden unbedingt von Ihrer Agentur zu verbessern sind:

• Die CI-Richtlinien sind konsequenter auf das Layout zu übertragen,
• die Aufbereitung der Inhalte soll medienadäquater erfolgen, als Stichwort wurde eine „Darstellung der Produkte in Informationshäppchen" genannt, und
• eine klarere Navigation ist zu entwickeln, die eine genaue Differenzierung zwischen inhaltlichen und funktionalen Elementen aufweisen soll. In Ihrem Vorschlag befanden sich in der linken Navigationsleiste

unter den inhaltlichen Aspekten des Demo-Extranets auch die funktionale Komponente „Quick-Finder" mit einem Eingabefenster.

Sie versprechen, den Entwurf in den nächsten Tagen zu überarbeiten. Eine erneute und abschließende Präsentation wird für die folgende Woche vereinbart.

Bei einer internen Nachbesprechung der Präsentation ergeben sich unerwartete Verständnisschwierigkeiten mit dem ausführenden Grafiker. Es bestehen Meinungsverschiedenheiten zwischen Ihnen und dem Grafiker über das Wie und Warum der vom Kunden gewünschten Änderungen. Da diese nicht ausgeräumt werden können, wird ein Art Director mit hinzugezogen, der von Ihnen gebrieft wird. Man einigt sich auf einen neuen internen Entwurf in zwei Tagen. Zwei Tage später präsentieren Ihnen die beiden aufgeregt eine in ihren Augen „geniale" Lösung, die sich allerdings nicht als Verbesserung der ersten HTML-Variante herausstellt. Der Produktkatalog wurde von den beiden mittels des PDF-Formates von Adobe fast analog zur Printvorlage elektronisch umgesetzt. Diese PDF-Lösung, die sicherlich einige Vorteile bietet, ist Ihrer Ansicht nach aber ganz und gar nicht im Sinne des Kunden und des späteren Extranets. Man einigt sich darauf, parallel die beiden Ansätze weiterzuentwickeln:

1. die Fertigstellung der PDF-Lösung mit den geforderten insgesamt 15 Seiten des Produktkatalogs und

2. die Verbesserung des zuletzt präsentierten HTML-Masters nach den Wünschen des Kunden aus dem letzten Meeting.

Zwei Tage vor der eigentlichen Präsentation treffen Sie den Art Director, der die Verbesserung des HTML-Masters bearbeiteten sollte, zufällig auf dem Flur. Auf Nachfrage teilt er Ihnen etwas verlegen mit, daß er aufgrund anderer Projekte leider noch kein Stück weitergekommen ist. Sie bitten ihn noch einmal eindringlich, sich der Sache anzunehmen, da bereits in zwei Tagen die abschließende Präsentation ansteht. Am gleichen Abend sieht der Geschäftsführer Ihrer Agentur zufällig die PDF-Variante bei dem Grafiker und hält Rücksprache mit Ihnen. Er befürchtet,

nach Ihrer Ansicht auch zu Recht, daß zum nächsten Präsentations-
termin keine befriedigende Weiterentwicklung des bisherigen HTML-
Masters – und damit eine für den Kunden überzeugende Lösung – präsentiert werden kann. Damit ist nicht zuletzt auch die Erteilung des
Extranet-Gesamtauftrages gefährdet, der für Ihre Agentur natürlich stra-
tegisch und wirtschaftlich sehr wichtig ist. Man vereinbart am Tag vor
der abschließenden Kundenpräsentation ein Krisenmeeting in folgen-
der Besetzung: Projektmanager, Art Director und Creative Director. Der
Creative Direktor hatte das Design für das Internet-Redesign entwickelt.

1. Wie sieht Ihre Agenda für das Krisenmeeting aus?   **IHRE**
AUFGABEN
2. Wie verteilen Sie die Aufgaben neu?

3. In welcher Form und was präsentieren Sie dem Kunden am Folgetag?

4. Wie kommunizieren Sie die Veränderungen im Projekt zum Kunden?

5. Analysieren Sie den bisherigen Projektverlauf und zeigen Sie Wege
   auf, wie die Krisensituation hätte vermieden werden können.

1. Wie Sie sicherlich bemerkt haben, ist im Krisenmeeting, das für den   **MÖGLICHER**
   nächsten Tag angesetzt wurde, der Grafiker, der die ursprüngliche   **LÖSUNGSWEG**
   HTML-Version und die PDF-Variante erstellt hat, nicht anwesend. Da
   sich nach der ersten Kundenpräsentation Verständigungsschwierig-
   keiten ergeben hatten und Sie nur noch einen Tag zur Vorbereitung
   für die wichtige Kundenpräsentation haben, wurde der Teilnehmer-
   kreis begrenzt.
      Die Agenda für das Krisenmeeting sollte die Ist-Situation mit den
   Aufgaben aus der letzten Präsentation und die Soll-Situation für die
   morgige Präsentation enthalten. Den Schwerpunkt wird sicherlich
   die konzeptionelle Weiterentwicklung von Navigation, Beachtung der
   CI-Richtlinien und der Aufbereitung des Inhalts einnehmen. Es liegt in
   Ihrer Verantwortung, diese Agenda sowie das Krisenmeeting sorgfältig vorzubereiten und so eine effiziente Arbeitsgrundlage mit der
   Vorgabe von Zielen für diesen Tag zu schaffen.

2. Da Sie nur wenig Zeit zur Verfügung haben, ist eine gemeinsame Kraftanstrengung bei der konzeptionellen Arbeit erforderlich. Da der Creative Director in dem Bereich Extranet noch neu ist, gehört es zu Ihrer Aufgabe, den kreativen Prozeß der Ideenfindung und den Anstoß für neue Ansätze konstruktiv zu fördern. Nach Abschluß dieses Brainstormings sollten Sie als Projektmanager die Präsentationsfolien vorbereiten, die die Zielsetzung und Arbeitsergebnisse dokumentieren, während die Grafiker arbeitsteilig die bestehende HTML-Version anpassen.

3. Der Kernidee und dem konzeptionellen Ansatz gebührt stets der Vortritt vor der funktionalen Ausarbeitung. Aus Zeitgründen ist eine Präsentation der Kernidee bzw. des Konzeptes mittels statischer Screenshots durchaus legitim, solange die Funktionsweise für den Kunden verständlich ist. Sie können eine funktionale Komponente immer nachreichen, wenn Ihre Idee überzeugt. In der beschriebenen Situation wird Ihnen aus Zeitgründen auch keine andere Wahl bleiben, als am Folgetag anhand von Screenshots die Bewältigung der Aufgaben „Inhaltliche Darstellung", „CI-Richtlinien" und „Trennung von Inhalt und Funktion" dem Kunden zu präsentieren.

4. Da Sie nach Abschluß der Präsentation und der Ausarbeitung der Anmerkungen sowie der Korrekturen aus diesem Meeting wahrscheinlich das Kontingent des ersten Auftrages erschöpft haben, ist eine Änderung bezüglich des Aufgabenumfangs empfehlenswert, es sei denn, Ihre Agentur möchte in das Projekt investieren, was angesichts des ausstehenden Gesamtauftrages durchaus verständlich wäre. Eine Möglichkeit wäre, die bisherigen drei konzeptionellen und gestalterischen Ansätze HTML-Version, PDF-Variante sowie die Screenshots mit neuen Ansätzen aus dem Krisenmeeting, die durchaus in unterschiedlicher inhaltlicher Tiefe vorliegen können, nach der Präsentation sinnvoll weiterzuentwickeln und abschließend unter der Darstellung der Charakteristika und Verwendungsmöglichkeiten zu dokumentieren. Somit erhält der Kunde unterschiedliche Ansätze, aus deren Erkenntnissen und Ideen die eigentliche Entwicklung eines Extranets profitiert. Eine klare Trennung zwischen dem ersten Auf-

trag für die Entwicklung einer Studie „Demo-Extranet" und der eigentlichen Entwicklung des Extranets ist aber unbedingt notwendig. Die schrittweise Erweiterung einer Demo-Version birgt häufig die Gefahr, daß ein solches „gewachsenes System" späteren Anforderungen nicht gerecht wird und dann mit viel Aufwand erneuert werden muß.

5. Im bisherigen Projektverlauf sind einige grundlegende Fehler aufgetreten:

- Der Grafiker war offensichtlich mit der Aufgabe überfordert und hätte zu einem früheren Zeitpunkt das Coaching eines erfahrenden Art Directors oder Creative Directors benötigt, zumal es sich ja bei dem potentiellen Folgeauftrag um ein sehr bedeutsames Projekt für Ihre Agentur handelt.

- Aufgrund der Bedeutung des Projektes hätte auch bei dieser Demo-Version unbedingt eine Einbeziehung der Entwicklungsabteilung erfolgen müssen. Hier hätten sich möglicherweise frühzeitig wichtige Erkenntnisse für eine medienadäquate technische Umsetzung der Inhalte ergeben.

- Bezüglich seiner freien Ressourcen kam es bei dem Art Director offensichtlich zu einer Fehleinschätzung. Natürlich kann es immer mal passieren, daß andere Projekte ebenfalls eine erhöhte Aufmerksamkeit verlangen. Es sollte allerdings nicht vorkommen, daß Sie darüber nur durch Zufall in einem Flurgespräch erfahren. Ist der Art Director durch andere Projekte gebunden, so ist der Projektmanager unverzüglich darüber zu unterrichten. Eine verantwortungsvolle Einschätzung seiner Möglichkeiten obliegt dabei jedem Teammitglied.

- Grundsätzlich ist zu erwägen, ob die Entwicklung eines „Demo-Extranets" in diesem kurzen Zeitraum mit einem derart kleinen Budget überhaupt zweckmäßig ist. Angesichts der Komplexität der im zukünftigen Extranet abzubildenden Geschäftsprozesse bewegen wir uns durchaus im Bereich der klassischen Software-Entwicklung, bei der die erforderlichen Schritte *Anforderungsanalyse und*

Entwurf, Risikoanalyse und technische Machbarkeit, Implementie-
rungsplanung, Komponentenentwicklung, Testen und DV-Integra-
tion auf jeden Fall berücksichtigt werden sollten. Dies setzt eine
fundierte Planungs- und Analysephase voraus. Zwar ist der Wunsch
des Kunden verständlich, schnell „etwas in der Hand zu haben",
was er intern präsentieren kann. Bei der geplanten Entwicklung ist
allerdings die Investition von 25.000 DM in eine fundierte Anforderungsanalyse und Planung allemal sinnvoller als eine übereilte
Demo-Version.

6.4 INTERNET-PITCH

Im letzten Fallbeispiel möchte ich eine Wettbewerbssituation für einen
Internet-Etat aufgreifen. Sie werden im folgenden nicht die typische
Schilderung von Ausgangs- und Projektsituation finden, sondern ein
vom potentiellen Auftraggeber versandtes Briefing an Ihre Agentur. Ein
solches Briefing wird in der Regel an mehrere Agenturen verschickt. Sie
haben die Möglichkeit, einzelne Aspekte beim potentiellen Auftraggeber nachzufragen oder sogar ein persönliches Gespräch zu vereinbaren.

Der potentielle Auftraggeber lädt dann zu einem festgesetzten Termin
alle Agenturen ein, ihren konzeptionellen und in der Regel grafischen
Vorschlag mit einer „Hausnummer" für das benötigte Budget nachein-
ander zu präsentieren. Danach erfolgt die Auswahl der Agentur durch
den Auftraggeber. Eine zweite Auswahlrunde ist durchaus nicht ungewöhnlich. Hier könnten dann beispielsweise technische Themen vertieft
werden.

Ihrer Agentur stehen für die Vorbereitung der Präsentation ca. 10
Werktage zur Verfügung.

IHRE   1. Welche Schritte ergreifen Sie nach Erhalt des Briefings?
AUFGABEN   2. Was – und in welcher Form – präsentieren Sie im Pitch?

KUNDEN

Aktiengesellschaft

Agentur GmbH
Herr Uwe Greunke
Projektleiter
An der Alster 34
D-20087 Hamburg

Kunden AG
Frau Sara Matrell
Marketingabteilung
Elbchaussee 278a
D-22587 Hamburg

Telefon 040 / 451 32 – 301
Telefax 040/451 32 - 333
sara.matrell@kundenag.de

Hamburg, den 13.2.99

Internet-Auftritt
MODERN ART MUSEUM Berlin

Sehr geehrter Herr Greunke,

die KUNDEN AG beabsichtigt im Rahmen der Kultur-Sponsoring-Aktivitäten anläßlich der Eröffnung der Ausstellung „Raum-Objekte" von Herman Claudio am 15. Mai 1999 eine Internet-Präsenz für das MODERN ART MUSEUM in Berlin erstellen zu lassen. Der Auftritt soll in der ersten Phase vorwiegend Informationen über die aktuelle Ausstellung, das Museum selbst und vergangene Ausstellungen enthalten (siehe auch beiliegende Sitemap). Zu einem späteren Zeitpunkt ist aber durchaus an funktionale und inhaltliche Erweiterungen gedacht. Das *Modern Art Museum* möchte den Internet-Auftritt nach Erstellung in Eigenregie pflegen. Hierzu ist ein geeignetes Redaktionssystem vorzustellen.

Sie finden in der Anlage ein kurzes Briefing sowie eine Sitemap. Wir möchten Sie am

Mittwoch, dem 2. März 1999, um 11 Uhr

zu einer Präsentation Ihrer Ergebnisse einladen. Bitte informieren Sie mich, ob Sie diesen Termin wahrnehmen können.

Wir freuen uns auf Ihre Vorschläge und die grafische Gestaltung. Falls Sie noch Fragen haben, stehen wir Ihnen gern zur Verfügung.

Mit freundlichen Grüßen

Sara Matrell

Anlage

Abbildung 26: Briefing „Internet-Auftritt" ▶

222

KUNDEN

Aktiengesellschaft

**MODERN
ART
BERLIN**

BERLIN-MITTE

Internet
Projekt
Stand
14.2.1999

Briefing für die Präsentation

Um eine geeignete Auswahl einer Agentur treffen zu können, bitten wir um die Berücksichtigung der folgenden Punkte für die Präsentation:
- Layout der Strecke: Homepage, Informationen, Konzept
- Layout der Seite Aktuelle Ausstellung, Objektauswahl
- Vorschlag Navigationssystem und Integration Layouts der Position 1.+ 2.
- Vorschlag für Redaktionssystem incl. Layout (Template)
- Abfrageoberfläche für eine Suche in der Internet-Website

Anforderungen an den MODERN ART Internet-Auftritt:
Aus heutiger Sicht stehen folgende Rahmenbedingungen fest:
- Effiziente Informationsbereitstellung
- Schnellstmögliches Finden von Informationen
- Vermeidung von Redundanzen
- Transparenz der Informationen
- Medienadäquate Darstellung der Information

Anwender im Mittelpunkt
- Schneller Bildaufbau
- Bedienerfreundlichkeit
- Intuitive Bedienungsmöglichkeit
- Komfortable Freitext-Suche
- Mit wenigen „Klicks" zum Ziel
- Anzeige des momentanen „Standorts" für den Website-Besucher

Zielgruppe
- Ausstellungsbesucher
- Berlintouristen
- Kunden und Zulieferer der KUNDEN AG
- Studenten
- Mitarbeiter
- Presse

Unkomplizierte Pflege und Erweiterung/Ausbau
- Einfach zu bedienendes Redaktionstool für die Mitarbeiter des Museums
- Integration von neuen Inhalten soll durch das Museum erfolgen

KUNDEN

Aktiengesellschaft

MODERN ART BERLIN

BERLIN-MITTE

Internet
Projekt
Stand
14.2.1999

Struktur

Die Struktur ist als Vorschlag zu verstehen, welcher selbstverständlich durch Ideen und Anregungen von Agenturseite ergänzt werden kann.

Die für alle Website-Besucher relevanten Informationen werden unter der Kategorie „Information" aufgeführt. Getrennt hiervon sind die Informationen über die jeweiligen Ausstellungen gelistet.

Vorgaben für das Navigationsmenü

- Navigationsmenü möglichst auf der linken Seite
- Inhaltspunkte:
  - Start (verweist auf Hauptstartseite beispielsweise index.htm)
  - Hilfe
  - Suche
  - Index
  - Inhaltspunkte
- Eventuell Pull-Down-Menüs für die inhaltlichen Aspekte der aktuellen Ausstellung
- Navigationsbutton „Zurück" im Inhaltsbereich der Seite, um auf die Eingangsseite der jeweiligen Hauptkategorie zu gelangen

Navigationszeile

- Analog Yahoo
- Anordnung ab der 2.Navigationsebene möglichst im Seitenkopf
- Suchfeld ist alternativ zum Menüpunkt „Suche" vorstellbar

Entwurf Struktur und Sitemap

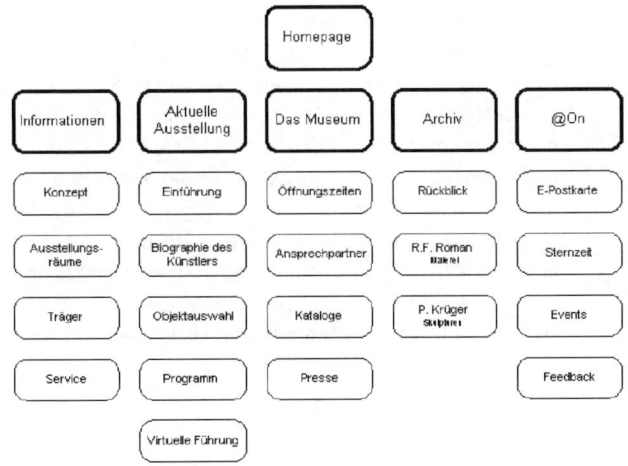

KUNDEN

Aktiengesellschaft

MODERN ART BERLIN

BERLIN-MITTE

Internet
Projekt
Stand
14.2.1999

Informationen zum Museum

In der alten und neuen Mitte Berlins liegt Unter den Linden das MODERN ART MUSEUM Berlin. Der Name der Ausstellungshalle offenbart ihre Initiatoren: die Förderung der modernen Kunst in der aufstrebenden Metropole Berlin. Dabei wird die Schaffung eines Forums für moderne Kunst im Zentrum des Umbruchs und Neubeginns anvisiert.

Konzept

Gezeigt werden jährlich drei bis fünf hochkarätige Ausstellungen, von denen je zwei als Auftragsarbeit an einen Künstler vergeben werden. Das Ausstellungsprogramm sowie der tägliche Betrieb werden in alleiniger Verantwortung des MODERN ART MUSEUM Berlin organisiert.

Räumlichkeiten

Die Ausstellungshalle des MODERN ART MUSEUM Berlin befindet sich im Erdgeschoß des 1910 erbauten Sandsteingebäudes. Nach Entwürfen des amerikanischen Architekten Jean Goldman entstand dort eine 700 Quadratmeter große, klar strukturierte Galerie. Sie steht in der Tradition weiterer renommierter Museumsbauten Goldmanns wie dem ART MUSEUM in New York und der GALLERY in Pittsburgh. Vom Ausstellungsraum führt eine Treppe zum Museumsshop und dem Café MOD/ART, das einen Ausblick in den überdachten Innenhof des Gebäudes bietet.

Träger

Neben der ART Collection in Genf, dem Museum Helsinki und dem Haus in New York ist das MODERN ART MUSEUM Berlin der weltweit zehnte Ausstellungsort der INTERNATIONAL COOPERATION. Der Standort Deutschland schlägt in besonderer Weise eine Brücke zu den historischen Wurzeln der INT. COOPERATION. Denn ursprünglich stammen die Gründer der INT. COOPERATION aus Deutschland, und Mary Schmidt, die erste Direktorin des ART MUSEUM, emigrierte aus dem damaligen Schlesien nach New York. Heute besitzt die INT. COOPERATION eine Vielzahl von modernen Kunstobjekten und organisiert wiederholt Ausstellungen bedeutender nationaler und internationaler Künstler. Die KUNDEN AG betrachtet das Engagement in Sachen Kultur als integralen Bestandteil ihrer unternehmerischen Tätigkeit. Sie unterstützt beständig Ausstellungen im MODERN ART MUSEUM und ist seit 1995 auch im internationalen Kultur-Sponsoring aktiv. Mit der Initiative, für das MODERN ART MUSEUM Berlin nun eine Internet-Präsenz aufzubauen, setzt die KUNDEN AG einen weiteren Meilenstein innerhalb ihres Kunstkonzepts.

KUNDEN
Aktiengesellschaft

MODERN
ART
BERLIN

Internet
Projekt
Stand
14.2.1999

Informationen zur geplanten Ausstellung

Nach F.R. Roman präsentiert das MODERN ART MUSEUM Berlin vom 15. Mai 1999 bis zum 30. September 1999 mit der Ausstellung „Raum-Objekte" von Herman Claudio einen weiteren herausragenden amerikanischen Künstler des 20. Jahrhunderts. Für Claudio ist es die erste museale Einzelausstellung in Deutschland. Die Ausstellung fokussiert mit zirka 40 ausgewählten Objekten aus den neunziger Jahren die aktuelle Schaffensphase des Künstlers. Auftakt der Ausstellung ist das legendäre Objekt „Railroad", das Claudio im Herbst 1992 im Alter von 32 Jahren schuf. „Railroad" ist den frühen Vorbildern des Künstlers verpflichtet - Jan Marky, Willem van de Broug und Hasal Bold. Auslöser für den Übergang von Malerei und Zeichnung zur Schaffung von Objekten waren jedoch die Arbeiten von Jackson Bround, die er 1989 in der Object Gallery in New York gesehen hatte. So ermutigte Brounds Ablehnung der Pinselmalerei Claudio ebenfalls zu einer freieren Arbeit an Objekten. Mit unterschiedlichen Materialien schuf der Künstler eindrucksvolle Werke aus wechselnden, fast transparenten Flächen. Dabei ist für Claudio die Fluidität der Oberfläche und nicht wie bei Brounds die Bewegung als solche der eigentliche Leitgedanke seines Schaffens.

Objekt Railroad (Entstanden 1992)

Objekt Pieces (Entstanden 1994)

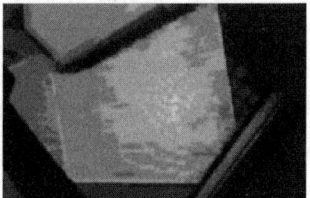

Objekt Grow (Entstanden 1994)

Abbildung 26: Briefing

MÖGLICHER
LÖSUNGS-
WEG

1. Zunächst einmal ist zu entscheiden, welche Ressourcen für die Vorbereitung des Pitches benötigt werden. Üblicherweise sind hier neben dem Projektleiter der New Business Manager bzw. Geschäftsführer, ein Grafiker und ein Entwickler, der beratend in der Vorbereitung zur Seite steht, eingebunden.

   Neben der Ressourcenfrage sind möglichst umfassende Hintergrundinformationen über das Museum und den Träger, die KUNDEN AG, einzuholen. Das Pitch-Team sollte über die Rahmenbedingungen gründlich im Bilde sein. Schauen Sie sich insbesondere die Aktivitäten von Mitbewerbern des potentiellen Kunden an. Nehmen Sie die Gelegenheit wahr, Rücksprache mit dem potentiellen Kunden zu halten, wenn möglich in einem erweiterten Briefing-Meeting und unter Beteiligung des Grafikers und Entwicklers. So können Sie sich einen guten Eindruck der Vorstellungen des potentiellen Auftraggebers und der Unternehmenskultur verschaffen.

   Nehmen Sie sich für die Phase der Informationsrecherche und inhaltlichen Ausrichtung der Präsentation mit der Festlegung der Kernaussagen die erste Woche Zeit. In der zweiten Woche sollten Sie dann an die konkrete Ausgestaltung der grafischen Ansätze (Position 1 und 3) und die Aufbereitung der Punkte *Screenlayout, Navigation* und *Redaktionssystem* gehen.

2. Das vom potentiellen Auftraggeber vorgelegte Briefing läßt bereits auf eine intensive Auseinandersetzung mit dem Thema Internet im allgemeinen und der konkreten Umsetzung im besonderen schließen. Neben den recht detaillierten Vorstellungen und beschriebenen Ansätzen verdient allerdings die Auseinandersetzung mit der eigentlichen zu entwickelnden Kernidee für den Internet-Auftritt eine hohe Aufmerksamkeit. Sie sollten sich und dem potentiellen Kunden die Frage beantworten können: Worin liegt der Mehrwert und der mögliche Zusatznutzen der geplanten Internet-Präsenz? Reduziert sich dies im wesentlichen auf die Motivation „Nice to have" oder „Me to", wird sich die anfängliche Euphorie schnell legen und das Medium im routinemäßigen Museumsbetrieb vor sich hindämmern. Werden die eingestellten Informationen nicht gepflegt, ist das Interesse der Öffentlichkeit bald dahin. Soll, wie in diesem Fall, ein Redaktionstool

eingesetzt werden, ist für die Bedienung desselben eine entsprechende Schulung der Mitarbeiter anzubieten. Auch die teilweise Einbindung des Internet-Auftritts in die klassischen Marketing- und Sponsoringaktivitäten des Unternehmens ist zu prüfen. Dem Nutzen sowie den Einsatz- und Entwicklungsmöglichkeiten der geplanten Internet-Präsenz ist in der Präsentation ein entsprechender Rang einzuräumen.

Präsentieren Sie vor einem größeren Auditorium, dem der Hintergrund und das Dienstleistungsspektrum Ihrer Agentur noch nicht bekannt ist, sollten Sie diesen Aspekt zu Beginn der Präsentation einfließen lassen. Fassen Sie sich jedoch kurz, denn es geht schließlich hauptsächlich darum, einen Ansatz für die zukünftige Internet-Präsenz des Museums zu zeigen.

Die Kernidee ist durch eine adäquate und zeitgemäße grafische Gestaltung zu unterstützen. Das Design darf dabei allerdings nie zu einem reinen Selbstzweck werden. *Design follows function*, muß die Devise lauten. Alles andere ist pure Dekoration und hat in einem professionell konzeptionierten Medium nichts verloren. Als Tool für eine Präsentation hat sich das Microsoft-Programm PowerPoint® bewährt. Hiermit können schnell Folien erstellt werden, die mittels Videobeamer bequem vom PC aus präsentiert werden können. Diese Folien sollten Sie ebenfalls ausdrucken und in einem sogenannten Handout, einer gebundenen Präsentationsmappe, dem potentiellen Auftraggeber am Schluß Ihrer Präsentation überreichen. So hat er bei der späteren Agenturauswahl die Möglichkeit, sich noch einmal Ihre Präsentation in Erinnerung zu rufen. Ferner sind der farbige Ausdruck der Screens in DIN-A3-Format und das Aufkleben auf schwarze Pappe (DIN-A2-Format) ratsam. So können Sie anhand dieser Pappen auch in der Präsentation treffend die Umsetzung der Kernidee und die Ausgestaltung des Designs in der Strecke (wie in unserem Fall von der Homepage bis zur aktuellen Ausstellung) dokumentieren.

Ein letzter Hinweis: Beherzigen Sie die Ausführungen unter dem Punkt „Präsentation" im Kapitel 5 „Vertiefung". Neben der rein inhaltlichen und konzeptionellen Ausrichtung sollten Sie auch etwas „Entertainment" und ein „Erlebnis" bieten.

QUELLEN

Adedeji, B. / Pulat, P. (1994): Comprehensive Project Management, New York

Bröhl, A. / Dröschel W. (1995): Das V-Modell, München

Busch, G. B. (1998): Aktive Kundenbindung, Berlin

Cherry, C. (1963): Kommunikationsforschung – eine neue Wissenschaft, Frankfurt

Cooper, C. / Sutherland, V. (1998): Minuten für den Umgang mit schwierigen Kollegen, Offenbach

Duden (1990): Fremdwörterbuch Band 5, 5. Auflage, Mannheim

HORIZONT / CONCEPT! Know-how (1996): Change Management (CD-ROM), Frankfurt, Wiesbaden

Joliet, H. (1991): Informieren – Überzeugen, Düsseldorf

Lewis, Ph. D. / James, P. (1995): Fundamentals of Project Management, Saranac Lake

Mackenzie, A. (1991) Die Zeitfalle, 10. Auflage, Heidelberg

Maser, S. (1971): Grundlagen der allgemeinen Kommunikationstheorie, Berlin

McConnell, S. (1998): Software Project Survival Guide, Redmond

Meyers, G. J. (1995): Methodisches Testen von Programmen, München

Nordemann, W. / Vinck, K. / Hertin, P. W. (1986): Urheberrecht Kommentar zum Urheberrechtsgesetz und zum Urheberrechtswahrnehmungsgesetz, Stuttgart

Schulz von Thun, F. (1981): Miteinander reden, Reinbek

Schwarz, M. (1998): Recht im Internet, Augsburg

Shtub, A. / Bard J. F. / Globerson S. (1994): Project Management Engineering, Technology, and Implementation, New York, USA

Silverman, M. (1996): The Technical Manager's Handbook – A Survival Guide, Boca Raton

Spalink, H. (1998): Werkzeuge für das Change Management, Frankfurt

Wysocki, R. / Beck, R. / Crane, D. (1995): Effective Project Management, New York

Warenpräsentation, Werbung und Verkauf

Heinrich Happel
Werbung für den Einzelhandel
Ein praktisches Handbuch für die Firmen- und Gemeinschaftswerbung

3., aktualisierte und erweiterte Auflage 1998,
625 Seiten, über 100 Abbildungen, gebunden
Bestell-Nr. 50570   DM 148,– (SFr 131,–/ öS 1.080,–)

Aus dem Inhalt: Die 25 häufigsten Werbesünden ● Was darf Werbung kosten? ● Alles über Werbeträger, die Sie nutzen sollten ● Die 20 wichtigsten Werberegeln ● Kundenbefragung ● Werbeanlässe richtig nutzen ● Werbeplanung praktisch umsetzen ● Alles über Text und Gestaltung ● u.v.m.

Dieter Jennen
Handelsumsätze steuern lernen
Erfolgskonzepte für Praktiker

1996, 322 Seiten, über 100 Abbildungen und Checklisten, im praktischen A4-Ringbuch-Ordner
Bestell-Nr. 50515   DM 148,– (SFr 131,–/ öS 1.080,–)

Aus dem Inhalt: Wie nutze ich Trends? ● Erlebnishandel versus Versorgungshandel ● Kaufentscheidung – Worauf Sie achten müssen ● Wie wird gekauft? ● Sortiment systematisch optimieren ● Einrichtung systematisch optimieren ● Service systematisch optimieren ● Saison- und Erlebnisplazierung ● Wie plazieren Sie richtig ● u.v.m.

Brigitta Biegel
Visual Merchandising
Erfolgsstrategien zur Verkaufsförderung

1994, 252 Seiten, mit über 200 vierfarbigen Abbildungen, gebunden mit Schutzumschlag
Bestell-Nr. 50423   DM 128,– (SFr 114,– / öS 934,–)

Aus dem Inhalt: Wegeführung und Raumaufteilung, Kundenführung, Präsentations-Strategien ● Verkaufsoptimale Warensortierung ● Faszinationspunkte ● Richtige Dekoration am P.O.S. ● Beleuchtung - Aber wie? ● Lifestyle- und Erlebnis-visual merchandising ● Promotions ● Über 30 Trends in Szene gesetzt: Golden moments, Cocooning, Safe adventure, Staying alive ● u.v.m

ZUKUNFT IM MARKETING

Zukunft im Marketing Bd. 2

Volker Halstenberg

Integrierte Marken-Kommunikation

**Psychoanalyse und Systemtheorie im
Dienste erfolgreicher Markenführung**

1996, 320 Seiten, zahlreiche Abbildungen, gebunden
mit Schutzumschlag
Bestell-Nr. 50524   DM 128,– (SFr 114,–/ öS 934,–)

Aus dem Inhalt: Funktion von Marken in informations-
und angebotsüberfluteten Märkten ● Produkt und
Kommunikation ● Preis und Kommunikation ● Distribu-
tion und Kommunikation ● Werbe-Erfolgsprognose
und -kontrolle ● u.v.m.

Zukunft im Marketing Bd. 3

Dirk-Mario Boltz

Marketing by Worldmaking

**Folgenreiche Kommunikation zwischen Mensch
und Marke: Ideen – Strategien – Erfolge**

1998, 180 Seiten, zahlreiche Abbildungen, gebunden mit
Schutzumschlag
Bestell-Nr. 50587   DM 98,– (SFr 89,–/ öS 715,–)

Aus dem Inhalt: Menschen, Marken, Erlebnisse ● Worldmaking in der Marketing-Kommunikation: Die Einführung der A-Klasse von Mercedes-Benz ● Fernsehen
wird Wirklichkeit: Erlebnisangebote von Sat1 und Pro-
Sieben ● Methoden und Instrumente ● Worldmaking
Research: Zielgruppen, Szenen, erlebende Menschen ●
Erlebnispsychologische Forschung ● Worldmaking Design ● Worldmaking in der Unternehmenspolitik ● u.v.m.

Zukunft im Marketing Bd. 4

Rudolf Sommer

Psychologie der Marke

Die Marke aus der Sicht des Verbrauchers

1998, 140 Seiten, gebunden mit Schutzumschlag
Bestell-Nr. 50568   DM 98,– (SFr 89,–/ öS 715,–)

Aus dem Inhalt: Welche Rolle spielt die Marke in der
Gesellschaft? ● Wie sieht die Marke aus entwicklungs-
psychologischer Sicht aus? ● Was trägt die Marke zum
Kauf bei? ● Wie nimmt der Kunde die Marke wahr?
● Das Gedächtnisbild der Marke ● Marke und Selbst-
inszenierung. Mythos und Ritual ● Kauf- bzw. Verwen-
dungsmotivation ● u.v.m.

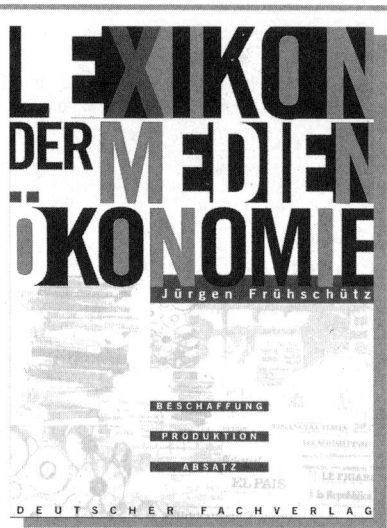